La verosimilitud en el Siglo de Oro:
Cervantes y la novela corta

por
ROGELIO MIÑANA
Macalester College

Juan de la Cuesta
Newark, Delaware

PQ
6351
.M56
2002

Copyright © 2002 by Juan de la Cuesta—Hispanic Monographs
270 Indian Road
Newark, Delaware 19711
(302) 453-8695
Fax: (302) 453-8601
www.JuandelaCuesta.com

MANUFACTURED IN THE UNITED STATES OF AMERICA

ISBN: 1-58871-007-6

A mis maestros: FINA CÁNOVES, EVANGELINA RODRÍGUEZ CUADROS, JOSÉ MARÍA RUANO DE LA HAZA Y FREDERICK A. DE ARMAS.

A mis padres, MARÍA LUISA Y JOSÉ, *los maestros que me han enseñado las lecciones más importantes.*

Índice

AGRADECIMIENTOS 9

Introducción
Las mil caras de la verosimilitud 11

PARTE I
Los triunfos de la verosimilitud 19
  1. La apertura de un espacio para lo verosímil 21
    1.1. Ataques a la ficción 24
    1.2. Defensas de la ficción 30
  2. Historia contra ficción, Historia como ficción 52

PARTE II
La verosimilitud en el Siglo de Oro:
Cervantes y la novela corta 71
  1. Lo verosímil retórico 81
    1.1 El poder del discurso 81
    1.2. La lengua de los pastores en la
        Arcadia de Montemayor y Cervantes 98
  2. Lo verosímil ejemplar 114
    2.1 "Dar ejemplo y prevenir"...
        o todo lo contrario 114
    2.2. Verosimilitud y muerte:
        Zayas ante las apariciones 127
  3. Lo verosímil posible 139
    3.1. Admiración, maravilla y ciencia 139
    3.2. ¿Milagro o industria?:
        Cervantes ante la maravilla 157
  4. Lo verosímil creíble 170
    4.1. "Yo sé quién soy" o
        la construcción de lo creíble 170
    4.2. Autoridad y parodia 178
    4.3. Persuasión y éxtasis del receptor 183
    4.4. El poder de la imaginación 192

Conclusión
Lo verosímil moderno: el narcisismo literario de Cervantes 199

Bibliografía 211

Agradecimientos

ESTE TRABAJO NUNCA HUBIERA sido posible sin la colaboración de diversas instituciones y personas. A la "Graduate School," al "Liberal Arts College" y al Departamento de Español, Italiano y Portugués de The Pennsylvania State University les agradezco su apoyo económico en forma de "Liberal Arts Fellowship" (1996-1998) y de diversas becas para viajes. Macalester College ha contribuido a los costes de publicación. La aportación de mi comité de tesis a esta versión final ha sido extremadamente enriquecedora: mi agradecimiento a los profesores Guido Ruggiero, Aníbal González Pérez y, en especial, a Edward H. Friedman y Mary E. Barnard. Juanita Garciagodoy me ha ayudado enormemente en las últimas fases de preparación del libro.

A Zara Fernández de Moya, Julie Gagnon-Riopel y sobre todo a Julio González Ruiz les debo más de lo que les puedo agradecer: su apoyo me ha sido imprescindible mucho más allá de la redacción de este libro.

Introducción:
Las mil caras de la verosimilitud

> ...la verosimilitud y la imitación, en quien consiste la perfección de lo que se escribe.
> MIGUEL DE CERVANTES

> ...non può dunque parte alcuna di Poessia esser separata dal verisimile, et in somma el verisimile non è una di quella conditioni richieste nella Poesia à maggior sua bellezza, et ornamento, ma è propria, et intrinseca dell'essenza sua, et in ogni sua parte soura ogn'altra cossa necessaria.
> TORQUATO TASSO

LA PRESENCIA DE LA verosimilitud en los textos teórico-literarios de los siglos XVI y XVII es abrumadora. El tema es estudiado en detalle hasta convertirse en una premisa imprescindible en prácticamente todo debate literario, desde polémicas de estilo, morales o culturales, a la esencial distinción entre verdad histórica y poética. El problema de lo verosímil es en consecuencia fundamental para la Europa renacentista (Weinberg, *A History* 198), y lo es de igual modo para todo el Siglo de Oro español (Porqueras Mayo, *El problema de la verdad poética* 32).[1]

Aristóteles fue en realidad el primero en situar la verosimilitud en el centro de la creación literaria. Por una parte, lo verosímil diferencia a la obra histórica de la ficcional (*Poética* 1451 a-b), y por otra es cualidad necesaria para que los diferentes géneros logren sobre sus receptores los efectos buscados de admiración y catarsis (1460a). Durante el Siglo de Oro, esa doble premisa se convierte en una consigna reproducida por la pluma de casi todo teórico literario.[2] Los más importantes litera-

---

[1] También a nivel cultural y filosófico, el problema de la verdad y la ficción es central para la época. Ernst Cassirer, en *Individuo y cosmos en la filosofía del Renacimiento*, afirma gráficamente que "la verdad clama por las calles" y que el hombre renacentista la persigue entusiasta por todos los dominios del conocimiento (56). E.C. Riley, por su parte, anota: "En el siglo XVII, efectivamente, la naturaleza de la verdad y la ficción llegó a ser el objeto primordial de la investigación filosófica" (*Teoría* 341).

[2] En una fecha tan temprana como 1541, el español Miguel Salinas ya exige al orador

tos europeos de los siglos XVI y XVII invocarán repetidamente la máxima aristotélica de la imitación verosímil. Sin ésta, y por mucho que la noción de verosimilitud no es única y compartida por todos los autores, no existe en ningún caso la perfección literaria. Torquato Tasso, volviendo a la cita con que se abre esta introducción, afirma en su *Discorsi dell'arte poetica, et in particolare del poema heroico* (1587):

> La poesia non è in sua natura altro, che imitatione… e l'imitatione non può essere discompagnata del verisimile…; non può dunque parte alcuna di Poessia esser separata dal verisimile, et in somma il verisimile non è una di quella conditioni richieste nella Poesia à maggior sua bellezza, et ornamento, ma è propria, et intrinseca dell'essenza sua, et in ogni sua parte soura ogn'altra cossa necessaria. (Weinberg, *A History* 650)

La verosimilitud no es una cuestión de ornato, sino una cualidad esencial, intrínseca, que la poesía (entendida como *poiesis*, creación ficcional) debe en todo caso respetar. Por encima de las particularidades estéticas y de los preceptos artísticos, lo verosímil es presentado como el elemento distintivo y fundamental de lo poético. Igual de contundente que Tasso se muestra el Pinciano cuando afirma por boca de Fadrique: "yo quiero poner el fundamento a esta fábrica de la verisimilitud, y digo que es tan necesaria, que, adonde falta ella, falta el ánima de la poética y forma, porque el que no hace acción verisímil, a nadie imita" (*Philosophia* II: 62). El mismo Cervantes, en el capítulo XLVII de la parte I del *Quijote*, reconoce en la verosimilitud el factor imprescindible para alcanzar la perfección literaria. El canónigo responde al alegato de don Quijote en favor de los libros de caballerías:

> Hanse de casar las fábulas mentirosas con el entendimiento de los que las leyeren, escribiéndose de suerte que, facilitando los imposibles, allanando las grandezas, suspendiendo los ánimos, admiren, suspendan, alborocen y entretengan, de modo que anden a un mismo paso la admiración y la alegría juntas; y todas estas cosas no podrá hacer el que huyere de la verosimilitud y de la imitación, en quien consiste la perfección de lo que se escribe. (I: 553)

La descripción cervantina de los poderes de la verosimilitud es magnífica. La fábula debe llegar al "entendimiento" de su lector a través del respeto a la imitación verosímil. Si mentira y entendimiento casan, se consiguen diversos efectos necesarios para la ficción perfecta. De un lado, los "imposibles" y las "grandezas" encuentran cabida en la historia, pues lo verosímil actúa "facilitando" o "allanando" su credibilidad.

---

en su *Retórica en lengua castellana* "que la narración tenga lo que principalmente debe tener para ser buena, y es que sea breve, clara y verosímil" (Salinas 83).

De otro lado, la presencia de estos elementos extraordinarios que se han conseguido casar con el entendimiento de los lectores aseguran que éstos se "admiren, suspendan, alborocen y entretengan." La admiración es considerada por el canónigo cervantino como el efecto primordial para agradar al lector, siempre que lo imposible y lo extraordinario, como pedía Aristóteles, se presenten con verosimilitud. Así, lo verosímil articula y posibilita el placer que una obra provoca en su lector, y sólo desde esta base la fábula puede alcanzar la perfección.³

La verosimilitud es, pues, un concepto teórico-literario de la máxima importancia para el Siglo de Oro, pero ¿qué es exactamente y por qué Cervantes la considera esencial a la "perfección de lo que se escribe"? ¿Por qué lo verosímil se encuentra en el centro de tantos debates literarios? Y desde un punto de vista actual, ¿es la verosimilitud un concepto todavía necesario hoy en día para que nosotros, lectores del siglo XXI, podamos comprender mejor y disfrutar más la "perfección" de unas obras escritas cientos de años atrás?⁴

La historia del príncipe Cloridano supone un ejemplo idóneo con el que situar todas estas preguntas en su contexto adecuado. En su camino hacia Tracia, adonde se dirige para lograr la mano de la princesa Fénix, Cloridano rescata a una dama que va a ser asesinada. Esta dama es Ismenia, princesa heredera de Dalmacia y prima de Fénix. La atacan Arnaldo, su hermano menor y aspirante a usurparle el trono, y Meleandro, pretendiente de Ismenia a quien ésta rechazó en favor de Aristeo.

Tras el rescate, los príncipes Ismenia y Cloridano emprenden camino juntos hacia la corte de Tracia, donde la princesa Fénix había anunciado unos meses atrás su intención de casarse por amor. Para ello, había distribuido su retrato por diversas cortes europeas y había convocado en la suya a todos los aspirantes a alcanzar su

---

³ Para una interpretación similar de este fragmento, ver Forcione, *Cervantes, Aristotle* 95 ss. Cervantes retoma explícitamente el tema de la verosimilitud, al menos, en *Viaje del Parnaso* VI, vv. 61-63 (138), en el capítulo X del III libro del *Persiles* y en las novelas ejemplares "El casamiento engañoso" y "El coloquio de los perros." No en vano Edward C. Riley, uno de sus más finos estudiosos, ha señalado cómo Cervantes siempre "seeks to resolve what is, for him, the ultimate problem: the problem of truth in literature, his supreme theoristic concern in *Don Quixote*" ("Don Quixote" 16). Ver también para una opinión similar Ruth S. El Saffar, *Novel to Romance* XII-XIII.

⁴ El término "verosímil" se utiliza todavía hoy con cierta frecuencia a la hora de juzgar, por ejemplo, una película, un libro, las propuestas de un político o la versión de los hechos del acusado en un juicio. El *Diccionario de la lengua española* de la Real Academia Española define "verosímil" con dos acepciones: "Que tiene apariencia de verdadero," en el sentido etimológico (del latín "veri simile"); y "Creíble por no ofrecer carácter alguno de falsedad." El *Diccionario de uso del español* de María Moliner trae una definición algo más imprecisa: "Se aplica al relato, noticia, etc., de cuya veracidad no hay razón para dudar." Parece obvio que estas acepciones generales de lo verosímil (como algo plausible, creíble, verídico) no pueden reflejar toda la complejidad del término "verosímil" en la teoría literaria del Siglo de Oro.

mano. El proceso de selección del futuro esposo es el siguiente: los candidatos se deben reunir en una casa de campo llamada el "Palacio Encantado," y allí se les hace pasar una serie de pruebas de valor e inteligencia. Las que afronta Cloridano son tres. Primero, debe escribir un soneto al cruel silencio de Fénix, quien, según el narrador, no se comunica con el Príncipe hasta dos meses después de su entrada en palacio. Segundo, debe asistir en premio a la calidad de su poema a un sarao en la corte. Y, por último, en castigo por la impertinencia de haber besado la mano de la Princesa, debe sufrir una terrible tormenta fingida en uno de los jardines de palacio y declamar un discurso sobre las obligaciones y cualidades del perfecto príncipe. Una vez superadas todas las pruebas, Cloridano es elegido por Fénix como su esposo. Para celebrar el anuncio oficial del matrimonio se celebran unas justas reales en las que diversos caballeros compiten. Dos justadores alcanzan la final: un caballero de negro y dorado, y otro de dorado y nácar. El primero derrota al segundo, que sale mal parado de la contienda. El vencedor es Aristeo, el prometido de Ismenia, y su padrino es la propia princesa; el derrotado resulta ser Meleandro, el pretendiente rechazado, a quien acompaña el traidor Arnaldo, hermano de Ismenia. Malherido, Meleandro fallece a las pocas horas; Arnaldo confiesa sus delitos y es perdonado por Ismenia, ya Reina de Dalmacia. Se celebran finalmente las bodas de Cloridano y Fénix, de Aristeo e Ismenia y de seis parejas más.

Al lector actual, esta historia le parecerá con toda probabilidad rocambolesca y poco verosímil. Los personajes son planos, enteramente buenos o enteramente malvados. El proceso de enamoramiento por el cual Fénix elige a su esposo es en extremo intelectual y frío. Se prescinde del contacto personal y del conocimiento íntimo de los amantes. Es la composición de poemas y la declamación de un discurso lo que enamora a la Princesa, de igual modo que fue un retrato de ella lo que llevó a Cloridano hasta Tracia. Las casualidades se suceden providencialmente: Cloridano se topa con Ismenia en una situación de extremo peligro, escribe poemas y declama mejor que todos sus contrincantes, y en la justa final los vencidos son los malos y los vencedores terminan en el altar. El estilo en que se narran todas estas peripecias cortesanas es rebuscado y difícil. La sintaxis es muy compleja, el vocabulario inusual y cultista, y las citas eruditas proliferan hasta la saciedad. Los personajes se expresan con monólogos de un refinamiento y elaboración acartonados, imposibles. Incluso para un lector culto del siglo XXI, el producto final habrá de ser un texto de incómoda lectura y valores literarios dudosos. Tras, sobre todo, el *Quijote* y el Realismo, el texto parece carecer de verdad poética y se lee como un divertimento fútil e idealista. El autor ha evitado la profundización psicológica en los personajes y ha eliminado del argumento cualquier rasgo de ambigüedad o controversia ideológica. El conflicto apenas existe en la historia más que como una serie de trabas impostadas, artificiales. No debe sorprender, pues, que diversos críticos hayan emitido contra novelas cortas muy similares a ésta la más grave acusación artística posible: la de inverosimilitud.[5]

Ciertamente, la novela corta "El palacio encantado" del *Para todos* (1632) de Juan Pérez de Montalbán, cuyo argumento se resume arriba, no se ha editado desde, con toda probabilidad, 1736 (Profeti 73-98). El *Para todos* es una obra miscelánea que, estructurada en los siete días de la semana, incluye tres novelas cortas, comedias, autos sacramentales y discursos eruditos. El hecho de que no se reedite desde la primera mitad del siglo XVIII parece confirmar la impresión de inverosimilitud que "El palacio encantado" provoca en el lector actual. Su capacidad para despertar el interés del lector tanto decimonónico como del siglo XX se ha demostrado nula. ¿Cuál fue, no obstante, la reacción del lector áureo ante el *Para todos*? ¿Fue esta miscelánea un libro considerado también entonces inverosímil e indigno de su difusión?

Rotundamente no. Se conocen entre 1632 y 1736 quince ediciones seguras de la obra, seis más son conjeturadas, y se sabe de cuatro ediciones parciales de las novelas—suerte que no merecieron las otras partes de la colección (autos, discursos...)—y de siete traducciones al francés, inglés y holandés. El *Para todos* es por ello la segunda colección de novela corta más editada entre el siglo XVII y la primera mitad del XVIII. Mayor éxito sólo conocieron los *Sucesos y prodigios de amor* (1624), cuyo autor es, precisamente, el mismo Juan Pérez de Montalbán. De los *Sucesos* se registran entre 1624 y 1734 veintitrés ediciones seguras y se conjetura la existencia de cinco más. Pérez de Montalbán es sin lugar a dudas el novelista más difundido, y con diferencia, del siglo XVII y la primera mitad del XVIII. Esto sólo bastaría ya para replantearse la total inverosimilitud de "El palacio encantado."

Pero Montalbán no sólo es un autor de inmensa popularidad. Su prestigio intelectual y literario no es menor que el número de ediciones que saca al mercado. Es doctor en Teología por la Universidad de Alcalá a los veintitrés años y es nombrado de inmediato notario apostólico de la Inquisición. A través de su padre, el editor Alonso Pérez, Montalbán conoce desde niño a Lope de Vega, de quien se convierte en íntimo amigo. Escribe una producción literaria ingente a pesar de morir a la edad de treinta y seis años, en 1638, tras una grave enfermedad mental. Su prematuro fallecimiento conmueve de tal forma a la élite intelectual del momento que sus exe-

---

[5] Desde el positivismo decimonónico y durante buena parte del siglo XX se ha asociado el "realismo" como concepto crítico-literario al de verosimilitud, con lo que su opuesto, el "idealismo," sería en buena lógica inverosímil. De este razonamiento inexacto han surgido una serie de prejuicios contra parte de la novela corta que han provocado como consecuencia más notable la falta de ediciones modernas de obras que fueron en su momento importantísimas. Existen diversas muestras de estos prejuicios y referencias a la inverosimilitud en estudios sobre la novela corta tan destacados como los de Agustín González de Amezúa y Mayo (*Opúsculos* I: 301-03, *Cervantes creador* 322-48), Juan Ignacio Ferreras (*La novela* 41, 61 ss.), André Nougué (131) y Ruth S. El Saffar (*Novel to Romance* 49).

quias suponen todo un acontecimiento literario. En 1639, el Dr. Francisco de Quintana y Fray Diego de Niseno editan unas *Lágrimas panegíricas* en las que recogen composiciones laudatorias de nada menos que ciento setenta y seis autores.

La calidad de los detractores de Montalbán no es menor que la cantidad de sus partidarios. La enemistad literaria entre Quevedo y Montalbán fue de una virulencia extraordinaria durante la década de los años 30.[6] La polémica parece provenir de ciertas fricciones que tuvieron hacia 1627 Quevedo y Alonso Pérez, el padre de Montalbán, por unos derechos editoriales. Esa animadversión culminaría con un feroz opúsculo de Quevedo dirigido precisamente contra el *Para todos*: *La zurriaga de Perinola* (1633). Tres detalles destacan en esta batalla dialéctica. Primero, apenas hay una referencia maliciosa pero breve a las novelas de la colección: "Y cada una [de las novelas] es peor que la otra, y siempre hay peor en la que es peor si se vuelve a leer" (170). Segundo, Montalbán nunca estuvo solo en su defensa; fueron diversos los autores que combatieron con denuedo los argumentos quevedescos, entre ellos el propio Fray Diego de Niseno. Las críticas al *Para todos* provocaron la respuesta en masa de un frente de intelectuales que adoptaron como propia la causa contra Montalbán y su miscelánea. Por último, Quevedo aparece nombrado cuatro veces en el *Para todos*, y en todas ellas en términos cuando menos respetuosos e incluso aduladores. ¿Qué pudo provocar, en ese caso, una respuesta tan hostil por parte de Quevedo? ¿Por qué se ensañó contra esta obra en particular? ¿Acaso pudo ver en ella la miscelánea de extraordinaria popularidad y excelente acogida crítica que con el tiempo había de llegar a ser el *Para todos*?[7]

Como una prueba más del prestigio de Montalbán y de la colección en donde aparece "El palacio encantado" en particular, el *Para todos* conoció dos imitaciones directas, el *Para algunos* (1640) de Matías de los Reyes y el *Para sí* (1661) de Juan Fernández y Peralta, y ejerció una influencia determinante sobre al menos dos obras más, *El entretenido* de Alonso Sánchez de Tórtoles y los *Gustos y disgustos del lentiscar de Cartagena* de Ginés Campillo de Bayle (González de Amezúa y Mayo, "Las polémicas" 93-94). Por último, en su *Bibliothèque françoise* (1664) Sorel califica de verosímiles las novelas de Montalbán junto a las de Boccaccio, Margarita de Navarra y Cervantes, entre otros (Krömer, *Formas de la narración breve* 240).

Todos estos datos sobre "El palacio encantado," tanto los que recogen el número de sus ediciones e imitadores, como los referentes a la historia crítica del *Para*

---

[6] La controversia entre Quevedo y Montalbán ha sido estudiada con detalle por Agustín González de Amezúa y Mayo, "Las polémicas"; ver también G. W. Bacon 24-51; y más recientemente F. Vivar. El texto se puede leer en la edición de Carmen García Valdés, *Sátiras lingüísticas y literarias* 152-77.

[7] Algunas de las posibles razones de la hostilidad de Quevedo contra el *Para todos* las discute Victor Dixon en "Juan Pérez de Montalbán" 44. Dixon concluye que no se conoce ninguna causa probada que motivase los ataques.

todos, obligan a un replanteamiento de la cuestión de su verosimilitud. Si "El palacio encantado" es una novela corta inverosímil, ¿cómo es que Montalbán nunca fue atacado ni defendido por ello? ¿Cómo se explica en ese caso su éxito de público y de crítica? Con la abrumadora preparación intelectual del autor, ¿es posible que su texto careciera de la más elemental de las cualidades literarias, la verosimilitud? Si con su primera colección de novelas, los *Sucesos*, ya había conectado con el gusto del público y de la crítica, ¿pudo cometer en su segunda creación novelística el básico error de no respetar lo verosímil? Si "El palacio encantado" se inserta en una importante tradición novelística de tema cortesano y similares personajes, estilo y situaciones, ¿iba a ser entonces "El palacio" una novela inverosímil entre las de su género con tal respaldo de público y crítica? Si la teoría horaciana del *utile et dulce* sigue vigente en el momento (García Berrio, *Formación* II: 102 ss., 423), ¿podía el receptor áureo deshechar por inverosímil una novelita útil por su desbordante erudición y deleitable por su estilo y contenido exuberantes, alambicadamente cortesanos?

La popularidad y éxito crítico de "El palacio encantado" y de su autor implicarían en buena lógica su respeto a lo verosímil. No parece razonable que una obra de tanta repercusión fuera incapaz de acreditar su verdad poética. Así, el abismo que media entre la presumible verosimilitud de una novela como "El palacio encantado" y el gusto actual, que induce a rechazar la obra por inverosímil, implica una premisa tan obvia como inexplorada: la noción de verosimilitud en el Siglo de Oro es distinta de la actual. Sólo ese hipotético desajuste explicaría el silenciamiento durante dos siglos y medio de una obra que fue en su día editada masivamente y apreciada por la práctica totalidad de la élite intelectual.

Esas mil caras de la verosimilitud son el objeto del presente estudio: su calidad de elemento esencial a la perfección literaria; su presencia activa en múltiples debates teóricos, incluyendo el de la legitimidad de la ficción; su capacidad de transformación; su labor facilitadora de nuestra lectura actual de obras áureas. En la primera parte, "Los triunfos de la verosimilitud," se analiza el papel de lo verosímil en el debate más decisivo para la ficción: el de su propia legitimidad. En una época de ataques contra la actividad literaria, estudiados lúcidamente por Emilio Cotarelo y Mori, Marc Vitse, Barry Ife y otros, los teóricos y creadores literarios utilizan la verdad poética como argumento principal en su defensa de la ficción. La distinción entre verdad histórica y verosimilitud se convierte así en elemento clave para combatir la acusación de que la ficción miente y engaña al público crédulo. En la segunda parte, "La verosimilitud en el Siglo de Oro: Cervantes y la novela corta," se reconstruye el concepto áureo de lo verosímil a partir de textos teóricos y se aplica como instrumento crítico al género de la novela corta, algunos de cuyos ejemplos más destacados pueden presentar al lector actual tantas dificultades como "El palacio encantado" comentado arriba.

Parte I:
Los triunfos
de la verosimilitud

1
La apertura de un espacio para lo verosímil

> Los libros que están impresos con licencia de los reyes y con aprobación de aquellos a quien se remitieron, y que con gusto general son leídos y celebrados de los grandes y de los chicos, de los pobres y de los ricos, de los letrados y de los ignorantes, de los plebeyos y caballeros, finalmente, de todo género de personas de cualquier estado y condición que sean, ¿habían de ser mentira, y más llevando tanta apariencia de verdad?
>
> DON QUIJOTE I: 57

ESTAS SON LAS PALABRAS con que don Quijote reprocha al canónigo su falta de credulidad respecto a los libros de caballerías. En un debate burlesco y serio a la vez, don Quijote condensa en apenas unas líneas la compleja situación en que la ficción se encuentra durante el Siglo de Oro. El pasaje es respuesta a las acusaciones del canónigo sobre la falta de verdad de "los disparatados libros de caballerías." Esa falta de semejanza a la verdad se debe a varios motivos, como se explica entre los capítulos XLVII y XLXIX de la primera parte del *Quijote*. Primero, los libros de caballería tienden a deleitar, y no a enseñar. Segundo, sus argumentos son desproporcionados y difíciles de creer, al tiempo que les falta una estructura coherente. El canónigo compara los libros de caballería con la comedia nueva, que se rige más que por preceptos artísticos, por el gusto iletrado del vulgo; de ahí que las comedias lopescas falten al decoro, a la unidad de tiempo y a la de lugar, e introduzcan con frecuencia anacronismos. Por último, el canónigo reprocha a Quijano el exceso de credulidad que le ha llevado a dar vida en su propia persona a las fingidas historias caballerescas.

Estos argumentos, que Forcione ha identificado como neo-aristotélicos (*Cervantes, Aristotle* 17, nota 10, 91-130), plantean tan sólo una parte de las acusaciones que durante el siglo XVI se habían vertido contra la ficción, y especialmente contra los libros de caballería. En efecto, las acusaciones contra la ficción respondían a un ataque mucho más complejo y vasto, basado fundamentalmente en la expulsión de los poetas propuesta por Platón. La legitimidad de la ficción se negaba a partir de, según Barry W. Ife, dos argumentos principales: el moral y el metafísico (*Reading* 24; Vitse 29-170, 171-250), según los cuales la poesía era inmoral en la mayoría de los casos y, sobre todo, era siempre mentira. Así pues, existían en realidad dos niveles bien diferenciados en las críticas a los libros de caballería. Para algunos, como el propio canónigo, las discrepancias son puntuales y el libro de caballería perfecto puede ser escrito (él mismo lo ha estado intentando, confiesa). Para otros, la perfección fabuladora es imposible, pues toda forma de ficción es ilícita y debe, por tanto, ser eliminada.

La respuesta de don Quijote al canónigo saca provecho de este doble nivel crítico y plantea el debate en términos globales, no específicos. El propio canónigo reconocerá quedar "admirado… por los concertados disparates" de don Quijote (I: 575). Don Quijote contesta a las objeciones del religioso preguntándose no si los fingidos libros de caballería son verdad, sino si se les puede calificar como "mentira." Con ello, consigue desplazar las críticas fundamentalmente estéticas del canónigo hacia una cuestión metafísica y moral: la legitimidad de la ficción. Tan incuestionables parecen las observaciones del canónigo como la pregunta retórica del caballero. Aunque las historias de caballería, ciertamente, no son verdad por cuanto no se ajustan a los preceptos clásicos, ¿son acaso mentira? ¿Pueden ser tachadas de mentirosas en oposición a la verdad histórica, puede medirse la poesía con los mismos criterios que la Historia? Además de radicalizar el debate convirtiendo una crítica puntual, estética, en una global, metafísica, don Quijote apoya la licitud intrínseca de los libros de caballería con tres argumentos más que son prácticamente irrebatibles: los aprueba el mismo Rey, se leen "con gusto general" y tienen "apariencia de verdad." Prescindiendo de lo matizable de dos de estas afirmaciones—si los libros de caballería son aún hacia 1600 leídos masivamente[1] y qué grado de apariencia de verdad tienen—, lo cierto es que don Quijote apunta hacia tres de los ejes esenciales de la verosimilitud. Primero, el libro de ficción debía pasar las sanciones del control inquisitorial para obtener la aprobación real, por lo que, al menos en teoría, había de atesorar una moral impecable. Segundo, debía conectar con el gusto del público lector, lo cual requería una afinidad con las reglas estéticas y culturales de su momento. Tercero, la historia debía parecer verdadera, siendo esta premisa probablemente la más equívoca. "La apariencia de verdad" no exige que los hechos narrados puedan ocurrir en la realidad, pues como advierte Aristóteles existe un imposible verosímil, sino que los hechos sean afines a una verdad que podía ser histórica, pero también moral, cultural o estética.

---

[1] Discuten esta cuestión Eisenberg, *Romances of Chivalry* 89-118, y Chevalier, *Lectura y lectores* 65-103.

El cúmulo de estos tres factores sugeridos por don Quijote—y de algunos más que se mencionarán con posterioridad—hace que la literatura de ficción, sin llegar a ser verdad, tampoco sea mentira. Así pues, las objeciones estéticas y preceptivas del canónigo son respondidas por el caballero manchego con una serie de premisas que legitiman la ficción de manera esencial e intrínseca. Al tiempo que critica la falta de preceptos de la comedia lopesca y los libros de caballería, Cervantes deslinda claramente esta discusión estética de la legitimidad de la ficción, que es absoluta e irrefutable. Por grave que el desacuerdo sea a nivel preceptivo, don Quijote se remite a una cuestión mucho más esencial en su defensa de la libertad creadora. Toda ficción, incluso los libros de caballería, queda así a salvo de la acusación metafísica y moral de mentir.

La justificación y legitimación de la literatura ficcional se hace depender por lo tanto de la verdad poética, ubicada en un espacio esquivo y problemático entre la verdad exigida por el canónigo y la mentira rechazada por don Quijote. Los ataques a la ficción y su defensa constituyen, a la postre, un debate sobre la verosimilitud misma. La historia de don Quijote es la del ataque y la defensa tanto de un género, el libro de caballerías, como del derecho a fabular. La obra cervantina refleja la batalla por la legitimación de la literatura ficcional incluso en el caso extremo del género de caballerías, cuya verosimilitud es discutible, hasta reprobable, pero intrínsecamente lícita. El *Quijote* refleja asimismo la batalla paralela por formar al receptor y enseñarle a utilizar un producto fingido, ni verdadero ni falso, que no siempre—y el ejemplo máximo es el caballero manchego mismo—sabe tomar en su provecho. A los desacuerdos estéticos se suma, pues, el problema de cómo utilizar la literatura. El panorama literario que ofrece el *Quijote* es ciertamente de una inestabilidad y tensión máximas, pero el absoluto de la legitimidad de la ficción es aquí convincente incluso en boca del personaje en apariencia menos cuerdo, don Quijote.[2]

Durante los años previos y posteriores a la obra cervantina, efectivamente, la ficción no conocerá sosiego. A la permanente búsqueda de géneros literarios distintos de los clásicos (el *romance*, la novela, la nueva comedia de Lope…), se le une el constante tira y afloja entre quienes atacan y quienes defienden la legitimidad de la literatura imaginativa *per se*. El espacio de una verdad no histórica, ficcional, está todavía en proceso de creación, como también lo está el acto mismo de la recepción. La verosimilitud fue tanto un concepto repudiado por muchos y defendido por otros, como el centro de la polémica sobre la recepción y el consumo de lo ficcional. Distinguir entre la verdad histórica y la poética, y hacer buen uso del poder

---

[2] En cierto sentido, matizo la interpretación de Forçione según la cual la ideología de Cervantes es formulada en este pasaje por don Quijote y no por el neo-aristotélico canónigo (*Cervantes, Aristotle* 125-27), pues si ambos se mueven en diferentes niveles de crítica/defensa de la ficción, como sugiere mi análisis del fragmento, Cervantes pudo poner tanto sus preocupaciones preceptivas como su apología de la libertad creativa y la licitud de la ficción en boca de los dos personajes al mismo tiempo.

de lo verosímil fueron los ejes fundamentales de la quijotesca polémica en torno a la literatura imaginativa que ocupa todo el Siglo de Oro y que a continuación se resume.

1.1 ATAQUES A LA FICCIÓN

Durante la Edad Media los ataques a la ficción se centran, según Joel Spingarn (4-5), en cuatro puntos. Primero, la Iglesia medieval intenta combatir la cultura pagana y sus formas literarias. La verdad absoluta de la Biblia se opone a la falsedad intrínseca del mundo pagano, plagado de dioses mitológicos y de situaciones abiertamente inmorales. Segundo, y en la tradición platónica, autores como Tertuliano sitúan a la poesía tres grados alejada de la realidad, copia de una copia de las Ideas. Tercero, y también siguiendo textos platónicos, se hace una severa crítica moral de Homero, el mayor de los creadores clásicos. Además de ontológicamente falsa, la obra de Homero es acusada de blasfemia y obscenidad. En cuarto lugar, la literatura ficcional es considerada peligrosa porque excita las emociones y despierta las pasiones en algunos casos más que la vida real misma.

El asedio a la literatura imaginativa, así pues, es total. Las objeciones se agrupan en tres bloques esenciales y difícilmente rebatibles: la falsedad intrínseca, la inmoralidad y la recepción exaltada de la ficción. La creación literaria no se corresponde con la realidad, sino que se compone de fingimientos y mentiras; muchos de sus contenidos son inmorales o pueden entenderse como contrarios a la moral; y muchos receptores sucumben ante los encantos y los excesos de un mundo sin límites fijos. La legitimidad de la ficción estaba constreñida en la Edad Media por tantos argumentos adversos que su presencia y uso debieron ser en extremo limitados, como describe Robert J. Nelson:

> ...here was no legitimate category of literature into which the verisimilar fiction could fit. The latitude granted by Lactantius and Saint Augustine extended only to rhetorical significations of truth, not to invented tales which might be mistaken for truth. (28)

El Siglo de Oro español recibe toda esta carga crítica contra la ficción y se encuentra ante la difícil tarea de legitimar un fenómeno, el de la literatura imaginativa, irreversible ya al menos desde la invención de la imprenta. Barry W. Ife es quien mejor ha estudiado este momento crucial y las consecuencias de la lectura privada en el proceso de legitimar la ficción y formar al receptor. Ife distingue dos tipos de objeciones contra la creación literaria: la moral y la metafísica (*Reading* 24).

En primer lugar, el argumento moral se subdivide en dos acusaciones: ofrecer malos ejemplos y provocar sentimientos perjudiciales y ajenos al individuo. A los múltiples testimonios ofrecidos por Ife puede añadirse uno que ilustra concisamente ambos aspectos del argumento moral. Fray Joseph de Jesús y María (*Primera parte de las excelencias de la virtud de la castidad*, lib. IV, cap. XIII) denuncia en 1601 "Del gran estrago que hacen en las buenas costumbres los malos libros, y cuán contrarios son a la castidad los que tratan de fábulas de amores en prosa y verso." Para Fray Joseph,

> no solamente se hallan en estos libros despertadores violentos para los vicios; mas también maestros perpetuos que enseñen cómo han de intentarlos y proseguirlos. Allí se representan los primeros ensayos de la torpeza, allí deprenden a introducir las conversaciones, a ordenar las pláticas y a escribir los billetes. (en González de Amezúa, *Opúsculos* I: 259)

Los libros de amor presentan un mal ejemplo moral y excitan las mentes de los jóvenes con sus enseñanzas sobre el galanteo. Sirven de "maestros" y de "despertadores violentos para los vicios," por lo que no sólo sus contenidos son intrínsecamente pecaminosos, sino que además incitan poderosamente al pecado. Así, el potencial moralmente destructivo de las obras ficcionales es inmenso, en especial para aquellos receptores que se dejan influir en exceso por lo que leen.

En segundo lugar, también el argumento metafísico se subdivide en dos acusaciones: la ficción no es más que un reflejo de la realidad y la existencia de ficciones verosímiles socava y pone en peligro la autoridad de la verdad. El primer punto se sitúa en la tradición platónica que culmina en el libro III de la *República*. Platón propone la expulsión de los poetas de la república porque, además de potencialmente inmorales, los poemas no son más que una copia (ficción) de la copia (realidad sensible) de la Idea (realidad intelectual). El acto creativo es denotado por el filósofo como un proceso de falsificación doble respecto a la realidad ideal. El segundo punto, el de la indeseable confusión entre verosimilitud y verdad histórica, será analizado con más detenimiento en el próximo capítulo, dedicado a las relaciones entre Historia y ficción.

La herencia medieval permanece activa, por lo tanto, durante el Siglo de Oro español. Se mantienen las tres grandes acusaciones repetidas durante la Edad Media: la falsedad intrínseca, la inmoralidad y la recepción exaltada de la ficción. Sin embargo, durante los siglos XVI y sobre todo XVII en raras ocasiones todos los argumentos se dan al mismo tiempo en un solo autor. Como excepción que confirma la regla, Fray Pedro Malón de Chaide se presenta probablemente como el más implacable enemigo de lo ficcional. En su famoso prólogo a *La conversión de la Magdalena* (Porqueras Mayo, *El prólogo* 128-30), Malón de Chaide reúne en un mismo texto las tres objeciones contra la ficción heredadas de la Edad Media. El fraile acusa a la ficción de ser mentiras y disparates frente a las verdades de los libros religiosos, de atacar las buenas costumbres y de provocar un efecto dañino en el receptor de "un mediano entendimiento." Sobre la pregunta de cuál es la verdad que libros como la *Diana* o el *Amadís* y autores como Boscán o Garcilaso enseñan, Malón de Chaide desautoriza a quienes afirman

> que allí aprenden osadía y valor para las armas, crianza y cortesía para con las damas, fidelidad y verdad en sus tratos, y magnanimidad y nobleza de ánimo en perdonar a sus enemigos, de suerte que os persuadirán que *Don Florisel* es el *Libro de los Macabeos*, y *Don Belianís*, las *Morales* de San Gregorio, y *Amadís*, los *Oficios* de San Ambrosio...

Acudir a fuentes inventadas cuando las mismas verdades se pueden encontrar en la Biblia o en los Padres de la Iglesia es inadmisible para Malón de Chaide: "Como si en la Sagrada Escritura y en los libros que los santos doctores han escrito faltaran puras verdades sin ir a mendigar mentiras." Todos estos valores morales se pueden aprender en los libros sagrados sin necesidad de recurrir a las mentiras inventadas por un autor profano. Además, "las buenas costumbres (si algunas aprendieron [los lectores] de sus maestros) padecen naufragios y van a fondo y se pierden y malogran," pues las verdades morales que puedan transmitir los libros de ficción se ofrecen enmedio de un desorden moral en que el amor terrenal y la fama suplantan el temor a Dios. Los ejemplos ofrecidos por "los libros de amores y las dianas y Boscanes y Garcilasos, y los monstruosos libros y silvas de fabulosos cuentos y mentiras de los amadises, floriseles y *Don Belianís*" están contaminados por lo inmoral y por la sustitución de los intereses religiosos por otros de diferente índole. Por si fuera poco, estos libros son consumidos por receptores poco preparados y fácilmente impresionables: "¿Qué ha de hacer la doncellita que apenas sabe andar, y ya trae una *Diana* en la faldriquera?... ¿Y qué efecto ha de hacer en un médiano entendimiento un disparate, compuesto a la chimenea en invierno, por el juicio del otro que lo soñó?" Para Malón de Chaide, la literatura ficcional es inadmisible porque es falsa (especialmente cuando se la compara a los libros teológicos y la Biblia), es inmoral, y además perjudica a su receptor porque consigue embaucarle con sus mentiras. Las tres objeciones, la moral, la metafísica y la que podría llamarse pragmática—el efecto sobre el receptor—, se reúnen en el prólogo a *La conversión de la Magdalena* en un solo párrafo, reduciendo el espacio de lo verosímil a la nada.

Esta no es sin embargo, ni con mucho, la actitud predominante durante el Siglo de Oro. La verosimilitud se abre paso a través de esta densa atmósfera adversa con cautela, pero desde múltiples flancos. Así, la crítica contra determinados aspectos de la ficción ciertamente no desaparece por completo, pero se matiza, se hace selectiva. El ejemplo más claro, partiendo de nuevo del *Don Quijote* cervantino, es el ataque contra los libros de caballería. Es Martí de Riquer quien ofrece un completo panorama de los ataques al género caballeresco que se producen durante el Siglo de Oro,[3] clasificándolos en tres grupos: 1. contra los escritores iletrados y mentiro

---

[3] Ver asimismo James D. Fogelquist 12 ss. También Sánchez de Lima recoge buena

sos; 2. contra los lectores incitados al vicio, o que pierden el tiempo en lecturas vanas; 3. contra toda ficción (*Nueva aproximación* 59-68). No es necesario entrar en detalle en los múltiples ejemplos aportados por Riquer para constatar el hecho de que sólo los testimonios del tercer grupo prohiben toda ficción; los otros dos grupos de críticas, no. El hecho de reprobar a los escritores "iletrados y mentirosos" o a los malos lectores implica la existencia un tipo de ficción escrita por autores letrados y consumida por lectores instruidos.

El mejor ejemplo de esta actitud crítica selectiva lo ofrece a nivel teórico el Pinciano. El siguiente texto pudiera a primera vista considerarse paradigmático de los ataques contra los libros de caballerías, y ha sido citado como tal en múltiples ocasiones:

> [Hugo]... la fábula es imitación de la obra. Imitación ha de ser, porque las ficciones que no tienen imitación y verisimilitud, no son fábulas, sino disparates, como algunas de las que antiguamente llamaron Milesias, agora libros de caballerías, los cuales tienen acaescimientos fuera de toda buena imitación y semejanza a verdad. (II: 8-9)

La postura del Pinciano recuerda en algo a la de los críticos más feroces contra la ficción, pues denuncia los "disparates" de los libros de caballerías y exige "semejanza a verdad" en los mismos. Sin embargo, y en primer lugar, el Pinciano parte de la legitimidad de la ficción, concepto que no se cuestiona en ningún momento. De hecho, en el texto se hace una significativa diferencia entre "fábulas" y "disparates." En segundo lugar, el Pinciano traza la línea de lo aceptable y lo repudiable a partir del criterio de la "buena imitación y semejanza a verdad." Así, el binomio "imitación y verisimilitud" se convierte en el rasero con que medir la calidad de una ficción que es esencialmente legítima. Partiendo de estas premisas sobre la *poiesis* en general, ¿sería admisible, pues, un libro de caballerías que respetara lo verosímil? La respuesta la ofrece el propio Pinciano en la epístola XI de la *Philosophia Antigua Poética*:

> y aun estoy por dezir de las milesias o libros de caballerías, los cuales, aunque son graves en cuanto a las personas, no lo son en las demás cosas requisitas; no hablo de un *Amadís de Gaula*, ni aun del de Grecia y otros pocos, los cuales tienen mucho de bueno, sino de los demás, que ni tienen verisimilitud, ni doctrina, ni aun estilo grave. (III: 177-78)[4]

---

parte de las objeciones contra los libros de caballerías en su *El arte poética* (TeRM 131).

[4] También otros autores romperán lanzas a favor de los libros de caballerías, como el propio Lope de Vega en la dedicatoria de *El desconfiado* (*Trecena parte de las comedias*, 1620): "Ríense mucho de los libros de caballerías... y tienen razón si los consideran por lo exterior de la superficie..., pero penetrando los corazones de aquella corteza, se hallan todas las

Las obras citadas tienen "mucho de bueno" y, frente a las otras, hay que suponer que tienen "verisimilitud," "doctrina" y "estilo grave." Lo que parecía una crítica frontal contra los libros de caballerías se convierte en realidad, primero, en una desproblematización de la legitimidad de la ficción misma; y segundo, en un proceso de depuración estética a partir del criterio de la verosimilitud. Así, son aceptables las obras que cumplen unos ciertos criterios artísticos centrados en torno a la verosimilitud o, en otras palabras, sólo lo inverosímil es repudiable. Como el canónigo que reprocha a don Quijote su credulidad y trabaja al mismo tiempo en el libro de caballerías perfecto, el Pinciano no duda en afirmar que toda ficción es legítima, y que sólo es censurable la obra cuya verosimilitud no es suficientemente respetada.

Las acusaciones de inverosimilitud pasan a un primer plano igualmente respecto a otros géneros.[5] A medida que avanza el siglo XVII, la controversia se vacía cada vez más de contenido moral y metafísico y se centra en polémicas estéticas (Moríñigo 52 ss.). Así se desprende, por ejemplo, de esta imprecación de Antonio López de Vega en su *Heráclito y Demócrito* (1641) contra la mala comedia:

> En cuanto a la prudencial disposición y verosimilitud de cada una, ¿qué costumbre moderna puede disculpar los monstruos, inverosimilitudes y desatinos que cada día nos hacen tragar los más de nuestros cómicos?... Procurad, pues, conseguir el aplauso de todos con la buena sazón, mentecatos, y no con el desacierto. Fingid con novedad y verisimilitud. Disponed con suspensión y claridad. (*Preceptiva* 276-77)

Bajo la fachada de una crítica contra la ficción inverosímil, se encuentran consignas impensables durante la Edad Media. "Fingid con novedad y verisimilitud" viene a ser el mensaje principal de un texto que ya no se preocupa por legitimar la ficción frente a las tres objeciones esenciales que la asedian durante la Edad Media y que reaparecen, por ejemplo, en Malón de Chaide. La ficción no sólo se acepta esencialmente, sino que además se persigue su perfeccionamiento estético mediante criterios tales como "novedad," "verisimilitud," "suspensión" y "claridad."

Ciertamente, y como se ha documentado, a lo largo del Siglo de Oro se produce una evolución por la cual la ficción deja de cuestionarse *per se* y comienza a ser rasurada por un calibre cada vez más estético y menos moral. Este proceso se produce porque muchos intelectuales llegaron a ver a tiempo que la ficción era un útil instrumento que no tenía por qué ser erradicado, sino más bien perfeccionado. Así lo reconoce Fray Luis de León en el prólogo a *De los nombres de Cristo*. Fray Luis pro-

---

partes de la filosofía, es a saber, natural, racional y moral" (Domingo Ynduráin 70).

[5] M. Rodríguez Pequeño glosa la disputa entre G.B. Pigna y G. Giraldi Cintio sobre si los *romances* (libros de caballería, *chansones de geste*...) pertenecen al género épico o no: "El problema estriba en que el *romance* olvida lo histórico, introduce lo inverosímil y rompe la unidad de acción" (43).

testa de los libros "no solamente vanos sino señaladamente dañosos" que proliferan en el momento. Aunque insinúa que la única forma de atajar el mal sea prohibir la poesía, no deja de notar que con ese remedio "pierden los hombres un grande instrumento para ser buenos" (en Morínigo 51). La poesía, en efecto, puede tanto servir en beneficio de su receptor, como servir de ejemplo para un comportamiento pecaminoso.

Los dos extremos de autenticidad y mendacidad moral caben sin duda en un mismo continente, la ficción. Desde muy temprano se insiste, por ese motivo, en el escaso margen que media entre ficción y verdad moral. Las fábulas de Esopo son un ejemplo permanente de cómo la mentira más evidente puede contener un trasfondo moral o filosófico auténtico. La literatura religiosa es la más afectada por esta capacidad de la fábula de albergar los dos extremos de ejemplaridad, el positivo y el negativo. Aparte de las discusiones sobre la ficción en los Textos Sagrados, todo escritor religioso se encuentra ante el dilema de utilizar el lenguaje adornado, la poesía, para transmitir una verdad superior, la teológica. De un lado, el pueblo necesita ser adoctrinado y se tiene la consciencia de que los poemas y representaciones dramáticas son un cauce ideal para ello. De otro, se teme que el uso de los ornamentos de la poesía resten autenticidad a los mensajes de fondo que se pretende transmitir. En otras palabras, los autores apelan por una parte a un criterio estético que les permita captar a su receptor y reflejar en palabras una experiencia religiosa con la máxima efectividad; por otra, apelan a un criterio teológico de verdad moral, de pureza ejemplar. Por todo esto, desde fecha tan temprana como 1505, serán frecuentes invocaciones como la de Juan de Padilla en los inicios de su *Retrato de la vida de Cristo*:

> Ruégote por tu clemencia / hijo de Sancta María / que tu divinal esencia / enderece la sentencia / de mi ruda fantasía, / la mundana poesía / su mentir y su dulzor / hazla tu vera sofía / divinal filosofía / porque pueda sin error / tomar dello lo mejor. (*TeRM* 87)

El poeta pide a Jesucristo que el "mentir" de "la mundana poesía" sea capaz de transmitir un conocimiento verdadero y "sin error." El reto es servirse del fingimiento para adornar las verdades puras de la religión. Parece inevitable tener que combinar lo mundano y lo divino a la hora de enseñar el cristianismo, pero hay que hacerlo de tal forma que lo divino sobrepuje a lo humano sin contaminarse con la falsedad inherente a la escritura. Padilla suplica para ello la intervención directa de Cristo, con lo cual el hijo de Dios se convierte de algún modo en co-autor de una obrilla que, en un principio, no era más que una ficción nacida de la "ruda fantasía" del poeta. Bajo la apariencia de una disculpa por haber recurrido a la poesía, Padilla legitima la ficción religiosa y la prestigia al incoporar a Cristo como co-autor. Esta intervención de Jesús logrará, confía Padilla, eliminar de las verdades absolutas las dulces imperfecciones de la poesía. El producto final del poeta es un texto libre de toda sospecha de falsedad.

Si bien durante el Siglo de Oro se prolongan las controversias sobre la licitud de la ficción en general, y de géneros como los libros de caballería o el teatro en particular, lo cierto es que se realiza un avance fundamental en la justificación de la imaginativa. El debate que protagonizan don Quijote y el canónigo en la obra de Cervantes, como se vio al principio de este capítulo, es el ejemplo paradigmático de este proceso de legitimación. De unas ataduras y restricciones esencialmente morales y metafísicas, desmontadas con astucia por el caballero manchego, se pasa cada vez con mayor consciencia a unos criterios estéticos que se articulan en torno a lo verosímil. Cada vez más, pues, son la calidad estética de la obra y el uso que de ella hace el receptor los focos de atención principales de los críticos, reafirmándose así tácitamente la legitimidad intrínseca de la ficción.

No se puede negar, en cualquier caso, que los ataques a la ficción durante los siglos XVI y XVII tuvieron repercusiones ciertamente espectaculares, tales como las sucesivas prohibiciones de los libros de caballería desde 1531 (Ife, *Reading* 16) o los cierres de los corrales de comedia en el siglo XVII. Pero si tenemos en cuenta que esos ataques venían ya de atrás y que los avances respecto a la licitud de la ficción son muchos más que los retrocesos, lo privativo del Siglo de Oro no es el asedio a la ficción sino, por el contrario, su defensa, la apología que de ella realizan los teóricos y autores más destacados de la época.

Son múltiples los recursos empleados, para lograr que la literatura se convierta en una institución aceptada y lícita, y múltiples los argumentos que respaldan la legitimidad de la ficción con independencia de puntuales discrepancias estéticas. El siguiente apartado de este trabajo se consagra, precisamente, a analizar de manera breve ese lento, pero firme proceso áureo de legitimación de la verdad poética, proceso a través del cual quedará definitivamente establecido el espacio de la verosimilitud en las letras del Siglo de Oro.

1.2 DEFENSAS DE LA FICCIÓN

Los frentes abiertos en la batalla por la defensa de la ficción son múltiples y se dan con frecuencia al unísono. A cada acusación contra la literatura imaginativa se le oponen otros tantos argumentos en su defensa, entre los cuales se pueden señalar principalmente cinco.[6] Primero, y si algunos atacan a la ficción por inmoral, muchos otros proclaman que es posible una lectura moral de los hechos fingidos incluso cuando estos presentan el pecado a los ojos del receptor. Segundo, el deleite que

---

[6] Marc Vitse explica los argumentos en defensa de la ficción como una reformulación del pensamiento de Santo Tomás, quien afirma en la tradición ciceroniana que la comedia es un espejo de la vida y que el entretenimiento es necesario (63-72 y 212-21). Además, Vitse ofrece en su monumental estudio, centrado en el teatro, una muy útil tabla de enemigos y defensores de la ficción en el Siglo de Oro (84-86).

proporcionan las historias fabulosas no es reprobable *per se*, puesto que el intelecto humano necesita también descansar de especulaciones serias. Junto al fin moral de la ficción, pues, el fin de entretenimiento y deleite no sólo es lícito, sino necesario y fisiológicamente recomendable para el ser humano. Tercero, el concepto de imitación o mímesis se comienza a entender no como un proceso platónico de copia imperfecta de la Idea, sino como un proceso de creación por el cual se inventa un mundo diferente del histórico. Desde esta perspectiva, la ficción no se presenta ya como un reflejo engañoso y falso de una realidad superior, sino como una legítima invención de mundos alternativos, autónomos de lo real. En cuarto lugar, la creación poética es investida de todos los saberes del hombre, lo cual convierte al poeta en un difusor del conocimiento y al poema—a la obra ficcional en conjunto—en una suma de artes y ciencias varias. Por último, y frente a quienes acusan a la ficción de mentir, se afirma que ésta no miente ni dice la verdad, pues no se sujeta al binomio "verdad/mentira" propio de la Historia, sino al que es propio de la poesía: "verosímil/inverosímil." Estos argumentos forman todos juntos un gran mosaico que hace del Siglo de Oro un momento crucial para la defensa y legitimación de la ficción, justificando más allá de polémicas estéticas cualquier obra poética, incluso los libros de caballerías.

Los escritores áureos contrarrestan y matizan las objeciones morales a la ficción emitidas fundamentalmente desde las filas de algunas órdenes religiosas. Ciertamente, entre los apologetas de la ficción nunca se rehuye el argumento moral, sino que se propone desde el principio una revisión de los términos de la polémica.[7] Tres son durante el Siglo de Oro los argumentos que se oponen a las acusaciones contra la ficción por ser inmoral y ofrecer mal ejemplo.[8] Primero, algunos autores áureos piden que no se dirijan esas acusaciones a la propia literatura, sino al uso que se hace de ella. La ficción, incluso cuando es inmoral, puede servir de espejo en el que el hombre aprenda a huir de los vicios representados. Segundo, mejor es censurar la ficción que expulsarla de la república, pues con la expulsión de los poetas se pierde un instrumento potencialmente positivo y de enorme influencia. Tercero, el mal ejemplo en la poesía no hace sino reflejar el pecado en la vida real. Si el hombre

---

[7] Porqueras Mayo (*TeMB* 427) aduce en ese sentido testimonios tan tempranos como los de Sancho Muñón (1492?) y, todavía en el XVI, de Juan Pineda (1589) y Hernando de Soto (1599).

[8] Ife repasa la tradición que reprueba la ficción no sólo como inmoral, sino también como un poderoso excitador de la mente humana. Isidoro de Sevilla, Tertuliano y Pico della Mirandola, entre otros, utilizan este argumento para secundar la expulsión platónica de los poetas. En ese sentido se pronuncia Vives cuando equipara la literatura a un veneno mortal, metáfora que conoció fortuna entre otros pensadores áureos como Fray Juan de la Cerda, Luisa Mª de Padilla Manrique y Benito Remigio Noydens (*Reading* 33-34).

puede ser virtuoso en contacto con el pecado en la vida real, tanto más puede serlo en contacto con un mal fingido (Ife, *Reading* 25-29).

La ficción, pues, no es intrínsecamente inmoral. Plutarco ya defiende la licitud de la fabulación en dos textos de sus *Moralia* ("How the Young Man Should Study Poetry" y "On Listening"). En el primero de ellos afirma que el poeta miente porque

> for the purpose of giving pleasure and gratification to the ear (this is what most people look for in poetry) they feel that the truth is too stern in comparison with fiction. (Plutarch 83)

El placer también ayuda al aprendizaje, y por lo tanto el poeta hace bien en utilizar la ficción con el propósito de transmitir una enseñanza de un modo agradable. Asumida la licitud de la inventiva, lo que importa es cómo se escucha (o lee), y no tanto lo que se escucha. Como resume perfectamente Carmen Rabell, "la intención radica en el lector y no en el texto" (41). Así pues, Plutarco se propone enseñar a utilizar la literatura en beneficio de su usuario y de la sociedad, en lugar de, como Platón, prohibirla. De un lado, como se ve en el pasaje citado arriba, la ficción no se limita a una verdad, la histórica, que resulta demasiado severa para el poeta. Se crea así el espacio para una verdad poética o verosimilitud cuya legitimidad queda intrínsecamente asegurada. De otro lado, esta verosimilitud tampoco está lastrada por la rectitud moral, pues Plutarco permite los pasajes inmorales que tienen una funcionalidad artística. Estos momentos de inmoralidad no incitarán al vicio siempre que se escuchen o lean de dos modos: uno, deben ser contrastados con otros pasajes perfectamente éticos del mismo o de otro autor; y dos, en último caso, pueden incluso enmendarse a fin de ser moralmente depurados (Plutarch 72).

Esta es precisamente la táctica de defensa contra las acusaciones de perjuicio moral que impera en el Renacimiento europeo y, especialmente, en el italiano. Según Daniello, Fracastoro, Minturno o Bernardo Tasso, entre otros, los ataques no deben dirigirse contra la ficción, sino contra el mal uso y el abuso de la misma (Spingarn 16 ss.). En tan temprana fecha como 1450, Piccolomini ya advierte en su *De Liberorum Educatione* que la pregunta crucial no es si la poesía debe ser condenada o no, sino cómo debe usarse (Spingarn 12).

Todos estos argumentos en defensa de la ficción pesan en muchas de las reflexiones que los teóricos españoles plantean en sus escritos. Es Bances Candamo quien en su *Theatro de los theatros* (1689) defiende la licitud de las comedias porque, en la tradición ciceroniana, éstas se limitan a reflejar la vida real:

> Luego las comedias modernas no son pecaminosas por sus argumentos. Pruébase esto, porque ellas son unos ejemplares supuestos o verdaderos de los su-

cesos de la vida. Estos, es lícito y permitido contarlos en historias. Luego su narración no será pecado. (36)

Si el pecado existe en "los sucesos de la vida," y la comedia encuentra su mayor mérito precisamente en reflejarlos, "la Comedia no es intrínsecamente mala" (32) por los pecados que incluye. Sólo el uso que de esas faltas morales haga el receptor puede ser desviado y, por tanto, condenable. Al proclamar la licitud intrínseca de la comedia, Bances acusa a los que, como Platón, pretenden expulsar la poesía sin ser capaces de distinguir su utilidad incluso cuando presenta faltas morales.

Por su parte, Juan Lerín y García, en *El bien y el mal de las ciencias humanas* (1626), arremete contra quienes se oponen a la ficción afirmando que San Pedro y San Bernardo, entre otros santos, han usado también de ella. "Destos ejemplos pudiera traer muchos, pero esto bastará para que se vea la poca razón que tienen los que sin distinción alguna calumnian la poesía" (*TeMB* 179). Lerín acopia testimonios en que se califica a los poetas indiscriminadamente de "mentirosos, falsos, locos, insanos, engañadores y desbaratados." Frente a estos ataques contra toda forma de creación poética, el tratadista plantea explícitamente la licitud del acto creativo al separar su objetivo del de la Historia: "No es la poesía como la historia, licencia tiene para decir lo que quisiere y para mentir muy a su salvo, sin pagar alcabala" (171). Una vez separado el objeto poético del histórico, Lerín y García pasa a dignificar la actividad creadora equiparándola al mismísimo poder de Dios:

> No hay cosa inmensa en el cielo ni en la tierra, sino es Dios, y la licencia de los poetas es un como Dios, porque así como Dios (según dice David) todo lo que quiere hace, así ellos hacen todo lo que quieren, no teniendo su voluntad límite, ni coto en el mentir. (171)

La aseveración de Lerín de que "la licencia de los poetas" es equiparable a la de Dios es ciertamente osada. Como Dios crea sin límites, la voluntad del poeta tampoco conoce "coto en el mentir." Al tiempo que se concede la máxima dignificación posible para el creador ficcional—equiparado al Creador de todas las cosas—, el potencial imaginativo del poeta es recubierto de un áurea semi-divina que lo libera de toda restricción. La argumentación moral ha dado así un giro completo. Como contrapeso a los que utilizaban la religión para atacar a una ficción que sólo transmite pecados, Lerín iguala el poder creador del artista con el del Dios todopoderoso. El factor religioso ya no se presenta bajo el prisma de una severa moralidad, sino que es aprovechado para describir a los poetas como semi-dioses que "hacen todo lo que quieren," *deus artifex* de licencia ilimitada cuya connivencia con el pecado no les hace necesariamente inmorales.[9]

---

[9] Para información sobre las raíces medievales de este tópico, ver Curtius, capítulo XX ("Dios como artífice" 757-59); la adaptación calderoniana del *deus artifex* como *deus pictor* se

Otro argumento esencial a las apologías de la ficción es el de la necesidad humana de entretenerse. Durante la Edad Media algunos ya consideran el deleite como un fin que justifica *per se* la ficción. Según A.J. Minnis y A.B. Scott,

> medieval physicians, philosophers, and poets often declared their belief that pleasure is necessary to the mind as sleep is to the body, and that the pleasures of literature can promote in us an inner harmony that fosters physical and mental health. (Minnis and Scott 325)

El fin ejemplar o moral no es ciertamente el único que puede legitimizar la literatura. La diversión y el entretenimiento que pueda proporcionar una obra ficcional podrían igualmente justificarla sin necesidad de recurrir al conflictivo criterio moral. De todos modos, existe aún mucha precaución a la hora de desproveer a la poesía de toda obligación ejemplar y de, por tanto, legitimarla puramente por su capacidad para entretener. Lo más común es encontrarse con la fórmula horaciana del instruir y deleitar a la vez, fórmula ampliamente documentada por Antonio García Berrio en la literatura áurea de habla española (*Formación*). Incluso el propio Bernardo de Balbuena, tan osado en otras manifestaciones, adopta todas las cautelas en este punto. Afirma en su prólogo a *El Bernardo* (1624) que con la poesía "no sólo se deleita el gusto, se mueve el ánimo y sus pasiones, mas aun con su encubierta moralidad y alegoría le deja instruido en las virtudes y saboreado en ellas" (*TeMB* 125).[10] Aunque la tradición horaciana de unir *delectare* y *prodesse* sigue vigente durante los siglos XVI y XVII, diversos autores europeos empiezan a enfatizar el deleite sobre el fin moral y la enseñanza religiosa. Son autores de la talla de, entre otros, Bernardo Tasso, Castelvetro, Robortelli y John Dryden (Spingarn 47-58).

Desatarse de las estrechas ligaduras morales era ciertamente un paso decisivo en la legitimación de la ficción. Si el fin principal de la fábula era ejemplar o moral, un texto histórico o filosófico debía ser más efectivo que uno compuesto de mentiras, pues los sucesos ocurridos en la realidad impresionarían más al receptor que los fingidos. Así pues, a la hora de priorizar la poesía sobre la Historia era fundamental poner todo el énfasis en la utilidad del deleite y el entretenimiento. Lo que algunos autores afirman es que el propio deleite constituye una parte fundamental de la instrucción. La mente humana es incapaz de mantenerse de modo permanente en un proceso serio de aprendizaje. El capitán Pedro de Salazar reflexiona al respecto en la dedicatoria de una novela que escribe para Felipe II: "Conveniente y aun nesçesario le es a tienpos onestamente recrearse, pues está claro que no se puede conservar

---

comenta en el capítulo XXIII ("La teoría del arte en Calderón y las artes liberales" 776-90).

[10] Con todo, Balbuena termina el pasaje haciendo gala "si no de la apurada observación del arte, a lo menos de un cuidadoso e infatigable deseo de acertar con la vena del deleite, para dar con ella en la de su gusto" (*TeMB* 125).

la vida humana con el contínuo trabajo." Por ello, continúa Salazar, "mi fin principal a sido ofreçer a VM esta lectura para alguna recreaçión de vuestro real entendimiento" (Blecua Perdices 94-95).

A similar argumento recurre Gaspar Lucas Hidalgo en la apelación al lector de sus *Diálogos de apacible entretenimiento* (1606). Allí afirma que el "pasatiempo" es también útil, pues entre las "tragedias" de la vida bien cabe algún que otro "entremés." El prefacio termina con la solicitud al lector de que sea benevolente con el "juguete" que es la obra, pues el mero deleite es tan necesario como la meditación seria: "Reciba, pues, el cuerdo lector este juguete, pues sabe que a su tiempo y en su tanto importan las burlas tanto como las veras" (en Nougué 208).[11] Antonio López de Vega retoma la cuestión en su *Heráclito y Demócrito* (1641), pero se muestra más contundente aún que Lucas Hidalgo en su defensa del deleite como fin lícito y útil de la ficción:

> Sea, pues, sólo deleite la poesía, útil se debe confesar… ¿Vos le prohibís al entendimiento humano las cómodas recreaciones, vos el observante maestro de la comodidad filosófica? ¿En acto continuo de especulaciones serias le quiere dejar vuestro severo decreto? (*TeMB* 298)

López de Vega proclama la utilidad intrínseca del arte como descanso deleitable de las "especulaciones serias." Prohibir las "recreaciones" al espíritu constituiría un "severo decreto" que no es recomendable. Incluso en el peor de los casos, si la ficción sólo proporciona deleite, se justifica plenamente su utilidad e importancia, pues el entretenimiento contribuye a descansar la mente y la prepara para empresas más serias.

Años antes, Alonso López Pinciano había emparentado el deleite—eso sí, vinculado al *docere* horaciano—con la felicidad humana. El personaje llamado Pinciano aduce que "virtud y deleite parecen contrarios," a lo que Hugo responde:

> Al Pinciano se le cayó de la memoria lo que antes de la humana felicidad se trató, y cómo consiste en el deleite que sobreviene a la virtud, o moral, o intelectual: y si la Poética enseña la una y la otra, y, por medio de ambas, da el deleite como fin della, su fin y la humana felicidad serán una cosa misma. (I: 212)

El deleite, según Hugo, no puede disociarse de la felicidad, porque ésta misma es un placer que proviene de "la virtud." Si la poesía puede enseñar virtudes y causar

---

[11] Para un razonamiento parecido, ver Antonio Enríquez Gómez, *La torre de Babilonia* (1649): "Escribo las veras mezcladas con las burlas, que el siglo no está para sentencias sólidas, necesario es que vayan las vanidades haciendo salva a los buenos ejemplos, y aun desta manera quiera Dios que se admitan" (Porqueras Mayo, *El prólogo en el Manierismo* 137).

placer al propio tiempo, el deleite poético y la felicidad son "una cosa misma." Ambas son agradables y nacen de las virtudes moral o intelectual que tanto un texto como la vida real pueden enseñar. En respuesta a las críticas de Platón y sus seguidores, la república no puede prescindir de los poetas, pues el deleite es tan fundamental para la enseñanza como la moral. En la epístola II de la *Philosophía antigua poética*, Hugo señala que por ejemplo San Pablo sólo critica "las fábulas vanas," con lo cual se implica la existencia de las que no lo son:

> Mirad, señor Fadrique, que San Pablo no reprehende sino las fábulas vanas, que de las sólidas y que llevan dotrina no paresce hazer mención ni reprehensión.

Las fábulas "sólidas y que llevan dotrina" serían, sugiere Hugo, admisibles. La defensa de lo ficcional frente a la expulsión platónica sigue en boca de Fadrique, no sin cierta ironía:

> Platón y San Pablo y San Agustín las reprehenden todas [las fábulas] porque quisieron ellos tanta perfección en las gentes, que, sin salsa de fábulas, comieran la virtud; ellos dijeron muy bien, el uno como filósofo, y los dos como sanctos, y con muy justa razón destierran las fábulas de sus Repúblicas celestiales; mas nosotros bivimos en estas humanas y frágiles casas, adonde ay tan poca perfección y tanto fastidio a la virtud, y es menester, aunque sea con fábulas, traer a las gentes a la senda della. (I: 178-79)

Fadrique denuncia que Platón parte de una república ideal de gentes perfectas y sin necesidad de diversión espiritual. A Platón como filósofo, y a Pablo y Agustín como santos le es otorgado el privilegio de no necesitar el descanso, pero ¿y el resto de los seres humanos? Hábilmente, el Pinciano opone al idealismo platónico la realidad social, en la que existe "tan poca perfección y tanto fastidio a la virtud." En ese contexto, fuera de las "repúblicas celestiales" que habitan los tres pensadores mencionados, la fabulación se convierte en instrumento útil y con toda probabilidad imprescindible con que, entreteniéndoles, enseñar a las gentes.

El deleite no sólo es legitimado como fin de la poesía, sino que en varios pasajes áureos es proclamado como el principal de todos o incluso el único. En la traducción española del prólogo de Amyot (1547) a la *Historia etiópica* se dice de la ficción que su "fin es admiración y la delectación que procede de la novedad de las cosas extrañas y llenas de admiración" (Forcione, *Cervantes, Aristotle* 57, n. 21). Por su parte, Cristóbal de Mesa afirma en su *Valle de lágrimas y diversas rimas (Compendio del arte poética)* de 1607..." y de la poesía el fin legítimo / es deleitar"; y "El fin a que contino aspira el épico, / es a maravillar con alto espíritu" (*TeRM* 312).

De nuevo es el Pinciano quien se pronuncia con mayor precisión sobre el tema en su *Philosophia antigua poetica*. El personaje "Pinciano" interroga a Fadrique sobre la posible inverosimilitud de la ficción escrita en verso, puesto que nadie, en realidad, habla en verso. Fadrique acepta las objeciones del Pinciano, pero le recuerda el papel que el deleite desempeña como fin de la poesía y fuente, por tanto, de verdad poética:

> Confieso que, en alguna manera, repugnan [los metros] a la forma de la poesía, que es la imitación, pero pugna mucho en favor del fin della, que es deleite no sólo en la cosa, mas en la palabra, y no sólo en esta, mas en el número de las sílabas cierto y determinado, al cual dicen metro. Así que, por la causa final, que es el deleite, pierde la formal en cierta manera, que es la imitación. (I: 207)

La métrica entra en contradicción con la mímesis porque nadie habla en verso. En ese caso, ¿es la poesía en metro un género inverosímil? Indudablemente sí, si el criterio único de la verosimilitud fuera el de la reproducción de los hechos y personajes de la realidad. Pero si "la causa final" de la poesía es el deleite, éste se obtiene tanto del contenido del poema como de su forma. Si la forma de las palabras, y no sólo su contenido, producen placer al receptor, el verso es perfectamente verosímil por cuanto cumple con la función primordial de entretener. Situando el deleite como meta legítima de la actividad creadora, según el Pinciano, la verosimilitud rompe los límites de lo real y de la ejemplaridad más restrictiva.

En efecto, al considerar el deleite como fin principal de la poesía, el proceso de su legitimación avanza de un modo decisivo. Ello no implica que la ejemplaridad no sea durante todo el Siglo de Oro un criterio todavía imprescindible; pero no es ya el único y, para varios teóricos, no es el más importante. Sin duda, las constricciones morales desaparecen en el momento en que un escritor persigue básicamente el entretenimiento de su lector. A medida que el escritor gana margen a fin de liberar su imaginación de lastres ejemplarizantes, la creación empieza a valorarse cada vez en mayor grado por sí misma, independientemente de su sentido teológico último.

Como tercer argumento en defensa de la ficción, se intenta legitimar el acto creativo en oposición a las objeciones metafísicas de Platón, para quien crear supone un proceso de doble falsificación respecto a la realidad ideal. Paulatinamente, el concepto de mímesis o imitación se convierte durante el Siglo de Oro en un sinónimo de creación y no de copia, y se sitúa en el centro mismo de la actividad ficcional. En ese sentido, Cervantes afirmará categóricamente que la imitación verosímil es el eje central de la escritura: "todas estas cosas no podrá hacer el que huyere de la verosimilitud y de la imitación, en quien consiste la perfección de lo que se escribe" (*Don Quijote* I: 553).

El concepto de mímesis o imitación es sin duda uno de los términos teórico-literarios más complejos y con mayor número de significados diferentes, de los cuales repasaremos sólo los más relevantes. De un lado, Platón lo define como el discurso en que el narrador "da la ilusión de que no es él el que habla"; esto es, el autor hace hablar a sus personajes sin intervenir él mismo en tercera persona, como en el género teatral. A la imitación se le opone la *haple diegesis* o narración épica, que es preferida por Platón porque en ella el narrador sí interviene directamente y disminuye así el efecto de ilusión que puede engañar al receptor. Aristóteles, mejor dispuesto hacia la ficción que su maestro, va a preferir la mímesis trágica a la diégesis épica, precisamente por lograr la primera mayor efecto sobre el espectador que la segunda (Genette 219 ss.). De otro lado, y a la par que se habla de la imitación como una estrategia discursiva, el término se entiende principalmente como copia—o manipulación, según se verá—de la realidad, de la naturaleza o de modelos clásicos.[12] En la doctrina clásica, la mímesis se asocia en todos estos casos a una estrecha fidelidad a lo real, cuyo ejemplo máximo es la famosa anécdota de la competición entre los dos mayores pintores griegos, Zeuxis y Parrasio. Así explica García Berrio los vínculos de la mímesis clásica con la realidad:

> Aristóteles y Horacio, o mejor la concepción clásica del arte mimético, conciben el arte como un equivalente o réplica del mundo real con pretensiones de exacta fidelidad y aceptan en aquél idénticas leyes a las que gobiernan éste. (*Formación* I: 184)

La aseveración de García Berrio debe ser matizada. Ya se comentó que Aristóteles acepta lo imposible verosímil—que prefiere a lo posible inverosímil—, por lo que el mundo artístico y el real no comparten en la poética aristotélica "idénticas leyes." Lo que es imposible en la realidad puede ser verosímil en la ficción. Incluso si se admite que la doctrina clásica parte de una concepción mimética del arte estrechamente vinculada a la realidad, el hecho de que el concepto de mímesis varió con el tiempo, sin embargo, no puede ponerse en duda.

Carlos Bousoño reconoce cómo durante la Edad Media "el concepto de creación empezará a substituir al concepto de mímesis, sin duda como resultado del subjetivismo" (*Épocas literarias* 38). Hoy se sabe que el término griego *mímesis*, tradicionalmente "imitación," admitía igualmente en su semántica el valor de "representación" e incluso el de "creación" (Villanueva 21, 23, 30, 61-65). Este importante ma-

---

[12] La bibliografía sobre el tema es apabullante; la *TeMB* ofrece una básica en 41, nota 33. Para el término desde las perspectivas de Platón y Aristóteles, resulta muy útil Segre 297-311, Genette 219 ss., y Maravall, *Velázquez* 88 ss. Para la acepción del término como imitación de autores clásicos, ver por ejemplo el *Cisne de Apolo* de Carvallo (diálogos IV y VIII). Son ya clásicos los estudios sobre el tema de Thomas M. Green (*The Light in Troy*) y G.W. Pigman III ("Versions of Imitation in the Renaissance").

tiz es identificado también por William Stapp Moody en el Renacimiento. En esa época, se concebía la imitación en términos de lo empírico (la historia), lo empírico plausible y lo ideal a priori o "concepción de las cosas como deben ser de acuerdo con la idea cristiana" (Stapp Moody 21). Por tanto, se identifican en la mímesis valores añadidos a lo puramente empírico o histórico, a la copia de la realidad. Lo plausible y lo ideal a priori, elementos obviamente no históricos, indican que en el proceso mimético podía entrar en juego también, además de la fidelidad a lo real, un componente de creación, de invención.

Ciertamente son varios los autores áureos que se ocupan de la imitación y que la identifican cada vez más inequívocamente con la inventiva, con la ficción, en lugar de con la mera copia de la realidad. Vives, en su *De las disciplinas* (1531), da una definición de mímesis todavía de resabios platónicos: "La imitación no es sino la acomodación de alguna cosa al ejemplar propuesto" (II: 625). Para el filósofo valenciano, imitar supone reproducir con fidelidad el modelo, conseguir la "acomodación" a él. Mucho más apura su definición Francisco de Cascales en la primera de sus *Tablas poéticas* al problematizar y enriquecer la concepción de Vives:

> Imitar es representar y pintar al vivo las acciones de los hombres, naturaleza de las cosas y diversos géneros de personas, de la misma manera que suelen ser y tratarse. (27)

La imitación consiste en reproducir cosas y personas de la forma "que suelen ser" pero también en que suelen "tratarse." Cascales no parte de una realidad exterior fija que el arte debe copiar. Las cosas y las personas a las que alude "suelen ser" (¿no son siempre iguales?) y además se tratan de un modo determinado. ¿Implica ese "tratarse" un indicio de subjetividad? ¿Es la copia de un modelo externo e inalterable posible, o ese modelo mismo es ya de por sí relativo? Sobre el carácter de ese "representar y pintar al vivo" que conforma el proceso de la imitación, además, añadirá Cascales un poco más adelante:

> PIERO ¿Pues qué es imitar la actión?
> CASTALIO Representar al vivo algún hecho como deviera passar, o como fingimos aver passado, según el verisímil y necesario. (44)

Cascales considera la acción de fingir como un sinónimo de "representar al vivo," equivalente según la cita previa a la mímesis. Imitar algo se equipara por medio de ese "representar al vivo" a fingirlo, pues no se describe la acción como ocurrió, sino "como deviera passar." Castalio afirma asimismo que el criterio fundamental para esa imitación, representación al vivo o fingimiento es "el verisímil y necesario." En consecuencia, las reglas que determinarán la verdad de la mímesis no son ya las de la realidad externa, las del modelo histórico que se debe "copiar," sino las de la verosimilitud. No sólo la imitación se entiende como una ficción y no como una copia fiel, sino que los preceptos de la mímesis vienen marcados por una verdad meramente poética. En el proceso de la imitación, pues, la realidad y la verdad histórica quedan relegadas a un segundo plano en favor de lo verosímil.

En el mismo sentido se había pronunciado ya Pedro Soto de Rojas en su *Discurso sobre la poética*, de 1612: "la imitación consiste en la ficción de las personas o cosas que imitamos" (26). Para Soto de Rojas, la imitación equivale de manera simple y directa a la "ficción" de "personas o cosas," es decir, a inventarlas sin entrar necesariamente en comparaciones con lo real. El Pinciano también aboga en 1599 a favor de la libertad total de la literatura creativa para fingir. Para contrarrestar las críticas a lo fabuloso como algo mal imitado, Alonso López asegura que la imitación y la fabulación son una misma cosa. El Pinciano, personaje de la *Philosophia*, cuestiona en la epístola IV la descripción del Paraíso compuesta por su contertulio Hugo:

> ¿Por qué llamáis poesía perfecta a esta descripción privada de toda imitación? Hugo respondió preguntando assí: Dezidme, señor compadre, si en el Paraíso verdadero está como yo lo pinté.
> El Pinciano respondió: Pienso que sí.
> Y Hugo: Pues yo pienso que no; porque ni lo vi ni lo leí, sino imaginando como me pareció razonable; y, según esto, imitación ha sido la mía, y, por tanto, poema perfecto. (I: 263)

Imitación e imaginación son para Hugo la misma cosa. La licencia para fabular se ejemplifica con la descripción del Paraíso, lugar que no se ha visto nunca y símbolo religioso incuestionable. Si la mímesis comporta la reproducción fiel de la realidad, poco espacio le queda entonces a lo verosímil, que estaría así constreñido por un modelo externo e histórico al cual la obra de arte debe responder con fidelidad. Pero si, por el contrario, la mímesis se entiende como sinónimo de la imaginación, incluso la descripción del Paraíso (un lugar que nadie ha visto) es posible y puede alcanzar la perfección.

Con la legitimidad de la verosimilitud en juego, son los propios creadores los más interesados en igualar mímesis y creación, y distanciarse consecuentemente del yugo de lo real. Así, Lope de Vega afirma en *La Dorotea* que "invención e imitación [son] una misma cosa" (Maravall, *Velázquez* 177).[13] Y Bernardo de Balbuena, en el prólogo a su *Bernardo*, de 1624, declara contundentemente:

---

[13] Lope quizás tiene en mente a Torquato Tasso y su *Apologia in difesa della sua Gerusalemme*: "l'imitazione e l'invencione sono una cosa stessa quanto a la favola" (Riley, *Teoría* 101).

en la palabra imitación se excluye la historia verdadera, que no es sujeto de poesía, que ha de ser toda pura imitación y parto feliz de la imaginativa… Y así, para mi obra no hace al caso que las tradiciones que en ella sigo sean ciertas o fabulosas; que cuanto menos tuvieren de historia y más de invención verisímil, tanto más se habrá llegado a la perfección que le deseo. (Porqueras Mayo, *El prólogo en el Manierismo* 181)

Al excluir del significado de "imitación" lo históricamente verdadero, Balbuena convierte al poema en campo libre para su propia inventiva. Equipara "pura imitación" a "parto feliz de la imaginativa" y a "invención verisímil." La contundente defensa de Balbuena de la fabulación adquiere aún mayor significado si se toma en cuenta que el *Bernardo* es un poema épico, género de fuerte arraigo a la Historia y de una estricta regulación en la doctrina clásica. En lugar del estrecho espacio impuesto al poeta por la verdad histórica, la mímesis entendida como creación abre el espacio de la verosimilitud y legitima intrínsecamente la producción de un mundo alternativo al de lo real e histórico.

El concepto de mímesis, así pues, se transforma paulatinamente hasta definirse explícitamente como un autónomo proceso de invención.[14] Esta evolución, que ha sido señalada por diversos críticos del siglo XX,[15] lleva a tomar consciencia de cómo "el mundo de lo artístico va conquistando independencia y autonomía frente al mundo real en el pensamiento estético renacentista" (García Berrio, *Formación* I: 184). Sólo mediante esta legitimación paulatina y consciente de la creatividad se comprende que un asceta como Fray Luis de Granada afirme gozoso en su *Introducción al Símbolo de la fe*: "usando de la industria de las manos en las cosas de naturaleza, habemos venido a fabricar otra nueva naturaleza" (Maravall, *Velázquez* 181).[16] Esa "nueva naturaleza" que celebra Fray Luis, fabricada por el hombre, proviene de "la industria de las manos" y, por lo tanto, de la creatividad humana. Del mismo modo, se concibe en la época que el poeta, un *deus artifex*, alcanza la perfección no

---

[14] Esta evolución se da en toda Europa. Por ejemplo, en la literatura inglesa, Sir Philip Sidney: "Poetry is an art of imitation…, mimesis, that is to say, a representing, counterfeiting, or figuring forth" (Spingarn 269); y más explícito aún, Ben Jonson: "A poet, *poeta* is… a maker or feigner, his art, an art of imitation or feigning… Hence he is called a poet, not he which writeth in measure only, but that feigneth and formeth a fable, and writes things like the truth; for the fable and fiction is, as it were, the form and soul of any poetical work or poem" (Spingarn 278).

[15] Ver por ejemplo García Berrio, *Introducción* 56 y 137, Riley, *Teoría* 101, Shepard 48-49, Williamson 112, Pozuelo Yvancos, *Poética de la ficción* 48, y Lausberg 88.

[16] Similar gozo ante la invención de un mundo paralelo al real denotan las doctrinas sobre la mímesis en pintura de Pérez de Oliva, Francisco de Holanda y otros teóricos del arte; ver Maravall, *Velázquez* 174 ss.

cuando copia la realidad histórica, sino cuando re-crea otro mundo, fabrica "otra nueva naturaleza," cuya única exigencia ineludible es la de ser verosímil.

Junto a la lectura moral de la ficción, la necesidad del deleite y la mímesis como un proceso creativo, la exaltación de la poesía como una suma de artes supone en la época un cuarto argumento poderoso en defensa de la ficción. Diversos documentos se refieren a la poesía, en efecto, como un conglomerado de saberes varios. Esta noción multidisciplinar de la fábula arranca en la Antigüedad clásica y perdura durante la Edad Media. Según Minnis y Scott, en el siglo XII el concepto de poesía que se deriva de las teorías de Cicerón, Macrobio y San Isidoro "was integrated and vastly extended to become an all-embracing system of 'secular allegory' which comprised historical, philosophical, physical/astrological, and moral interpretations of pagan myth and metaphor" (120). Son comentadores de la obra de Boecio como "Bernardo Silvestre" y William of Conches los que igualan el método de la interpretación poética al de la filosófica, como en el siglo XIII Hugo de San Víctor compara la lectura poética a la teológica. Lo poético es así revestido de un denso cariz moral que acerca la ficción a la especulación teológica, la cual, a su vez, abarca los saberes más importantes del hombre (Minnis and Scott 122). A través de los sentidos o interpretaciones del texto escrito, en la época medieval la poesía se relaciona con el conocimiento del mundo y de la religión que proporcionan la filosofía y la teología (Curtius, excursos XI y XII, II: 290-323).

Petrarca, Boccaccio y Coluccio Salutati, así como Ermolao Barbaro y Tiphernas abundarán en el concepto de poesía como una suma de artes y saberes en la transición entre Edad Media y Renacimiento (Spingarn 312). Esta misma consciencia del carácter totalizante de la ficción pasa al Renacimiento italiano a través fundamentalmente de las *Moralia* de Estrabo. Varchi, Robortelli, Zabarella, Maggi y Campanella apuntan las similitudes entre la ficción y la filosofía, al mismo tiempo que, partiendo de Aristóteles y Cicerón, Daniello, Robortelli y Fracastoro insisten en la poesía como una imitación de la vida del hombre (Spingarn 24 ss.).

En España, donde el debate sobre la licitud de la fábula es de una particular virulencia, son los apologetas de la ficción quienes recogen y amplían esta tradición de considerar la poesía como una suma de artes. Cervantes mismo alude en un par de ocasiones a la cuestión. En "La Gitanilla" la poesía es una doncella cuya virtud y saber ennoblece a los poetas, quienes "todos viven contentos con su estado, filosofía que alcanzan pocos" (*Novelas* 91). En el capítulo XVI de la parte II del *Quijote*, Don Quijote describe la poesía como una doncella embellecida y adornada por "otras muchas doncellas, que son todas las otras ciencias, y ella ha de servir a todas, y todas se han de autorizar con ella" (*Quijote* II: 142). Mucho antes, en 1580, *El Arte Poética* de Miguel Sánchez de Lima ya desarrollaba por extenso el tópico de la poesía como suma de artes. Tras citar diversas autoridades, Sánchez de Lima concluye en apología de la ficción: "Y en fin todas las sietes artes liberales se hallarán escriptas en poesía, si bien se quieren buscar" (40; también en *TeRM* 131-32).

Una de las más bellas y menos conocidas descripciones de la poesía como suma de artes pertenece a Alonso de Valdés. En el prólogo a la edición de las *Diversas rimas* de Vicente Espinel (1591), Valdés presenta la poesía como un conocimiento total del universo, de lo físico y lo espiritual, de lo natural y lo religioso. El fragmento es largo, pero merece ser citado íntegramente:

> La poesía es señora de todas las artes, porque el poeta tiene necesidad de ser versado en todas. La poesía se levanta, y penetra los cielos, manifiesta la gloria del Sumo Bien, las penas del purgatorio, la muerte eterna del infierno, descubre los secretos de la astrología, los cursos de las estrellas, los movimientos de las esferas celestiales, las influencias de los planetas, lo contrario de los elementos, la conformidad de ellos, las naturalezas de las cosas, las propiedades de las plantas, de los animales, de las yerbas, los jugos, los sabores, los olores, la ficción, la historia, la fábula, la fealdad del vicio, la hermosura de la virtud, la balanza de la justicia, el torcimiento de ella, la venidad del mundo, el desprecio de las riquezas, la honestidad del alma, el reposo de la vida, la filosofía moral, la natural, la verdad de la fe, las maravillas del viejo y nuevo testamento, las profecías. Y finalmente no hay cosa en que la poesía no haya dado viva luz de todas las cosas espirituales, naturales y sobrenaturales. (*TeRM* 150)

La ficción se ofrece como el único saber capaz de abarcar a todos los demás, y el poeta se convierte por tanto en un experto en todos los conocimientos humanos.

Además de las respuestas particulares a las diversas objeciones morales y metafísicas contra la ficción comentadas hasta ahora, en el Siglo de Oro se plantea también una defensa global de la literatura creativa a partir de dos afirmaciones complementarias y aparentemente paradójicas: la ficción no miente y la ficción no dice la verdad. Con estos argumentos se intenta contrarrestar las acusaciones metafísicas y morales derivadas de medir la ficción según su fidelidad a la verdad histórica. Para muchos, el objetivo del texto oral o escrito es limitarse a reproducir la verdad, lo que pasó; por lo tanto, si no se ajusta a lo histórico, el texto miente. Por supuesto, en la base de esta acusación se encuentra la teoría platónica según la cual la ficción está doblemente alejada de la realidad ideal, de la verdad última. Dado que el silogismo de Platón es difícilmente refutable en el caso de la *poiesis*, cuyo objetivo no es copiar con exactitud lo histórico y que ciertamente refleja en segundo grado el mundo de las Ideas, el único modo de anular la acusación de mentir era probar la impropiedad de los criterios platónicos. Los apologetas de la literatura ficcional proponen un axioma de doble filo: la ficción no miente porque no dice la verdad, y viceversa, precisamente porque no dice la verdad, la ficción no puede mentir. Cuando los teóricos áureos emplean el término "verdad," se están refiriendo a la verdad histórica, empírica, documental. Lo que pretenden es hacer ver que la verdad de la literatura creativa no responde a los mismos criterios que la verdad histórica. En consecuencia, se reclama la licitud del espacio de verdad a-histórica reservado para la fabulación, al cual llamarán "verosimilitud." Es significativo que la defensa global de la ficción se centrara, indirectamente, en la apertura de ese espacio para lo verosímil entre la verdad y la mentira.

Para demostrar que la ficción no miente, su apologeta durante el Siglo de Oro reconoce que es fundamental ir más allá del sentido o interpretación literal del texto. Al significado superficial de un texto se le podía acusar de falta de fidelidad respecto a un hecho histórico. Se denuncia la mentira de aquellas historias con minúscula que no se ajustan fielmente a la Historia con mayúscula. En otras palabras: si un texto no dice la verdad (la histórica), miente. Este silogismo, ese determinismo fatal entre la fabulación y la mentira, sólo podía ser cuestionado al desplazar la verdad de la ficción de su nivel literal a uno más escondido. Aristóteles ya había opuesto el carácter particular de la Historia frente al universal de la ficción (*Poética* 1451b, 60). Ésta última favorece la posibilidad de interpretar en un sentido profundo, abstracto, general, unos hechos inventados. Para los defensores de la ficción, la Historia está limitada a la realidad, a reproducir un hecho sucedido y su objeto último, por lo tanto, se centra en lo concreto. Por el contrario, la ficción tendría licencia para falsear los hechos en su sentido literal a fin de ilustrar alegóricamente una verdad superior, universal.

No es de extrañar, por ello, que la cuestión de los sentidos (entiéndase interpretaciones) de la literatura se entrelace a la exégesis de la Biblia y de los textos religiosos en general. Ya desde la Edad Media se discute con intensidad la problemática relación entre ficción e Iglesia (Bruyne III: 232 ss., Minnis and Scott 68, 170-71). Si se acusa a las fábulas de ser intrínsecamente mentirosas, ¿cómo se podía explicar la inclusión de éstas en los textos bíblicos y en algunos teológicos? ¿Es que la Iglesia enseñaba la verdad de Dios a través de falsedades?

Esta paradójica relación entre lo ficcional y lo religioso nunca fue comentada en profundidad por los moralistas áureos más severos, como Malón de Chaide o Fray Joseph de Jesús y María. Sí sirvió, sin embargo, a los intereses de quienes abogaban por una crítica selectiva contra la ficción. La inclusión de sueños y parábolas en la Biblia da pie a extensos comentarios por parte de, por ejemplo, Hernando de Soto (*Emblemas moralizadas*, 1599) y Juan Lerín y García (*El bien y el mal*, 1626). Soto analiza el bíblico sueño del Faraón, "que por la mayor parte es imaginación y mentira" (*TeRM* 211). Lerín y García dedica el capítulo IX de su obra a "Cómo en las letras humanas hay muchos misterios, de los cuales se sirvieron los profetas y padres de la iglesia." Lerín comenta "misterios" tales como sirenas, faunos, titanes, centauros... a partir de los textos de algunos Doctores de la Iglesia en que aparecen al menos una vez (*TeMB* 174). El razonamiento en apología de la ficción es el siguiente: si los principales teólogos y la mismísima Biblia recurren a la ficción para transmitir sus verdades, ¿cómo se puede abogar por la ilegitimidad de la poesía y pretender su expulsión de la república? Ciertamente, al afirmar la falsedad radical de la fábula se está acusando al mismo tiempo a los Textos Sagrados de mentir. Ante tan temerario silogismo, la crítica a la ficción se cae por su propio peso, so pena de incurrir en la herejía de blasfemar contra la Biblia. En consecuencia, sólo aquella literatura creativa de moral relajada o, según avanza el Siglo de Oro, de pésima calidad estética, sería claramente reprobable.

La cuestión de los sentidos de la poesía es tan importante que los teóricos áureos más significativos se ocupan por extenso de ella. El Pinciano arroja luz sobre el problema al abundar en la diferencia entre alegoría y literalidad. El sentido alegórico de un texto se superpone, advierte Alonso López, a su sentido literal. Toda supuesta mentira en el plano superficial o literal se corresponde a una verdad escondida en el alegórico. El Pinciano ofrece un ejemplo muy ilustrativo en la epístola V. Según él, "aquellos vocablos que declaran la naturaleza de Atlante son metafóricos: la cabeza significa cumbre del monte; el pecho, la bajada; y assí, de lo demás. De a do se colige no ser aquella descripción fabulosa, sino histórica y verdadera" (*Philosophia* II: 64). La descripción de Atlante se logra a través de una correlación que es empíricamente falsa: la figura humana de Atlante no existe como tal. Cada elemento de la descripción debe ser llevado a su plano alegórico. A través de esa interpretación de la alegoría se descubrirán las correspondencias: la cabeza es la cumbre, el pecho la bajada, etc. En el mito de Atlante, así pues, coexiste un doble plano, literal y alegórico, cuya correspondencia dejará al descubierto la verdad del texto. Esta verdad no es literal, sino que requiere una operación que la Historia debe evitar, pero que le es necesaria a la ficción: la de establecer símiles verdaderos, la de conseguir verosimilitud. Si la correspondencia entre el plano literal y el alegórico es auténtica, se salvará toda acusación posible contra la fabulación. Con esta plasticidad describe el Pinciano el funcionamiento de la alegoría en la epístola II de su *Philosophia*:

> ...no todo es falso lo que dice el pandero y que hay muchas cosas en la Poética, y palabras también, que parecen mentirosas y no lo son, porque las cosas en lo literal falsas, muchas veces se miran verdaderas en la alegoría y las palabras que parecen desviadas de la verdad, no se apartan della, sino que a ellas están las más veces asidas y cosidas, mediante las metáforas, atributos, conveniencias, causas, efectos y semejantes. (I: 162-63)[17]

---

[17] Este no es la única acepción del término "alegoría." El mismo Pinciano reconoce también una especie poética que llama alegoría o apólogo, y que define: "Digo que el apólogo no es otra cosa que poema común, el cual, debajo de narración fabulosa, enseña un pura verdad; y este apólogo o alegoría está sembrado en gran parte de las principales especies de la poética, principalmente en la épica" (III: 247).

La alegoría es la pieza clave según el Pinciano para legitimar la ficción y abrir un espacio para la verosimilitud. El no ajustarse a la verdad histórica no implica el mentir; o, en otras palabras, fingir y mentir no son sinónimos.[18]

Similar razonamiento pone en práctica Juan de Caramuel en la epístola VI de su *Primus Calamus* (1665). Caramuel analiza uno de los pasajes bíblicos más controvertidos en la época. En Lucas 24 se dice que Cristo "finxit se ire longius." ¿Cómo es posible que Cristo hubiera fingido algo si "fingir" se entendiese como "mentir"? ¿Pudo haber mentido Cristo? ¿Puede estar mintiendo el Evangelio? La respuesta a estas preguntas reside para Caramuel, una vez más, en la diferencia entre los términos "mentir" y "fingir," que no son lo mismo: "Miente aquel que habla opuestamente a lo que piensa; dice falsedades aquel que enuncia las cosas de modo distinto de como son; finge el que adorna" (*TeMB* 354). Cristo, por tanto, tan sólo fingió, esto es, adornó su comportamiento fingiendo irse. En otras palabras, no hizo nada "opuesto a lo que piensa," así que no mintió. La actitud de Cristo le sirve a Caramuel consecuentemente para defender la licitud de la ficción:

> Los poetas no exponen sus pinturas ante los ojos, sino al oído... Toman la denominación por los efectos y hablan bajo una suposición: así, cuando mandan que los montes y árboles hablen, no están narrando lo que estos o aquellos dicen, sino lo que dirían. (*TeMB* 354-55)

La fabulación no se basa en la mentira, pues según Caramuel no se refiere a lo que ocurrió, sino a lo que pudo ocurrir. Al defender la licitud de la ficción, Caramuel, como el resto de autores, está abriendo un espacio a lo verosímil. Para legitimar la verosimilitud había que diferenciarla de la verdad histórica y, para ello, era necesario combatir la noción de mentira con la que se identificaba la ficción. A estos efectos recurre el Pinciano a la alegoría, Carvallo a la distinción entre fingir y mentir, y Caramuel al comportamiento de Cristo mismo. Con todos estos argumentos se crea progresivamente una consciencia de la licitud de la ficción radicada en su autonomía respecto de la verdad histórica. Para géneros tradicionalmente apegados a la Historia tales como la épica, esta independencia había de ser en extremo difícil de alcan-

---

[18] La misma conclusión alcanza Luis Alfonso de Carvallo en sus comentarios sobre el uso de ficciones en textos bíblicos. Ver el apartado VIII del Diálogo Primero de su *Cisne de Apolo* (1605), "Del sentido literal, y cómo en los poetas es mentiroso" (especialmente I: 94-104). Carvallo también utiliza un ejemplo pictórico para ilustrar su noción del sentido "literal" (I: 101), dota a la poesía de un carácter figurativo y sagrado desde su mismo origen (I: 107), y concluye que fingir y mentir no son lo mismo (I: 104). Del mismo Carvallo, ver también el apartado sobre "Cómo los poetas no mienten en sus ficciones y de los sentidos literal, moral, alegórico y anagógico." Porqueras Mayo comenta finamente este texto en *TeMB* 427-28. Sobre un ejemplo de la cuestión de los sentidos en la novela corta, ver las *Noches de invierno* de Antonio Eslava, cap. III (95, nota 75).

zar. Si el poema épico debe basarse preferentemente en un hecho histórico, ¿tiene licencia el poeta para alterar lo que ocurrió y fingir lo que pudo haber ocurrido? Luis Alfonso de Carvallo, en el diálogo III de su *Cisne de Apolo*, se muestra tajante a la hora de prohibir el falseamiento en la epopeya de lo que en verdad ocurrió, pero totalmente permisivo en cuanto a añadir o adornar con hechos fingidos los históricos. Al respecto de conocidos poemas épicos, Carvallo aduce significativos ejemplos de su teoría:

> Es demás desto lícito hazer una fictión para traer a propósito de la historia que va contando alguna cosa agena della y fuera de propósito, como hizo el excelente don Alfonso de Ercilla.... Es lícito ansí mismo fingir personas espirituales, como se ve en la *Mejicana* fingida una junta de demonios... Otra cosa sería si contra la verdad de lo que ha sucedido, dijese alguna mentira falsando la historia, que esto no se permite. (II: 42-44)

En la épica es ciertamente delicada la distinción entre la verdad histórica y la verosimilitud por la coexistencia de ambas en un mismo poema. Carvallo opta por una solución intermedia al problema: el poeta debe respetar la Historia en la que se basa, pero podrá adornarla con acciones fingidas. Incluso una "junta de demonios" en la *Mejicana* y los episodios que Ercilla intercala en la *Araucana*, tales como el del sabio Fitón y las visiones de la batalla de Lepanto en la "poma luscida," son verosímiles en la epopeya. Aun cuando reclama fidelidad respecto a lo histórico, pues, Carvallo concede al poeta amplios poderes para adornar la épica con hechos fingidos, con tal de que éstos no falseen la Historia.

Por su parte, el Pinciano, en la epístola V de su *Philsophia*, aborda el tema con todavía mayor contundencia. Diversos teóricos habían acusado a Virgilio de haber mentido en la *Eneida* al situar ciervos en África y al utilizar para la descripción de un puerto africano la descripción del de Cartagena. El Pinciano rebate esta última crítica con un auténtico alegato en favor de la fabulación:

> [Hugo] Digo que el poeta no se obliga a escribir verdad, sino verisimilitud, quiero decir possibilidad en la obra, y todas essas cosas que dezís, la tienen [la *Eneida*], porque fue possible aver puerto en la África semejante en algo, ya que no en todo, al que describe Virgilio, y al poeta lícito le es alterar la Historia. (II: 79)

Aunque el puerto que Virgilio describe en África no haya sido exactamente como se dice en la obra, lo hubiera podido ser, y esto satisface ya el criterio de la verosimilitud. La ficción se separa de la Historia, le está permitido alterarla incluso cuando, como en el poema épico, se base en ella. Lo opuesto a la verdad histórica, la mentira, no es la ficción, pues a ésta le es más propio seguir no el criterio histórico de lo que ocurrió, sino el de la verosimilitud, lo que pudo haber ocurrido. De ese modo, la legitimidad de la ficción, de lo verosímil, se afirma en la consciencia de los teóricos áureos de forma lenta y progresiva, pero imparable.

Esta toma de consciencia se produce no sólo en la épica, sino también en otros géneros como el de la comedia. Para Franciso de Cascales, en sus *Cartas philológicas*, ficción tampoco equivale a mentira,

> porque, si bien los poetas, principalmente cómicos, por la mayor parte cuanto representan es fingido, y la acción que toman no pasó jamás, sino que ellos inventan el argumento y los nombres de las personas, esto hacen para representar más al vivo lo que importa a nuestras costumbres y al bien político y doméstico. (II: 58-59)

La poesía no sólo no es equiparable a la mentira como opuesto de la verdad histórica, sino que sirve mejor que ésta última para comunicar las verdades universales. Mientras la Historia queda restringida a lo que pasó, la fabulación parte de la verdad que desea expresar y utiliza cuantos medios y fingimientos desee para "representar más al vivo." Por ello, el propio Cascales define la ficción poética como "esta licencia que tiene el poeta para quitar y poner en la obra de naturaleza... porque, según los preceptos del arte, fundados en razón, salga la obra perfecta conforme a lo que el poeta pretende inducir y persuadir" (*Cartas* II: 59). El poeta es como un dios con licencia para transformar la naturaleza a fin de lograr una "obra perfecta." Para expresar una verdad universal, los medios del poeta deben ser limitados sólo por los "preceptos del arte," no por los de la Historia. En consecuencia, la ficción se separa de la Historia; la verosimilitud, lo que pudo ocurrir, se antepone a la verdad de lo que ocurrió. Por lo tanto, la legitimidad de la poesía se basa en que ésta no miente, pues no es un opuesto de la verdad histórica. A la fabulación le corresponde intrínsecamente la licitud de fingir,[19] y en torno a esta consciencia de ficcionalidad se articula su apología y su sentimiento de superioridad frente a la Historia.

El argumento de que la ficción no miente comporta un grave peligro, sin embargo. Afirmar que la ficción no miente puede implicar que la ficción dice la verdad,

---

[19] Este convencimiento lo expresa ya en 1592 Juan Díaz Rengifo (*Arte poética española*) citando a Scaligero y, indirectamente, a Aristóteles: "La materia del arte poética son todas las cosas que tienen ser y las que no le tienen, sino es el que del mesmo poeta reciben. A cual pertenece no sólo el hablar de cosas verdaderas, pero mucho más el fingir. Y aun esto en tanto grado, que dice Aristóteles, que solos los que fingen son propiamente poetas. Y no quiso decir que los poetas avían de mentir, sino que avían de describir y pintar tan al vivo las cosas, que diesen como vida a lo que estaba muerto" (*TeRM* 153). Para Philip Sidney, en su *An Apology for Poetry*, la legitimidad de la poesía es obvia porque el poeta no pretende decir lo que ocurrió, así que no se le puede acusar de mentir: "Though he [the writer of fictions] recount things not true, yet because he telleth them not for true, he lieth not" (Nelson 1).

especialmente entre un público inculto y crédulo. La legitimación de la literatura creativa pudo verse así enturbiada por el peligro de que el receptor tomara por Historia, por verdad histórica, lo que no era sino fábula, verosimilitud. Si se trata de defender la licitud de la fabulación, no basta con demostrar que la ficción no miente, sino también hay que dejar claro que no dice la verdad. Sólo de ese modo se puede crear un espacio para lo verosímil que anule los criterios historicistas que acusan a la ficción de mentir y de alienar a sus receptores con sus mentiras. Por ello Diego de Colmenares, apoyado en la autoridad de Sócrates y Aristóteles, no duda en afirmar explícita y abiertamente en 1624 "que la sustancia de la poética es la ficción o fábula" (*TeMB* 112).

El peligro de cometer el error de confundir lo histórico y lo poético es particularmente grave en el género teatral. Durante el Siglo de Oro era extendida la opinión de que la vida del comediante era licenciosa e inmoral. Asociar el carácter del actor o actriz con el de su personaje podía suponer para la comedia un importante obstáculo que escaparía al control del autor. La reputación de un actor podía perjudicar al personaje de la comedia si la separación entre uno y otro no era absoluta. Por ello, el valenciano Andrés Rey de Artieda, en sus *Discursos, epístolas y epigramas de Artemidoro* (1605-1606?), hace frente a esta situación alegando, precisamente, la distancia que media entre la ficción y lo real. Dice Rey de Artieda:

> el comediante cuando representa,
> ¿es Pablos cuando a Pablos contrahace…?
> Claro es que no son ellos. Pues, señores,
> ¿qué importa a la comedia que sean malos [los actores],
> si para recitar son los mejores?
> Los palos que se dan allí, ¿son palos?
> A los que como simples los reciben,
> ¿el entremés fingido afrentarálos…?
> Sola la vista y opinión se engaña,
> y así el vicio y virtud de ellos no ofenden
> ni a la comedia un cabello daña. (*Preceptiva* 139)

Al marcar la línea divisoria entre lo real y lo ficticio, el autor valenciano va más allá de una simple defensa de la profesionalidad de los comediantes y de su derecho a una vida privada. La ficción no se identifica con la verdad histórica y, por lo tanto, el actor no es el personaje, ni viceversa. Lo que importa es el talento dramático del comediante y no su comportamiento moral. Del mismo modo, un texto ficcional no puede ser acusado de mentiroso, pues no pretende decir la verdad; al fingir verosímilmente, lo que pretende es transmitir otro tipo de verdad (una universal) mediante unos medios artísticos, no históricos.

Si bien en el Siglo de Oro está en juego la legitimidad de la ficción, con todas las implicaciones que ello trae consigo para la verosimilitud, sorprende la escasísima atención crítica que el tema ha cosechado. Los excelentes estudios de Emilio Cotarelo y Mori, Marc Vitse y sobre todo Barry W. Ife, se han ocupado básicamente de las acusaciones contra la actividad creadora, esbozando un panorama según el cual el Siglo de Oro, de una fecundidad inigualada, fue un período a su vez, paradójicamente, de acoso y derribo contra la ficción. Desde nuestra perspectiva del siglo XXI, éste es ciertamente el caso: las fuerzas represoras y reaccionarias del poder intentan cohartar a los creadores y censurar su efecto sobre las masas receptoras, cuyo potencial es multiplicado de manera espectacular desde la invención de la imprenta. Pero si se analizan en detalle los documentos que, de un modo u otro, defienden y hacen apología de la ficción en la época, la situación resultante se presenta sensiblemente distinta.

A grandes rasgos, puede decirse que durante la Edad Media las objeciones contra el acto de fingir provienen de instancias quasi-divinas, tales como los Padres de la Iglesia o la tradición platónica, al mismo tiempo que el conocimiento medieval se basa fundamentalmente en un sistema de *auctoritas* por el cual la verdad literal, histórica, es el baluarte del saber. El espacio reservado para lo verosímil había de ser, bajo esas circunstancias, mínimo. Por otro lado, y puestas en su contexto, muchas de las críticas a la ficción durante el período áureo se pueden entender más que como un ataque indiscriminado contra la literatura ficcional, como una defensa de las obras que sí cumplían unos ciertos requisitos estéticos y morales en oposición a otras, las condenables. No se trataba ya en la mayoría de los casos de acusar a la ficción de mentir, enajenar a su receptor o ser inmoral, sino de objetar ciertos aspectos particulares con el fin de depurar un arte esencialmente legítimo. El espíritu más extendido en el momento puede resumirse *grosso modo* en la siguiente frase: criticar a la ficción, sí, pero partiendo de su legitimidad. Obviamente, el paso adelante que esto supone a la hora de abrir un espacio para la verosimilitud es decisivo. Más que una época de inigualable actividad creadora en que se intenta controlar y reprimir la ficción, el Siglo de Oro se presenta a la luz de lo comentado como un momento en que la consciencia moderna sobre la ficción empieza a despertar. Con las apologías y defensas del acto creador, se limpia el camino de obstáculos institucionales para que la legitimación de lo verosímil sea posible. Al tiempo que se sigue criticando la ficción por aspectos cada vez más puntuales, se consolida poco a poco la licitud intrínseca de la verosimilitud. Esta legitimidad de la ficción se refuerza con los cinco argumentos documentados arriba: la lectura moral de la ficción es posible incluso cuando presenta inmoralidades; el deleite intelectual es necesario fisiológicamente; la mímesis implica creación y no mera copia; la poesía se considera una suma de artes y conocimientos a pesar de su falsedad literal; y por último, la ficción ni miente ni dice la verdad.

Gracias a todos estos argumentos en defensa de la ficción, algunos autores del Siglo de Oro llegan a invitar abiertamente a gozar de la mentira que transmite lo verosímil. Así, Juan de Zabaleta pide al espectador de comedias en *El día de fiesta por la tarde* (1660) que

> note si los lances son nuevos y verisímiles, que si lo son, hallará en la novedad mucho agrado, y en la verisimilitud le hará grande placer ver a la mentira con todo el aire de verdad. (315)

Ni mentira ni verdad, el texto verosímil es una combinación de ambos de la cual el receptor obtiene un "grande placer." A lo verosímil se le otorga la legitimidad de fingir, acción que no daña, sino que divierte e instruye a su receptor. Baltasar Gracián lleva este argumento todavía un paso más lejos cuando, en la *Agudeza y arte de ingenio*, describe el nuevo espacio de la verdad poética:

> ...viéndose la Verdad despreciada y aun perseguida, acogióse a la Agudeza... Abrió los ojos la Verdad, dio desde entonces en andar con artificio, usa de las invenciones, introdúcese por rodeos, vence con estratagemas, pinta lejos lo que está muy cerca... y, por ingenioso circunloquio, viene siempre a parar en el punto de su intención. (192)

La "Verdad" se acoge a la "Agudeza" como medio para obtener la victoria sobre la mentira. Los rodeos, el circunloquio, el engaño que supone equivocar las distancias no deforman lo verdadero, sino que le facilitan el triunfo sobre la mentira. A la "despreciada" verdad aludida por Gracián, la agudeza se le presenta como un último baluarte y medio a través del cual perdurar o, en la expresión del texto, abrir los ojos. En consecuencia, la verosimilitud no sólo es considerada como una forma de verdad digna y autónoma, sino como la única posible. Nacido de la agudeza y del "ingenioso circunloquio," del ornato y de las invenciones, lo verosímil es paradójicamente, según Gracián, el único recurso legítimo para comunicar las verdades absolutas.

2
Historia contra ficción, Historia como ficción

CUANDO EN EL CAPÍTULO XXXII DE la parte I del *Quijote*, don Quijote y Sancho Panza llegan a una venta manchega acompañados de Dorotea, el cura, el barbero y otros personajes, el debate sobre la locura libresca de Quijano se traslada momentáneamente al caso del propio dueño de la venta. En una maletilla, éste guarda tres libros: *Don Cirongilio de Tracia*, *Felixmarte de Hircania* y la *Historia del Gran Capitán Gonzalo Hernández de Córdoba, con la vida de Diego García de Paredes*. El cura pretende quemar los dos primeros porque "son mentirosos y están llenos de disparates y devaneos," y conservar el relato histórico sobre el Gran Capitán. Al ventero la sugerencia del cura no le agrada en absoluto, y reacciona con graciosa contundencia: "antes dejaré quemar un hijo que dejar quemar ninguno desotros [libros]." A las mentiras del *Don Cirongilio* y el *Felixmarte* el cura opone, sin embargo, la fidelidad histórica de la *Historia del Gran Capitán*, en la que se cuenta también la vida de Diego García de Paredes. El tal caballero, natural de Trujillo, tuvo según el cura "tantas fuerzas naturales que detenía con un dedo una rueda de molino en la mitad de su furia; y, puesto con un montante en la entrada de una [*sic*] puente, detuvo a todo un innumerable ejército, que no pasase por ella" (*Quijote* I: 390). Para el ventero, las hazañas de don Diego quedan en nada si se comparan a las no menos verdaderas de, por ejemplo, Felixmarte, quien "de un revés solo partió cinco gigantes por la cintura" y venció sin ayuda a un ejército de "un millón y seiscientos mil soldados, todos armados desde el pie hasta la cabeza" (*Quijote* I: 390-91).

La burla de Cervantes hacia la credulidad del ventero y la inverosimilitud de sus libros de caballería no necesita mayor comentario, pues es suficientemente obvia y coherente con el propósito del libro. Más interesante es, sin embargo, el ejemplo historiográfico que Cervantes pone en contraste a las ficciones inverosímiles: que don Diego García de Paredes podía detener con un dedo la rueda de un molino, y que sólo con su espada impidió a un "innumerable ejército" cruzar el puente que guardaba. Sorprende que, si se trataba de oponer las mentiras caballerescas a las hazañas históricas de personajes reales, el ejemplo elegido sea casi tan inverosímil como el del propio Felixmarte de Hircania. Porque, ¿es exacto que García de Paredes pudiera parar con su dedo una rueda de molino en movimiento? ¿Ocurrió en verdad que un ejército numerosísimo fuera repelido por un solo caballero armado con una espada? Frente a la falta de verosimilitud de los libros de caballería, ¿cuál es en este caso el rigor y la verdad documentada del relato histórico?

Si bien Cervantes critica al ventero y sus lecturas caballerescas, tan irónica al menos resulta su actitud hacia quien, como el cura, se supone instruido y cabal a la hora de discernir la verdad histórica de la poética. O de un lado el cura viene a ser tan crédulo como el ventero y toma por histórica una burda farsa, o de otro la Historia comparte una zona común, llámese exageración, hipérbole o adorno, con la poesía. En ambos casos, se puede deducir que ni las fronteras entre poesía e Historia están muy claras, ni las fuentes de credibilidad de los textos están definidas. Con todo este debate burlesco entre el cura y el ventero, Cervantes acierta a señalar con humor uno de los territorios de las letras áureas más conflictivos a nivel teórico: el ocupado por la verdad histórica y su estrecha, problemática relación con lo verosímil.[1]

Los teóricos y autores del Siglo de Oro español que defienden la licitud de la poesía persiguen la apertura de un espacio propio para la verosimilitud. Para ello se sigue un doble proceso: diferenciar la verdad poética de la histórica y dignificar lo verosímil. La distinción entre los dos tipos de verdades, la ficcional y la histórica, era crucial al menos por dos motivos. Primero, el receptor debía tener muy claro a qué tipo de discurso se enfrentaba, y por lo tanto de qué modo debía creerlo y juzgarlo. Ciertamente, la legitimación de la literatura imaginativa no podía consolidarse mientras se buscara en la ficción el rigor histórico, pues desde esa perspectiva toda ficción sería una mentira y, en consecuencia, habría que condenarla. Era imprescindible dotar a la ficción de una verdad distinta de la histórica, pero tan legítima al menos como ésta. Segundo, había que poner en claro que el objetivo y los medios empleados por la literatura ficcional eran distintos a los de la Historia. Por ejemplo, el objetivo de la Historia queda limitado en la época a la reproducción de unos hechos pasados; en consecuencia, la verdad histórica se encuentra en el grado de fidelidad de lo que se cuenta a lo que en realidad ocurrió. En el caso de la fabulación, por el contrario, el objetivo es transmitir una verdad universal, y la verosimilitud se entiende como la exactitud de la correspondencia entre la utilización de

---

[1] Para el concepto de verdad histórica, es útil todavía el extenso estudio de Víctor Frankl *El* Antijovio *de Jiménez de Quesada y las concepciones de verdad y realidad en la época de la Contrarreforma y el Manierismo* (1963), en donde se enfatiza que el concepto de verdad histórica no es unívoco (33, 36), y que cuenta con múltiples aspectos diferentes que van desde la conformidad con los hechos del pasado, lo visto y vivido, lo científico, las estructuras del acontecer, el conocimiento místico-intuititivo y la fama, hasta el énfasis en una realidad teológico-sobrenatural (82-295).

unos medios poéticos y la transmisión de esa verdad superior. En otras palabras: mientras la verdad histórica consiste básicamente en la identidad de lo dicho con lo que ocurrió, la poética consiste en la eficacia de la expresión de algo que pudo ocurrir. La verdad histórica enfatiza el contenido, lo que se dice; la poética enfatiza la expresión, el cómo se dice.

Esta diáfana distinción entre los diferentes objetivos de la verosimilitud y la verdad histórica es, en la práctica, irrealizable, como refleja Cervantes con el ejemplo de la vida de García de Paredes narrado por el cura en el *Quijote*. Los intentos por diferenciar uno y otro tipo de verdad intensifican durante los siglos XVI y XVII la polémica medieval sobre la figura de Lucano, de quien se discute si su *Pharsalia* es una obra histórica o poética. En la Edad Media se ataca a Homero por haber mezclado ficciones con sucesos históricos y, por lo mismo, se cuestiona la tendencia de Lucano a la fabulación y el uso del verso. Servio dice en su defensa que no debería ser llamado "poeta," sino historiador; Arnulfo aclara en favor de Lucano que cuando éste introduce hechos dudosos lo dice explícitamente y cita a sus fuentes, así que, si poeta, es también en todo caso historiador (Minnis and Scott 114-15). En el Siglo de Oro el debate se extiende por toda Europa y adquiere una notoriedad extraordinaria como ejemplo máximo de la polémica sobre la relación entre poesía e Historia.[2] Si bien la *Pharsalia* es una obra poética entre otros para Mesa (Porqueras Mayo, *Los prólogos* 163) y Scaligero (144, 279-80, 326-27), para el Pinciano, Cascales o Bances Candamo ("métrico historiador" lo llama; 117) la obra de Lucano es histórica. La cuestión, por supuesto, nunca llegó a resolverse definitivamente, por lo que la *Pharsalia* permanece como ejemplo por excelencia de la problemática relación entre poesía e Historia durante el Siglo de Oro.

La falta de acuerdo sobre si Lucano es historiador o poeta refleja por encima de todo la falta de unos criterios universales y definitivos para diferenciar un oficio del otro. Así, si los teóricos mismos no eran capaces siempre de distinguir al poeta del historiador, ¿cómo podía un receptor de la época diferenciar siempre lo verosímil de la verdad histórica? ¿Cuáles eran los criterios para identificar la Historia y la poesía como disciplinas diferenciadas? ¿Cómo distinguir objetivamente un texto ficcional de uno histórico? Al tener en cuenta la difícil situación de la poesía en el Siglo de Oro, el problema todavía se complica cuando, por ejemplo en la épica, la trama se basa en un referente histórico. Con este recurso, muy frecuente en la novela corta, se pretende dotar al relato de credibilidad y salvar la acusación de que la poesía miente. Paradójicamente, lo que se podía conseguir era la confusión entre poesía e Historia y, por tanto, la aniquilación de la verosimilitud en favor de la verdad histórica.

La relación entre poesía e Historia es en este sentido una de las polémicas teóricas más importantes durante el Siglo de Oro para el concepto de la verosimilitud.[3]

---

[2] Cascales señala la intensidad de la polémica en sus *Cartas Philológicas* (III: 188-89, 225).

[3] La importancia de este asunto fue resaltada por Riley con estas palabras: "El

Tomando en cuenta que Aristóteles las diferencia en su *Poética* (1451 a-b), hay que suponer que su conflictiva relación responde a que una de las dos, o ambas, se desplaza y entra en fricción con la otra. Entonces, ¿cuál de las dos provoca que durante el Siglo de Oro el debate acerca de su relación, apenas activo durante la Edad Media, adquiriera tal intensidad? ¿Es la noción de Historia la que cambia y modifica a la de poesía, es la poesía la que se desplaza o lo hacen ambas a un tiempo? ¿Era lo verosímil una noción ya establecida para el siglo XVI, o el conflicto en el que entra con la Historia ayuda precisamente al debate sobre su legitimidad? Como se ha visto en el capítulo previo, distintos trabajos de conjunto, entre los cuales el más importante es el de Barry Ife, han puesto el énfasis en los ataques y condenas sufridos por la ficción. Desde esta perspectiva se podría inferir que la Historia, junto con el aspecto moral de la verdad, es la que establece un cerco cada vez más opresivo sobre la ficción, que pugnaría por defenderse y sobrevivir. ¿Es la Historia entonces la que desplaza a la ficción? ¿Es la poesía una institución establecida que empieza a acusar el desgaste y a ceder espacio ante los ataques de la Historia y de la teología?

El tono de la polémica sobre las fricciones entre Historia y poesía sólo puede ser comprendido, en definitiva, si se atiende a la situación de ambas a principios del Siglo de Oro. Sin duda, la actitud medieval más extendida es una muy favorable a la Historia, pues el saber medieval es instrumentalmente histórico. En general, parte de una fidelidad absoluta a la *auctoritas* y asume sin excesivas cavilaciones la historicidad de todo aquello estampado en las letras de un pergamino o de un libro (Bruyne I: 279-80, Lewis, *La imagen del mundo* 8, Le Goff, *Tiempo, trabajo* 271, Cacho Blecua, ed. *Amadís* 95). Libros de viaje imposibles desde una perspectiva moderna, como el de Juan de Mandevilla, tratados pseudo-científicos como la *Historia natural* de Plinio o pseudo-históricos como *El Victorial*, son tenidos por *auctoritas* ajustados a la verdad histórica de lo sucedido. ¿Dónde encajar, pues, la verosimilitud? ¿Podía legitimar el erudito medieval un texto históricamente falso y sin una declarada intención moralizante? ¿Era la poesía un concepto estable en el período medieval? Según James Fogelquist (205-18) y William Nelson (5-6, 28), no; el espacio de lo verosímil estuvo más constreñido por la verdad teológico-moral y por la histórica durante la Edad Media que durante el Siglo de Oro. Por supuesto que la ficción ya existe en el Medioevo, pero el grado de legitimación que alcanza entonces es todavía precario. Desde este punto de partida, pudo ser la poesía, emergente y reforzada, la que provocó fricciones con la Historia.

Ciertamente, el Siglo de Oro avanzará en la defensa de la fabulación, como se demostró en el capítulo anterior, con la verosimilitud pugnando por abrirse un es-

---

problema central que se planteaba en las poéticas de la segunda mitad de este siglo [el XVI] era el de la relación entre poesía e historia" (*Teoría* 341). Bernard Weinberg ofrece un cuadro-resumen de la polémica en Italia que se puede aplicar en buena medida al caso español (*A History* 41).

pacio propio y distinto al de la verdad histórica y al criterio de la *auctoritas*. Sin duda alguna, el momento era propicio para ello. En primer lugar, el público se encuentra en general del lado de la ficción. Tras la invención de la imprenta a finales de la Edad Media, la difusión de la literatura alcanza cotas antes impensables. La masa receptora se multiplica, así como las manifestaciones literarias de todo tipo. La literatura y la vida, en la conocida expresión de Juan Bautista Avalle-Arce, se unen durante el Siglo de Oro de una forma asombrosa. Por ello, no es mera coincidencia que el efecto de la literatura sobre sus consumidores sea uno de los temas principales del *Quijote* cervantino.[4] En segundo lugar, como se documentó en el capítulo anterior, los defensores y apologetas de la ficción son numerosísimos y de un peso específico muy superior al de quienes la atacan, especialmente conforme avanza el Siglo de Oro. En tercer lugar, la producción artística del momento, tanto en cantidad como en calidad, confirma la solidez de la ficción a pesar de los ataques de que era objeto. En conjunto, no se desprende de esta coyuntura una situación precaria de la literatura ficcional, sino más bien una reivindicación contundente de su espacio. Era el momento ideal para crear un espacio autónomo para la ficción y dotarlo de unas reglas internas—la verosimilitud—que lo liberasen de los ataques de disciplinas colaterales como la Historia. El objetivo número uno de los teóricos áureos había de ser, por lo tanto, la diferenciación de la verosimilitud frente a la verdad histórica.

Las bases de la relación entre poesía e Historia fueron establecidas por Aristóteles en los párrafos 1451a-1452a de su *Poética*. Este pasaje fue profusamente citado y glosado por los más importantes teóricos europeos de los siglos XVI y XVII. En el ámbito de habla española, es una vez más el Pinciano quien con más precisión y rigor explica las posiciones aristotélicas. Los puntos fundamentales desarrollados por el Pinciano en su *Philosophia* son tres. Primero, la diferencia entre poesía e Historia no depende de que un texto esté escrito en verso o en prosa. El Pinciano desmiente así a quienes afirman que un texto en prosa es siempre histórico y uno en verso es poético:

> Pues mirad, dijo Hugo, que en sus *Poéticos*, [Aristóteles] dice: "no la prosa y el metro diferencian a la historia de la Poética, sino porque ésta imita y aquélla no." (I: 203-04)

En efecto, la diferencia esencial entre lo histórico y lo ficcional no es una cuestión de forma. La Historia trata de lo que ocurrió y la poesía de lo que pudo ocurrir. Así, el poeta, frente al historiador, tiene licencia para inventar,

---

[4] Ver la interpretación del *Quijote* ofrecida por Carlos Fuentes en *Cervantes o la crítica de la lectura*. Para los conquistadores como lectores influidos igualmente por los libros de caballería es ya un clásico Irving A. Leonard, *Books of the Brave*.

porque la obra principal no está en decir la verdad de la cosa, sino en fingirla
que sea verisímil y llegada a razón… y yo añado que porque el poeta es inventor de lo que nadie imaginó, y el historiador no hace más que trasladar lo que
otros han escrito. (I: 265-66)

El poeta debe imaginar, crear, mientras que el historiador copia de la realidad o de
fuentes anteriores. Establecida esta diferencia esencial, lo difícil es dignificar un tipo
de discurso que se aparta de la verdad histórica, de lo que ocurrió, para imaginar
algo que simplemente pudo haber ocurrido. Frente a la Historia, la poesía inventa
y, por lo tanto, es susceptible de la acusación de mentir. Para contrarrestar esta posible falla, algunos afirman que el arte suple o enmienda los defectos de la naturaleza
y, en consecuencia, también los de la Historia. Aunque el tema ha sido ampliamente
documentado por Américo Castro en *El pensamiento de Cervantes* (160 ss.), la fórmula
no es exclusivamente cervantina. En el epígrafe XV del *Theatro de los theatros* de
Francisco Bances Candamo, por ejemplo, se anuncia escuetamente: "La comedia
mejor que la historia." Bances arguye que, como la pintura, "assí la poesía llega después de la historia, i imitándola la enmienda. Imita la Pintura lo más airoso de la
naturaleza, porque jamás está tan bizarro un cavallo natural como pintado" (82). La
poesía no empaña la Historia con sus invenciones, sino que la perfecciona como
la pintura supera a la naturaleza.

La ficción es libre para enmendar y pulir las imperfecciones de lo real, de los
hechos particulares a los que la Historia, en cualquier caso, debe ser fiel. En último
término, este razonamiento proviene igualmente de la doctrina aristotélica. En la
Poética se dice que la Historia se ocupa de lo particular, mientras que la poesía se
ocupa de lo universal y, por ello, la ficción no sólo es lícita, sino incluso superior
a la Historia (Aristóteles, *Poética* 1451a-b). Según el Pinciano, los historiadores están
limitados por la estrechez de la verdad de lo que sucedió:

Ya lo digo, respondió Fadrique, el blanco adonde tiran las saetas es muy pequeño; y lo que no es blanco, es tan grande como todo el mundo; así la verdad
está en punto y la mentira es todo lo que no es este punto de verdad. ¿Habéisme entendido? Que el historiador va atado a la sola verdad, y el poeta, como
antes se dijo, puede ir de acá y por acullá, universal y libremente, como no repugne a las fábulas recebidas ni a la verisimilitud. (I: 267-68)

La poesía se debe a verdades universales, no a la verdad de unos hechos particulares
como la Historia. Por ello, la primera es libre para fabular y, por cuanto apunta a
verdades generales, es superior a la segunda.

Este razonamiento ya había cosechado excelente fortuna entre teóricos y creadores áureos anteriores. En 1578, en el prólogo a sus *Obras*, Jerónimo de Lomas

Cantoral justifica paradigmáticamente la superioridad de la poesía frente a la Historia:

> Los mismos [los poetas] también enseñaron costumbres, cultos y preceptos, no como los historiadores con verdades desnudas y ejemplos sencillos de personas y casos particulares, sino poniendo las cosas en el punto de su perfección como deberían ser, y fingiendo cosas verisímiles y convenientes a la persona y acción que se imita. (*TeRM* 98)

Para Lomas Cantoral, y frente a las restricciones de la verdad histórica, la verosimilitud es un vehículo idóneo para expresar verdades de amplio espectro ("costumbres, cultos y preceptos"). Ciertamente, la poesía finge, pero si lo hace verosímilmente, su objetivo es más ambicioso que el de la Historia.[5] El mismo Pinciano advierte en el fragmento de la *Philosophia* citado arriba que la libertad del creador, frente a la del historiador, es casi total, sólo condicionada a "que no repugne... a la verisimilitud." Además de diferenciar la verdad histórica de la poética, pues, la poesía es preferida a la Historia siempre que la primera se ajuste al criterio de lo verosímil. Con ello, la verosimilitud no sólo se convierte en el factor que separa lo poético de lo histórico, sino que además es el elemento clave a la hora de probar la superioridad de la poesía sobre la Historia.

En cualquier caso, la separación entre poesía e Historia no fue de modo alguno tan clara y obvia como quiso Aristóteles. Los límites entre una y otra se confundían tanto por cuestión de estilo como de contenido. Primero, en cuanto al estilo, la escuela retórica clásica fue la principal fuente para los teóricos áureos. A los oradores les interesaba en extremo la relación de las artes de la palabra entre sí: la oratoria, la poesía y la Historia. Cicerón, en los apartados 65 á 68 de *El orador*, afirma que el orador y el historiador coinciden en el ornato y la descripción, pero no en el estilo ("tenso y penetrante" uno, "llano y fluído" el otro). Ese estilo llano, sin embargo, es compartido por poeta e historiador, con la única salvedad de que el primero dispondrá de mayor "libertad compositiva" y deberá dispensar mayor atención a la sonoridad (Cicerón 27). Así, la distinción entre poesía e Historia es reducida a una mera cuestión de matiz estilístico. Nada se dice sobre lo verosímil y lo verdadero, sobre lo que pudo ocurrir y lo que de hecho ocurrió, en la expresión aristotélica; lo único que se apunta es una ambigua mayor libertad compositiva para el poeta.[6]

El tratado *Sobre lo sublime*, atribuido en un principio a Longino, ofrece otro curioso ejemplo de ambigüedad en la distinción entre poesía e Historia. En el libro

---

[5] Comparten la superioridad de la poesía frente a la Historia, entre otros, autores como Falcó (en García Berrio, *Formación* I: 173-174), Francisco de Cascales (*Cartas* II: 59) y Pigna (en García Berrio, *Formación* I: 185).

[6] Ruth Morse estudia la influencia de esta afirmación ciceroniana en el contexto europeo de la Edad Media tardía (90-93).

III, 1, 2, el autor critica con sorna a Gorgias de Leontinos, historiador de Alejandro dado a la invención y poco fidedigno. A pesar de la comprobada práctica de faltar a la verdad de la forma más aberrante, las críticas se dirigen exclusivamente contra el estilo de Gorgias: a un historiador abiertamente mentiroso, pues, el anónimo autor le reprocha sólo cuestiones formales, de estilo, y no su falta de rigor histórico (*Sobre lo sublime* 151). También Quintiliano, en las *Instituciones oratorias* (lib. X, cap. II, ap. 3), se sirve del estilo como criterio para situar a poetas e historiadores en un bloque común opuesto al formado por "oradores y declamadores." De estos dos grupos se dice que la diferencia es que "cada cual tiene su lenguaje y su hermosura" (II: 189). Poesía e Historia quedan así unidas por un estilo común. Desde la perspectiva de la retórica son, por lo tanto, disciplinas de muy confusos límites, pues al tiempo que se enfatiza el criterio formal sobre el de contenido, se afirma que lo poético y lo histórico comparten un estilo común frente a la oratoria.

La influencia de estos tratados de retórica alcanza al Siglo de Oro español. La confusión de lo verosímil y lo verdadero es bien patente en un autor como Luis Carrillo y Sotomayor. En su *Libro de la erudición poética* (1611) sigue a Quintiliano, pero de forma errónea: "Porque es la Historia muy cercana a la Poesía... y por eso, usando de palabras muy remotas y de figuras más libres y licenciosas, evita el enfado de los cuentos" (50). Sorprendentemente, Carrillo dota a la Historia de la capacidad de recurrir a "figuras más libres y licenciosas" en perjuicio de la misma poesía (" los cuentos"). No obstante, y en abierta contradicción con lo anterior, Carrillo y Sotomayor afirma más adelante que el estilo histórico es más sencillo que el poético: "Historia con fábulas es el argumento del poeta, historia lo es el del historiador... De suerte, que a la historia se le quedó aquella sencilla manera de decir, para contar las cosas hechas" (72-73). Al concepto de "estilo," clave para los retóricos en la relación entre poesía e Historia, se entremezcla aquí el razonamiento aristotélico de la probabilidad, pues el estilo poético consiste en relatar lo que pudo ser, y el histórico en "contar las cosas hechas" mediante una "sencilla manera de decir."

Sobre la "historia con fábulas" propia del poeta, Carrillo reconoce que pueden incluir tanto "las cosas que hubiesen acontecido [como] también las que no acontecieron, imitando como si fueran, como si pudieran ser, o como debieran forzosamente, o con semejanza a verdad" (72-73). Lo cierto es que Carrillo se lo pone muy difícil a un hipotético receptor puesto en el trance de distinguir a un poeta de un historiador. Solapa en gran medida la materia poética a la histórica; la poesía, en efecto, se ocupa también de "las cosas que hubiesen acontecido," además de las que pudieron acontecer, que en todo caso han de mantenerse "con semejanza a verdad." Al tiempo que acerca lo verosímil a la verdad histórica, Carrillo reconoce con sorprendente modernidad que no sólo la poesía puede tratar de lo sucedido al igual que la Historia, sino que los historiadores también fingen: "Si en el fingir, todos fingen. Livio, ¿cuántas oraciones saca en sus *Anales*, no pensadas de las personas en cuyos nombres se leen?" (73). En efecto, Tito Livio pone en boca de algunos personajes históricos palabras fingidas que ellos nunca pronunciaron. Si en consecuencia la Historia y la poesía no pueden ser distinguidas por la materia que tratan cada una de ellas, pues la primera puede fingir y la segunda ocuparse de lo que sucedió, "en él solo [el estilo] se diferencian estos dos diversos géneros de elocuencia" (72). Ahora bien; recuérdese que la distinción estilística entre ambos es para Carrillo que la Historia tiene frente a la poesía un estilo más sencillo pero también, contradictoriamente, mayor licencia "usando de palabras muy remotas y figuras más libres."

En definitiva, Carrillo y Sotomayor ilustra perfectamente la confusión que existe entre poesía e Historia a un nivel teórico. Si la Historia y la ficción difieren tan sólo en matices de estilo, ¿cómo un lector que desconozca los hechos de la Historia y las reglas de estilo va a ser capaz de distinguir lo verosímil de lo verdadero? Si como afirma Trillo y Figueroa en su *Neapolisea* (1651), "el poeta no puede faltar a la verdad en lo sustancial del hecho; pero debe adornarlo con ficciones, alegorías, episodios y demás figuras poéticas" (en Porqueras Mayo, *Los prólogos* 200), ¿cómo distinguir los meros adornos episódicos o figurativos de esa "verdad en lo sustancial del hecho"?

Esta es la misma pregunta que surge a raíz de quienes, en segundo lugar, estudian la distinción entre poesía e Historia desde el punto de vista aristotélico del contenido, de lo que pudo ocurrir frente a lo que de hecho ocurrió. Lo primero había de ser cuestionar la legitimidad del estilo como criterio para diferenciar ambas disciplinas. Según el teórico medieval Conrado, siguiendo a San Isidoro, "todo autor añade algo por su estilo al objeto de su exposición" (en Bruyne II: 322). Si el estilo es personal, la diferencia entre poesía e Historia no es de forma, pues ésta es una cuestión inmanente a la escritura, sino de contenido, según lo narrado ocurrió en realidad o no:

> Si este objeto es un acontecimiento real, la relación es historia: *unde historiografus rei visae scriptor dicitur*. El poeta, en cambio, construye un objeto puramente imaginario: *porro poeta fictor vel formator dicitur eo quod por veris falsa dicat vel falsis interdum vera commisceat*. (Bruyne II: 322)

Aunque esta distinción parece tajante, el criterio aristotélico de contenido tampoco puede ser absoluto. Siguiendo el razonamiento del propio Conrado, conocer lo que en realidad ocurrió es literalmente imposible a través de la escritura, pues si todo autor "añade algo por su estilo," ¿cuál es la verdad objetiva, cómo puede un historiador transmitir con fidelidad y objetividad lo que sucedió? ¿Cómo separar lo inventado de lo histórico, la poesía de la Historia?

Para complicar más aún el tema, la elección de la materia histórica durante la Edad Media podía basarse en criterios más cercanos a la poesía que a la propia Historia. En el primer libro de la alfonsí *Primera Crónica General* (I, 87b según los criterios editoriales de Menéndez Pidal) se afirma que "lo importante es que la estoria puede deslizarse hacia la múltiple maravilla" (Lacarra y López Estrada 167). Ciertamente, es cuando menos llamativo que "la múltiple maravilla" sea el criterio básico para seleccionar la materia ideal de un texto histórico. Hacia el final de la Baja Edad Media y durante el Renacimiento el problema todavía se agudiza. En un libro espléndido, *El* Amadís *y el género de la historia fingida,* James D. Fogelquist analiza múltiples testimonios sobre la distinción entre poesía e Historia, y concluye que ésta no existe de manera clara hasta después del *Quijote*.[7] El autor repasa la influencia de los libros de caballería en la conquista de América, y cómo lo verosímil se confundía en muchos casos con lo verdadero.

Sin embargo, el problema no afectaba en exclusiva al zarandeado género de caballería. Al poeta épico, y algo similar ocurre con el trágico, se le recomienda partir de un hecho histórico a fin de aumentar su efecto persuasivo sobre un receptor que reconozca el tema de la obra como real (Cascales, *Tablas* 46, Bances Candamo 63).[8] Si el poeta no añadía episodios inventados, no era un creador, sino un historiador de los hechos narrados; y si, por el contrario, alteraba en exceso la Historia que le servía de base, podía ser calificado de mentiroso. En los géneros épico y trágico, en consecuencia, se reproduce con toda virulencia la tensión entre la fidelidad a la Historia y el carácter fabulador propio de la poesía.

Esta tensión insostenible llevó a Lope a situarse en una posición extremadamente ambigua. Así, en la dedicatoria a la comedia *Don Juan de Castro,* anota: "Repartieron las musas entre sí las artes liberales, y cupo a los más famosos la historia y la poesía que todo puede ser uno, aunque haya opiniones contrarias respecto de la verdad y la licencia: cosas en su género distintas; pero pueden usarse iguales, habiendo historia en verso y poesía en prosa" (Porqueras Mayo, *Los prólogos* 170). Aunque Lope reconoce la diferencia entre "la verdad y la licencia," no es menos consciente de que "pueden usarse iguales" y, por tanto, confundirse. En el prólogo

---

[7] "El término 'historia' sólo adquiere definitivamente el sentido genérico moderno de una narración de hechos verdaderos, tanto entre los lectores relativamente iletrados como entre los eruditos, después del éxito de *Don Quijote*" (218). No obstante, como se observa en los textos de Carrillo (1611) y Trillo y Figueroa (1651) ya comentados, y en otros que se citarán más adelante, la distinción entre lo verosímil y lo verdadero es problemática incluso mucho después del éxito del *Quijote*. Para la Edad Media tardía, ver el magnífico volumen editado por Rafael Beltrán y otros, *Historias y ficciones,* especialmente interesantes son los artículos de Eugenio Popeanga sobre libros de viajes y de José Manuel Cacho Blecua sobre la *Crónica sarracina*.

[8] Similar actitud adoptarán respecto a la novela corta autores como María de Zayas, quien insiste de continuo en la historicidad de sus relatos (Yllera 37-39), o Céspedes y Meneses en sus *Historias peregrinas y ejemplares*. Los efectos de este afán de historicidad son difíciles de ponderar: ¿se pretendía dotar de credibilidad a estas novelas, o de prestigio literario equiparando el género al poema épico o la tragedia? ¿O se pretendía fundamentalmente excusar la presencia de inmoralidades escudándose tras la "fidelidad a la verdad de los hechos"?

a su poema épico *Jerusalén conquistada* (Madrid, 1609), Lope adopta una postura teórica más radical y dota a la poesía épica de la autonomía suficiente como para no tener que ajustarse a la Historia. Si su materia poética no reproduce con fidelidad lo sucedido históricamente, tanto da, pues Aristóteles le excusa de ello:

> Y cuando todo fuera distinto de la verdad (que no debe ningún español creerlo) basta haber dicho Aristóteles: *Non Poetae esse facta ipsa narrare, sed quemadomdum, vel geri quiverint, vel verisimile, vel omnino necessarium fuerit.* (Porqueras Mayo, *Los prólogos* 171)

En un constante tira y afloja entre lo poético y lo histórico, Lope continúa este prólogo exigiendo a la épica que parta de "alguna acción verdadera." En su obra este hecho histórico se reduce, no obstante, a que "lo sea [acción verdadera] el nervio y primero asumpto de la historia," es decir, el mero hecho de que Jerusalén era mora y los cristianos debían conquistarla. El autor también aduce que la propia etimología del término "estilo heroico" justifica la inclusión tanto de *"vera, cum fictis,"* lo cual resta importancia al hecho de si los protagonistas históricos de la conquista de Jerusalén fueron o no españoles. En todo caso, y siempre según Lope, para cumplir con la verosimilitud basta que Ricardo sea el héroe de esta hazaña en la misma medida en que lo es Eneas de la conquista de Roma, y Aquiles de la de Troya (Porqueras Mayo, *Los prólogos* 171-72). Al tiempo que se escuda en la necesaria fidelidad a la Historia, Lope justifica la fabulación legitimando el derecho a inventar y autorizando su obra con las de Virgilio y Homero. En último esfuerzo por reafirmar su derecho a inventar, el autor pasa al ataque y denuncia las contradicciones y falsedades de la Historia: "Y si las historias modernas están tan llenas de opiniones (que en las que escribieron de sus tiempos algunos famosos hombres, con ser testigos de vista, se hallan tantas contrariedades en un mismo suceso) cuánto serán más diversas en los que escribieron de las antiguas, tantos años olvidadas de la común memoria de los hombres" (Porqueras Mayo, *Los prólogos* 172). Si incluso la Historia miente, ¿qué problema puede haber en que el poeta no se ajuste siempre a la verdad?

La argumentación de Lope oscila equívocamente entre una supuesta fidelidad a la Historia y la legitimidad de inventar los hechos. Los límites que traza entre la poesía y la Historia son confusos pero, a la par que denuncia las mentiras de la Historia, dota a la ficción en último término de la autonomía suficiente como para poder inventar a su gusto.[9] La indelimitación entre poesía e Historia de la tendencia aristotélica resulta así para el poeta en un concepto de lo verosímil más amplio, me-

---

[9] Lope reúne argumentos de muy similar cariz al principio del capítulo IV de *El peregrino en su patria* (334-36). Todos los fragmentos de la *Jerusalén* comentados se pueden consultar también en la edición de J. de Entrambasaguas para el CSIC (I: 20 ss).

nos sujeto a un espacio de verdad que no necesariamente debe compartir con la Historia.

Son dos, por tanto, las tendencias principales para la distinción entre poesía e Historia. Una se basa en que el estilo de ambas es diferente, partiendo de la similitud de la materia tratada, y la otra en que lo distintivo es el contenido, pues lo histórico sucedió y lo verosímil sólo pudo suceder. Ambas tendencias son ambiguas y confusas en sus manifestaciones teóricas, pero es la del contenido la que implica mayor libertad para lo verosímil. Aunque por "estilo" se entiende algo más que la simple expresión lingüística, pues se permite a la poesía adornar la narración de hechos históricos con episodios inventados, se recomienda la mayor fidelidad posible a lo que sucedió. Por el contrario, los seguidores de Aristóteles liberan a la verosimilitud de la exactitud histórica aun sin ser capaces de separarlas totalmente, ya que la Historia también miente y la poesía puede seguir con fidelidad lo que ocurrió. Esta ambivalencia plantea la pregunta de qué es en realidad lo distintivo de la ficción, si el estilo, el contenido o ambos a la vez. Si, por una parte, se enfatiza sólo el estilo como criterio decisivo, ¿cómo puede un receptor que ignore las reglas retóricas distinguir el estilo poético del histórico? Y por otra, si se enfatiza sólo el contenido, pudiendo ser el estilo similar, ¿cómo un receptor que desconoce los hechos de la Historia puede separar la verdad histórica de la verosimilitud?

Esta consciencia sobre la indelimitación entre poesía e Historia se ve reflejada en una polémica de principios del XVII que se anticipa en casi cuatrocientos años a la postura sobre el mismo tema del postmodernismo en general y del *New Historicism* en particular.[10] A nivel teórico la separación entre verdad histórica y poética es árida y compleja, por lo cual el Pinciano recurre a un ejemplo práctico que la ilustre. En la epístola V de su *Philosophia*, Alonso López Pinciano se propone explicar cómo "puede muy bien un poeta escribir verdades y quedar poeta." La pregunta la plantea Hugo:

> Imaginad que un autor compone un volumen, en España, de obra y acción que en el tiempo que ella hace y finge sucede realmente en la Persia o en la India. Pregunto: ¿Cómo diréis a tal obra: historia o poema?

La situación es altamente improbable, pero refleja a la perfección el problema al llevarlo a su extremo: un autor inventa una historia que simultáneamente sucede en la realidad en otro lugar. La pregunta de si el texto resultante es poético o histórico la responde el mismo Hugo:

---

[10] Según Araam Veeser, la indelimitación entre poesía e Historia es todavía central al *New Historicism* (*The New Historicism Reader* 2); ver también algunos de los estudios de Hayden White, como por ejemplo *Tropics of Discourse*. Para un acercamiento a las conexiones entre barroco y postmodernismo, ver Marina Brownlee, *The Cultural Labyrinth of María de Zayas* XII-XIII.

> Claro está que, si él la fingió y escribió lo que imaginó, que la obra será poema, no obstante que acontezca en este mismo tiempo... De aquí consta que una misma acción y acaescimiento puede ser fábula y historia; como lo sería la sobredicha, que el que la escribiese en la España, sería poeta, y el que en la India, o adonde aconteció, histórico. (II: 9-12)

El Pinciano hace depender la distinción entre poesía e Historia de la consciencia con que se escribe un texto. Si se finge la trama, aunque suceda o haya sucedido en la realidad, ésta será poética; si, conscientemente, se copia de la realidad, será histórica. Aquí por lo tanto, lo esencial es si el referente, lo que se narra, ocurrió de hecho (la Historia) o simplemente pudo ocurrir (la poesía). Llevado a sus últimas consecuencias, este axioma implica que la distinción entre una disciplina y otra depende sólo de la actitud con que se lean, y que por lo tanto a cada lector le corresponde decidir en último término sobre la veracidad o verosimilitud de un texto.

Francisco de Cascales responderá al Pinciano en sus *Tablas poéticas* de 1617 aproximándose a la cuestión desde la perspectiva estilística que se comentó anteriormente. El autor parte del mayor poder persuasivo del referente histórico frente al imaginado y por ello recomienda, como Lope, Bances (63) y otros, que la tragedia y la épica tomen sus argumentos de la Historia.[11] Si la poesía debe tratar de una materia sucedida, histórica, a fin de alcanzar un mayor efecto persuasivo, ¿cuál es la frontera que separa la Historia de la poesía? Cascales afirma:

> Sólo se a de notar que quando la acción es histórica, sino passó la cosa como deviera passar según el arte, esso que falta lo a de suplir el poeta, ampliando, quitando, mudando como más convenga a la buena imitación... En quanto el poeta (dize) finge en cosas de historia y verdaderas acciones, o augmentándolas o exornándolas según el verisímil, con razón se puede llamar poeta.

El poeta sólo debe intervenir "sino passó la cosa como deviera passar según el arte." Este criterio es totalmente subjetivo, pues a cada poeta le corresponde decidir cuándo la Historia debe ser enmendada con la "imitación." Pero esto plantea otros dos problemas teóricos graves. Primero, ¿se debe deducir que un texto poético es histórico en aquellas partes en que se reproduce lo que sucedió sin alterar nada? O en otras palabras, ¿es poética la obra en su conjunto, o apenas los fragmentos en que el poeta se desvía de lo ocurrido para enmendar lo histórico? Y segundo, ¿puede o debe notar el receptor qué fragmentos son fielmente históricos y cuáles inven-

---

[11] "Y si la fábula trágica tuviesse actión no hecha ni verdadera, no persuadiría tanto, por ser más dificultoso mover a lástima y terror, que es el fin de la tragedia, que no mover a risa... Si las cosas verisímiles nos mueven, ¿quánto más nos moverán las verdaderas?" (Cascales, *Tablas* 46).

tados? El poeta, ¿ha de enmendar la Historia de una forma evidente, autorreflexiva, de tal forma que el receptor quede advertido de su intervención, o ha de procurar precisamente lo contrario—ocultar su manipulación de los hechos—a fin de persuadir más?

Desde estos presupuestos, la divergencia de Cascales respecto al caso planteado por Pinciano era inevitable. Recuérdese el problema: el relato de la historia fingida en España que sucede al mismo tiempo en la India o Persia, ¿es poético o histórico? Si Pinciano señaló que el primer texto sería poético y el segundo, escrito en India o Persia, histórico, para Cascales, por el contrario, ambos son poéticos,

> porque, si aquella acción que sucedió en la India tiene todas las partes que la que finge el poeta según el verisímil, consta que no es historiador en la imitación della, sino verdadero poeta. ¿Y no se sabe que el historiador y el poeta son diferentíssimos en escrivir una misma cosa, porque el uno la escrive narrando, y el otro, imitando? ¿Y que la narración y imitación siguen diversos caminos? (*Tablas* 46-47)

Mientras que Pinciano parte de la consciente distinción entre lo ocurrido (la Historia) y lo imaginado o lo que pudo ocurrir (la poesía), Cascales enfatiza un criterio más cercano a lo formal, a lo estilístico. Ciertamente, la consciencia de los escritores de España e India es diferente, pues uno finge y el otro copia de la realidad. Pero dado que el historiador y el poeta "son diferentíssimos en escrivir," ambos autores han de ser llamados en este caso poetas, pues los textos son iguales en "todas las partes."[12]

La teoría del Pinciano presenta así unos rasgos de modernidad (¿postmodernidad?) que están ausentes en la de Cascales. De un lado, la distinción entre poesía e Historia se hace depender de la consciencia que se tenga sobre la historicidad o ficcionalidad del texto. Este planteamiento, que anticipa en más de trescientos años algunos puntos claves de la fenomenología literaria, la estética de la recepción y el nuevo historicismo, implica que los criterios para determinar la ficcionalidad de un texto son subjetivos. Para el Pinciano, la distinción entre Historia y poesía es una cuestión que en último término decide el receptor según la información de que disponga. A priori, ningún criterio objetivo puede trazar la línea divisoria entre una y otra disciplina. Lo decisivo es que un receptor crea leer o escuchar un texto históricamente verdadero o uno ficcional. La segunda diferencia entre la teoría del Pinciano y la de Cascales es que, paradójicamente, al subjetivizar la diferencia entre poesía e Historia, el Pinciano consigue separarlas de un modo más efectivo que Cascales.

---

[12] Según Weinberg, Torquato Tasso asumía idéntico planteamiento en su *Risposta al Discorso del Signore Oratio Lombardelli* (1586): Historia y poesía se encuentran "equally concerned with the truth," y tan sólo *modo*, y no materia, las diferencian (*A History* 629).

El criterio formal de éste último entiende la verosimilitud como el adorno poético de una materia histórica que debe ser esencialmente respetada. El Pinciano, por su parte, alega que si un texto se considera ficcional, la licencia del poeta es ilimitada. Las ataduras que, según Cascales, obligarían al autor a atenerse a la verdad histórica son sustituidas por un criterio meramente estético. El poeta debe sentirse libre para seguir y alterar la Historia cuando lo crea oportuno y al receptor, consciente de esa ficcionalidad, no le debe importar que los hechos sigan o se aparten de lo sucedido para narrar algo que sólo pudo suceder. Así, la verdad de la fabulación es distinta de la histórica, independientemente de que ambas puedan coincidir en géneros como, sobre todo, la tragedia y la épica.

En consecuencia, la ficción es liberada por Pinciano de cualquier atadura a la Historia a partir de la consciencia y licitud de fingir. Ello le permite legitimar incluso los *romances* y los libros de caballerías (que no se basan en hecho histórico alguno) en un momento en que la hostilidad hacia los textos completamente inventados era virulenta. El fragmento es de una contundencia en la defensa de la fabulación rara en la época:

> ...los poemas que agora son muy usados, dichos romances de los italianos, los cuales carecen de fundamento verdadero, y de quienes digo así: no hay diferencia alguna esencial, como algunos piensan, entre la narración común fabulosa del todo, y entre la que está mezclada en historia, quiero decir, entre la que tiene fundamento en verdad acontecida y entre la que le tiene en pura ficción y fábula... (III: 164)

Frente a Cascales y a quienes critican las obras literarias que no se basan en ningún hecho histórico, el Pinciano responde que el fundamento histórico no le es necesario a la ficción. Una vez en el terreno ficcional, la licencia del poeta es absoluta, y puede tanto partir de la Historia—como se recomienda para la tragedia y la épica—como inventar por completo su argumento.

Para el caso de la épica, Pinciano sí recoge en la epístola XI de su *Philosophia* la pretensión tradicional de elaborar el argumento a partir una materia histórica por su mayor efecto persuasivo. No obstante, y siempre en la línea de priorizar el criterio artístico sobre cualquier otro, introduce en su argumento una variante que libera a lo verosímil épico de su subordinación a la Historia:

> Será perfecta la [poesía] heroica, cuanto a la materia, la que se funda en historia más que la que no se funda en alguna verdad (por las causas que en la tragedia se dijeron), mas la que carece de verdadero fundamento, puede tener mucho primor y perfección en su obra, y que en otras cosas aventaje a las que en verdad se fundamentan. (III: 166)

O lo que es lo mismo: por alcanzar un mayor efecto de persuasión, la tradición recomienda la historicidad de la materia épica, pero ésta no condiciona la mayor o menor calidad—"primor y perfección"—de la obra. El resultado del poema depende de criterios artísticos, de la verosimilitud, y no de su fidelidad histórica. Un poema sin base histórica puede aventajar en muchos sentidos a uno con ella, aunque la capacidad persuasoria del que parte de la Historia sea potencialmente mayor. Con este posicionamiento teórico, el Pinciano está reclamando en último término la separación radical entre el espacio de lo verosímil y el de la verdad histórica.

En este mismo sentido se defendía Tirso de Molina de una crítica contra su *El vergonzoso en palacio*:

> Pedante hubo historial que afirmó merecer castigo el poeta que, contra la verdad de los anales portugueses, había hecho pastor al duque de Coimbra don Pedro... ¡Como si la licencia de Apolo se estrechase a la recolección histórica...! (en Palomo 125)

La queja de Tirso resume paradigmáticamente el discurso teórico elaborado por Pinciano. La "licencia de Apolo," la poesía, rebasa las estrecheces de la Historia: no sólo la primera es autónoma de la segunda sino que, además, la supera tanto en sus objetivos—las verdades universales—como en sus medios—la verosimilitud.

Las repercusiones del debate en torno a la poesía y la Historia sobre lo verosímil, especialmente respecto a la épica, iban a ser ciertamente inevitables. De Cascales y el criterio estilístico se desprende una noción de la verosimilitud limitada a retocar una base histórica esencial al poema. Por el contrario, del criterio aristotélico elaborado por Pinciano se deduce un verosímil más amplio, que no debe ningún respeto a lo que ocurrió, sino a lo que pudo ocurrir. En la práctica artística, las dos posturas ilustradas con las teorías del Pinciano y Cascales se reproducen sobre todo en los géneros tradicionalmente más ligados a la Historia. Hay quienes, en la línea de Cascales, consideran la verosimilitud épica como un mero adorno de los hechos sucedidos. En el prólogo a su *Austríada* (1584), por ejemplo, Juan Rufo describe lo verosímil tan sólo como la mejor opción posible cuando no existe certeza histórica:

> En cuanto al hecho de las cosas que trató, forzosamente habrá diferentes opiniones como las hay en todas las cosas que muchos deponen: lo que yo pude hacer fue en las evidencias estar a lo cierto, y en las dudas atenerme a lo verosímil. (Porqueras Mayo, *El problema de la verdad poética* 30)

La licencia del poeta no parece total, como en el caso del Pinciano o Tirso, sino sujeta a la historicidad de la materia que trata. Importa esencialmente la fidelidad histórica y sólo ante la duda, cuando existan diferentes versiones sobre un único hecho, el autor recurrirá a la más verosímil. También Cristóbal de Mesa, al prologar

Las Navas de Tolosa, hace referencia a la verosimilitud como un apéndice de la Historia:

> Advertirán lo que habrá costado introducir la invención de la fábula, y el ornato de la verosimilitud, para que la tela fuese uniforme, y que ésta que la historia ofrece desnuda quedase no sólo vestida, pero aun compuesta con algunas galas. (Porqueras Mayo, *El problema de la verdad poética* 30)

La Historia se ofrece "desnuda" y es labor costosa del poeta engalanarla, adornándola con invención y verosimilitud. Lo verosímil se limita a ser un ornamento de la Historia, que se mantiene en consecuencia como núcleo esencial del poema.

La posición opuesta la mantiene Juan de la Cueva en su *Ejemplar poético* (1606), para quien a la poesía no le es obligatorio atenerse a lo sucedido:

> Ningún preceto hace ser forzoso
> el escribir verdad en la poesía,
> mas tenido en algunos por vicioso.
> La obra principal no es la que guía
> solamente a tratar de aquella parte
> que de decir verdad no se desvía.
> Mas en saber fingilla de tal arte
> que sea verisímil, y llegada
> tan a razón, que de ella no se aparte.
> (vv. 235-43; Cueva 42-43)

El concepto de "verdad" (histórica) no es esencial a la poesía, y su uso puede ser incluso criticable en un poema (" es tenido en algunos por vicioso"). La "verdad" es sustituida como objetivo y base de la ficción por lo "verisímil," el cual no depende de lo histórico sino de esa "razón" de la que no debe apartarse. Liberado de todo lastre historicista, la meta del poeta es el "arte" que mediante ficciones verosímiles satisfaga el gusto artístico del receptor.

En conclusión, la verosimilitud intenta diferenciarse de disciplinas adyacentes para encontrar un espacio propio que legitime y dignifique la ficción. Pinciano mismo define la verdad poética ante todo diferenciándola de la sofística y de la histórica. Para él, la verosimilitud es implícitamente superior a la mentira y a la verdad, pues las contiene a ambas sin ser ninguna de ellas:

> El objeto [de la poesía] no es la mentira, que sería coincidir con la sofística, ni la historia, que sería tomar la materia al histórico; y no siendo historia, porque toca obras de fábulas, ni mentira, porque toca historia, tiene por objeto el verosímil que todo lo abraza. (Pinciano I: 220)

Ese "verosímil que todo lo abraza" libera al escritor de la necesidad de seguir la Historia al pie de la letra, pues el objeto de ambas disciplinas es radicalmente diferente. También Cervantes se sirve de este argumento para diseñar algunos de los rasgos fundamentales de la novela moderna. El *Quijote*, según explica Jorge Urrutia a partir de la paródica y desautorizada figura de Cide Hamete, ya "no tiene que acudir al pretendido documento histórico. Su justificación está en sí mismo... Ya no busca la verosimilitud histórica, sino la que verdaderamente cuenta: la literaria" (Urrutia 100). En "El coloquio de los perros," según Antonio Rey Hazas, "la verosimilitud es un problema interno, no externo... [pues] la literatura hace aparecer como posible, como verosímil, lo que en la vida real sería totalmente absurdo y disparatado" (139).[13] Además, para Cervantes, como en el ejemplo de don Diego García Paredes con que se abre este capítulo, si lo inverosímil es criticable en la ficción, tanto o más lo resulta la mentira en el relato histórico. La Historia, desde esta perspectiva, no es una fuente de autorizada verdad en todos los casos, como la verosimilitud no lo es siempre de mentiras.

Es por ello que lo verosímil empieza configurarse mediante estrategias más complejas que un mero barniz de historicidad. No basta con recurrir, por ejemplo, a la base histórica de la épica o la tragedia para lograr la verosimilitud, sino que los medios para hacer verosímil una ficción se complican en la misma proporción en que se gana autonomía frente a la Historia. Los debates se afinan, los puntos de discordia y las diversas soluciones propuestas proliferan en torno a la relación entre lo histórico y lo poético. Será suficiente recordar la polémica entre el Pinciano y Cascales sobre el texto real e inventado a la vez, las advertencias de los críticos contra la credulidad de algunos receptores, la cuestión de los sentidos literal y metafórico, y los debates teóricos sobre el Texto Sagrado o la *Pharsalia* de Lucano. Es cierto que muchas de estas polémicas implican o son consecuencia de ataques contra la ficción, y que en ese sentido podría pensarse en la ficción como una institución debilitada, acosada. Pero todo sugiere más bien lo contrario: la poesía, en una situación mucho más favorable que en siglos anteriores, trata de ampliar el estrecho espacio medieval de lo verosímil, agravando el conflicto con la Historia. El debate entre lo histórico y lo poético sería, pues, la cuestión de fondo de un fenómeno teórico de mayor envergadura: la legitimación de la literatura ficcional, su consolidación como disciplina independiente. La verosimilitud se convierte no sólo en la vara de medir la calidad estética de un texto ficcional, sino también en la punta de

---

[13] La crítica ha señalado que Cervantes consigue esta separación entre lo verosímil y la verdad histórica, paradójicamente, a través de juegos de espejos, ambigüedad e ironía. Riley señala la ambivalencia del término "verdad" en el *Quijote*, histórica dentro de la ficción para sus personajes y poética para su autor y receptores (*Teoría* 267, 329). Forcione comenta el uso ambivalente de "historia" (en su doble sentido de "History" y "story" en inglés) al inicio del capítulo X del libro III del *Persiles* (Cervantes, *Aristotle* 178 ss.); ver también Wardropper ("*Don Quijote*: ¿Ficción o Historia?").

lanza de una batalla en toda regla por la licitud y autosuficiencia de la fabulación. Frente a la imagen controvertida de un arte atacado y asediado por moralistas y otros teóricos, la ficción áurea es desde este punto de vista una institución emergente, combativa. La cuestión de fondo no era, en realidad, la derrota de lo histórico, ni siquiera la utópica separación entre Historia y poesía. Al afirmar su licitud y dignidad, el Siglo de Oro pretendería sobre todo liberar a lo verosímil del yugo historicista. Por encima de cualquier solapamiento con disciplinas adyacentes, por encima de la diversidad de polémicas y soluciones discutidas, el teórico áureo persigue, en último término, el mayor triunfo posible para la verosimilitud: el de su propia existencia.

Parte II
La verosimilitud en el Siglo de Oro: Cervantes y la novela corta

AL TIEMPO QUE LOS teóricos del Siglo de Oro persiguen la apertura de un espacio para lo verosímil en medio de la hostil actitud de algunos intelectuales y moralistas, la caracterización y estudio de la verosimilitud se impone como objetivo prioritario por al menos tres razones. Primero, al escritor se le exigía un conocimiento teórico del arte, de los preceptos estéticos, para lograr la máxima calidad literaria posible. Por ello, y en el caso concreto de la novela corta áurea, Francisco Lugo y Dávila critica en el prólogo de su *Teatro popular* a quienes "pretendieron llegarse a la perfección [y] se apartaron lejísimos de alcanzarla; error que nace de escribir sin saber el arte con que se escribe" (25). Segundo, ni siquiera Aristóteles había legado una definición precisa de la verosimilitud, concepto por otra parte voluble, sujeto a cambios estéticos y culturales. Tercero, para legitimar la ficción y habilitarle un espacio a su paradójica verdad había que demarcar los límites de lo verosímil y señalar sus componentes fundamentales. Junto a la necesidad de conocer los preceptos para escribir con propiedad, pues, el Siglo de Oro se encuentra ante una situación crítica en que la verosimilitud lucha por un espacio propio cuando ni siquiera se han definido sus límites y características. Por todos estos motivos, el estudio y descripción de lo verosímil se convierte en el aspecto teórico probablemente más importante y abarcador del momento, creando un debate a su entorno en que se mezclan, a veces desordenadamente, la preocupación por el buen estilo, la necesidad de legitimar la ficción y la humanista obsesión por descubrir verdades ocultas y resolver paradojas.

Pero, ¿qué es exactamente la verosimilitud, cuál es el punto de partida para los teóricos del Siglo de Oro? Lo verosímil ha presentado siempre enormes dificultades a la hora de ser definido. Una lectura rigurosa de los textos clásicos no ofrece ciertamente ninguna definición *sensu stricto* de la verosimilitud, aunque Aristóteles es sin duda quien más aporta a la caracterización del término.[1]

En la *Poética* no se define el concepto de manera explícita, pero sí que al menos se apuntan sus rasgos esenciales.[2] La frase más conocida en este sentido es aquella en la que Aristóteles atribuye al poeta un objeto distinto del histórico, como se ha comentado en el capítulo anterior: "no es obra de un poeta el decir lo que ha sucedido, sino qué podría suceder, y lo que es posible según lo que es verosímil o necesario" (1451 a-b; Aristóteles 59). Además de esta conocida distinción entre los oficios del poeta y el historiador, Aristóteles se pronuncia al menos en dos ocasiones más sobre otros tantos aspectos fundamentales de lo verosímil. En 1460a aborda la espinosa cuestión de lo maravilloso:

> Sin duda es preciso tratar en las tragedias lo maravilloso, pero que se acoja preferentemente en la epopeya lo irracional, que es por lo que ocurre casi siempre lo maravilloso. (Aristóteles, *Poética* 88-89)

Lo maravilloso se reconoce como necesario en las tragedias y no amenaza a la verosimilitud, sino que se sujeta a ella: la maravilla debe ser verosímil de tal forma que admire al receptor sin causar en éste la impresión de incredulidad, de disparate. Por ello, es mejor que lo "irracional" se dé en la epopeya, obra contada o escuchada por el receptor, que en la tragedia, donde la representación pondría el engaño ante los ojos del público. Lo maravilloso es lógicamente más creíble en una narración que sobre un escenario, donde los medios para representar un hecho sobrenatural pueden ser imperfectos. No cabe duda, pues, que lo verosímil no excluye para Aristóteles la maravilla, sino que se necesitan mútuamente. De la cuestión de lo sobrenatural se deduce que la verosimilitud no está limitada a lo real o lo que parece real. Según Aristóteles, en su tercera alusión fundamental al tema, lo posible y lo verosímil no son, en efecto, lo mismo, pues "es preciso preferir lo imposible que es verosímil a lo posible que es increíble" (1460a; Aristóteles 89). Lo imposible puede ser verosímil, así como lo posible puede también ser increíble. La maravilla y lo imposible, en consecuencia, no son incompatibles con la verosimilitud, de igual modo que lo creíble no se limita exclusivamente a lo que es posible. Mediante este breve razonamiento, Aristóteles da un paso fundamental en la caracterización de lo verosímil. La verdad poética es diferenciada *de facto* de la histórica, pues la primera depende de

---

[1] Ni siquiera Aristóteles, pese a cierto optimismo expresado por Antonio García Berrio (*Formación* I: 163), consiguió demarcar sus límites con total precisión. Según Porqueras Mayo, el Pinciano mismo acusa "delicadamente a Aristóteles, porque no decidió nada definitivo en esta cuestión" (*El problema de la verdad poética* 18; el pasaje al que se refiere Porqueras Mayo, pero que no cita, es probablemente *Philosophía* I: 268).

[2] Para una definición aristotélica de lo verosímil mucho más oscura, ver su *Retórica* (I, 2, 1357a-b).

lo que podría suceder (incluso si es imposible) y la segunda de lo que sucedió de hecho (lo que es por lo tanto posible, pues ha sucedido). Se confiere al mundo ficticio, en consecuencia, una verdad y un universo que le son propios y distintos al de otras disciplinas como la Historia. La *Poética* se convierte así en el primer texto teórico que, al caracterizarla, dota a la verosimilitud de legitimidad y autonomía.

Por su parte, las retóricas clásicas, y especialmente las romanas, aportan a los intentos por definir lo verosímil un carácter eminentemente pragmático, esencial para el Siglo de Oro. Al buen orador le es imprescindible tomar en cuenta a su auditorio, pues su credibilidad va a ser determinada por quien le escucha. El estilo, los ejemplos, la organización, los rasgos que en definitiva van a conseguir la verosimilitud del discurso, son condicionados por el receptor. Por ejemplo, la anónima *Retórica a Alejandro* (*ca.* 340 a.J.C.) define en el capítulo VII *to eikós*—"lo verosímil" según versiones, traducido aquí por José Sánchez Sanz como "lo probable"—en los siguientes términos:

> Lo probable es algo que se dice y de lo que los oyentes tienen ejemplos en mente... De manera que siempre tenemos que observar cuidadosamente en nuestros discursos si conseguimos que los oyentes se identifiquen con el tema que tratamos; pues si es así, es probable que nos presten mayor crédito. (59-60)

Ciertamente, la identificación del público con el tema es fundamental. La probabilidad viene dada según el autor por la correspondencia entre lo que se dice y los ejemplos que "los oyentes tienen... en mente." Se obtiene verosimilitud en la medida en que el receptor es implicado en el discurso a través de su conocimiento e identificación emocional con el tema.[3]

Durante la Edad Media, sin embargo, el debate sobre lo verosímil se desvía hacia cuestiones más bien morales y filosóficas. A los grandes pensadores medievales parecen interesarle menos la verdad poética que la cristiana y la metafísica. Los criterios para determinar la verosimilitud acuñados por las poéticas y retóricas clásicas son sustituidos por advertencias de no transgredir tanto la religión como la verdad histórica. Para Santo Tomás de Aquino (*Quaestiones Quodlibetales* VII, 9, 6, a. 14), "la verdad figurada por la realidad tiene un doble fin: hacernos creer lo que conviene y hacernos actuar como se debe" (Bruyne II: 322). La única figuración posible de la realidad es aquella dirigida hacia el adoctrinamiento moral: "creer lo que conviene" y "actuar como se debe." Similar planteamiento aduce San Anselmo en su *De veritate*, en donde describe la verdad como un compendio de "rectitudes" que "son o hacen lo que deben" (144). La verdad se compone de aquellos elementos

---

[3] Esa captación del que escucha a través de su comunión absoluta con el discurso es perfectamente retratada por el Pseudo-Longino titulado *Sobre lo sublime* (XV, 1-2), de entre los siglos I y III d.J.C.

que o bien "son," estos es, que se ajustan a lo real, lo histórico; o bien "hacen lo que deben," lo que es correcto que hagan. La verdad poética queda así rígidamente atrapada entre la Historia, lo que sucedió, y la moral, lo que debió—frente al aristotélico "pudo"— suceder.[4] La existencia misma de lo verosímil durante la Edad Media es desde esta perspectiva teórica cuando menos precaria.

En el *continuum* de lo verosímil que puede trazarse desde la Antigüedad clásica hasta los siglos XVI y XVII en Europa, éstos últimos constituyen un momento de especial intensidad y riqueza en la caracterización de la verosimilitud. Con toda probabilidad es en Italia donde se realizan las primeras descripciones detalladas de lo verosímil, especialmente en torno a las siguientes polémicas literarias: la disputa *ca.* 1548 entre Giraldi y Pigna sobre el *romance* (Weinberg, *A History* 961);[5] el debate sobre la *Divina Comedia* de Dante, vigente aún en 1587 (Weinberg, *A History* 643); y sobre todo, la controversia sobre el *Orlando Furioso* de Ariosto.

Al *Orlando* se le acusa de inverosimilitud por, primero, incluir en su argumento hechos imposibles en la realidad y, segundo, por no respetar las reglas clásicas del poema épico. Simone Fornari, en su *Spositione sopra* l'Orlando Furioso (1549), rebate la acusación de tratar sucesos imposibles recurriendo a tres aspectos fundamentales de lo verosímil. El primero es que la ejemplaridad obliga a superar el modelo histórico en que supuestamente se basa la épica. Aun en el caso de que los hechos de Orlando hubieran sucedido en realidad, en nada se traiciona a la verosimilitud por manipular la Historia con un fin moral. El segundo argumento aducido por Fornari es que lo contrario a lo probable puede ser también verosímil, pues ya Aristóteles advirtió que es mejor tratar en el poema lo imposible verosímil que lo posible inverosímil. De ahí se deduce, como defiende Fornari, que lo improbable puede ser, a pesar de todo, creíble, y que la maravilla y lo sobrenatural no sólo pueden ser presentados verosímilmente, sino que además le son propios al género de la épica. Por último, el tercer argumento en defensa del *Orlando* es que Ariosto responde en su obra a "the common beliefs of his audience" (*A History* 956). Como aconsejaban los retóricos, el poeta debe tomar en cuenta las creencias de su público para obtener verosimilitud. La identificación del receptor con la obra facilita que aquél se sienta

---

[4] También San Isidoro oscila entre la Historia y la moral como puntos de referencia únicos de lo verosímil. Mientras los retóricos consideran otros aspectos de lo verosímil como la credibilidad, el público o el estilo, San Isidoro se concentra exclusivamente en la dicotomía real/no real. En unas notas a la *Retórica* aristotélica, distingue entre una "mentira en materia moral (*inconveniens*)" y una "pura mentira (*mendacium*)... La mentira pura afirma ya lo increíble, ya lo imposible, o ya simplemente lo contrario a la realidad de hecho" (en Bruyne I: 110). Lo verosímil queda así excluido del razonamiento de San Isidoro, pues si para Aristóteles lo imposible puede ser verosímil, para San Isidoro lo que no corresponde a la moral o a "la realidad de hecho" es simplemente mentira.

[5] Sobre el *Discorso* de Giraldi en específico, pueden verse también los comentarios de Kenneth P. Allen a su noción heterogénea de lo verosímil (66-67).

tanto intelectual como emocionalmente implicado en ella, predisponiéndole así a la credibilidad. En resumen, la ejemplaridad, la posibilidad y la credibilidad son los tres rasgos básicos de la verosimilitud que fundamentan la defensa del *Orlando* expuesta por Fornari.

Además de estos tres aspectos, y a partir de la acusación contra el *Orlando* de que Ariosto no respeta los preceptos clásicos sobre la poesía épica, se deduce un cuarto componente fundamental de lo verosímil: las reglas estéticas y de género literario. Éstas se refieren sobre todo a la organización y el estilo del poema, y corresponden esencialmente a lo que la retórica llama *dispositio* y *elocutio*. Durante el Siglo de Oro, en efecto, es determinante para la verosimilitud no sólo lo que se cuenta, sino también cómo se cuenta.[6] De hecho, por muy cotidiano que sea el comportamiento de un personaje, ¿es verosímil si, por ejemplo, no se expresa en un estilo adecuado a su condición social y a su psicología, o incluso a las reglas específicas de géneros como la ficción pastoril? Según la teoría del decoro y la de los tres estilos, no. Una acción probable o incluso histórica, ¿es verosímil si no se cuenta de acuerdo a una sucesión lógica de los acontecimientos? Según el *ordo* retórico y el concepto aristotélico de necesidad, sin duda que la acción será inverosímil. Para el caso concreto de la épica, por ejemplo, Suárez de Figueroa advierte a los poetas en *El Pasagero* (1617) que las acciones secundarias "vayan asidas con lazos de lo verosímil, posible y necesario" (78). La coherencia de la historia, ese "vayan asidas" todas las acciones, se consigue no sólo mediante lo que es "posible," sino también mediante los "lazos de lo... necesario." En suma, lo verosímil es un concepto que participa por igual de lo que se dice y del cómo se dice,[7] pues la organización de la historia y el estilo en que ésta se narra condicionan la verosimilitud del poema tanto como lo ejemplar, lo posible y lo creíble.

Durante los siglos XVI y XVII en Europa (y también en España) se presenta lo verosímil, pues, como un concepto heterogéneo y variable, como se analizará en detalle en los próximos capítulos.[8] En primer lugar, es heterogéneo porque lo for

---

[6] El ejemplo más famoso de este énfasis compartido entre lo que se cuenta y el cómo se cuenta es la afirmación de Cipión en el "Coloquio de los perros":"... los cuentos unos encierran y tienen la gracia en ellos mismos; otros, en el modo de contarlos" (Cervantes, *Novelas ejemplares* II: 304).

[7] Según Riley, el cómo se cuenta es incluso más importante para lo verosímil áureo que lo que se cuenta: "La verosimilitud tenía dos aspectos principales. Uno de ellos implicaba respecto a la probabilidad histórica, a lo que "podía ser"... Pero la cuestión estaba mucho más en el cómo se representaba que en lo que se representaba" (" Teoría literaria" 316). También Peter N. Dunn reconoce que "verisimilitude resolves itself into internal consistency on the one hand and careful presentation of detail on the other" (*Castillo Solórzano* 46).

[8] Intentos mucho más recientes por caracterizar lo verosímil coinciden en resaltar la heterogeneidad del término: ver por ejemplo Óscar Tacca, *Las voces de la novela* 61; Tzevan Todorov, en la introducción al volumen 11 de Communications (1968), dedicado

man básicamente los siguientes cuatro componentes, que se presentan en un orden arbitrario:

1. El primero, que se llamará aquí retórico, incluye todos los aspectos agrupados por la retórica en la *dispositio* y la *elocutio* del discurso: el *ordo*, lo uno frente a lo vario, la necesidad, el decoro, la teoría de los tres estilos, el ornato, la hipérbole, etc. El poder del discurso a la hora de otorgar verosimilitud a la historia contada se articula a partir de unas reglas conceptualizadas sobre todo en las retóricas clásicas. Dado que estas estrategias discursivas se han modificado con el paso del tiempo, será necesario repasar las reglas retóricas más importantes del momento y su conexión con lo verosímil.

2. El segundo es lo verosímil ejemplar, quizás el aspecto de la verosimilitud que más se ha transformado desde el Siglo de Oro hasta el XXI. Durante el período áureo, las tramas y sus resoluciones, los personajes y hasta el estilo en que se escriben por ejemplo las novelas cortas vienen determinados en amplia medida por el respeto a la ejemplaridad y la moral cristiana de la época. En el caso por ejemplo de la poesía épica, Torquato Tasso afirma que los milagros son legítimos y convenientes siempre que se atribuyan a Dios y conlleven una enseñanza moral. La maravilla se justifica sólo por la ejemplaridad, como muestra inequívoca del poder divino, y se entiende como un requisito para lograr que el poema épico cause admiración. Además de estos preceptos concretos, la censura inquisitorial que todos los libros debían pasar para ser impresos, así como la misma indisociabilidad entre la religión y cualquier otra instancia del Estado, imponían al autor el criterio moral como uno de los más determinantes de su actividad creadora.

3. El tercer componente hace referencia a lo verosímil posible y la maravilla, aspecto también en extremo delicado por dos razones. De un lado, la noción áurea de lo posible difiere enormemente de lo posible en otras épocas. Lo que era posible para el siglo XVI puede no serlo para el XXI y viceversa. De otro, según Aristóteles, lo posible histórico no es necesariamente verosímil, como lo imposible no es necesariamente inverosímil. Sin ir más lejos, la inclusión de la maravilla es para muchos teóricos más una necesidad estética que un desafío al concepto de posibilidad. Además de la doctrina de Tasso sobre lo milagroso, otras estrategias para hacer verosímil lo admirable incluyen situar los hechos

---

monográficamente a le *vraisemblable* (ver la excelente interpretación de ese prólogo de Jonathan Culler, *Structuralist Poetics* 138-39); y Michael Riffaterre, quien define la verosimilitud como un concepto heterogéneo, basado en "a conformity with ideological models" y "coherence in the sequence of causes and effects" (*Fictional Truth* 2).

en una geografía y un tiempo remotos, recurrir a *auctoritates* sobre la materia en cuestión, o racionalizar aparentes milagros que tienen en último término una explicación lógica, científica.

4. Por último, el cuarto componente de lo verosímil, lo creíble, se intenta conseguir, entre otras estrategias posibles, a través del crédito personal del narrador, de alusiones a la historicidad de los hechos y de la apelación constante al inmenso poder de la imaginación. Además, la credibilidad es también el punto de llegada de los otros tres aspectos de la verosimilitud, pues lo retórico, lo ejemplar y lo posible pretenden en último término hacer el texto creíble, obtener crédito para la fábula. Sin embargo, y aun siendo su aspecto más importante, la credibilidad no es lo mismo que la verosimilitud. Aunque en el lenguaje coloquial de hoy día se utilizan casi indistintamente verosímil y creíble, en el estudio teórico-literario de la verosimilitud en el Siglo de Oro es necesario distinguir lo verosímil creíble de la credibilidad, y analizar sus estrategias de forma separada a las de lo verosímil retórico, ejemplar y posible. La verosimilitud debe entenderse como una suspensión voluntaria y consciente de la incredulidad (*epojé* en la terminología clásica), pues sólo se presenta como tal cuando el receptor es consciente de la ficcionalidad de la obra. Tras cerrar el libro o terminar la representación, la verdad poética debe ser resultado no sólo de su credibilidad, sino también de la consciencia del receptor de que lo que ha leído o escuchado es falso, inventado, fingido. En otras palabras: lo creíble no es necesariamente inventado, como cuando creemos al amigo que nos cuenta lo que le pasó esta mañana. Lo verosímil creíble, por el contrario, tiene que ser inventado, porque de otra manera no sería ficción.

Como segundo rasgo esencial, la verosimilitud no sólo es un concepto heterogéneo, sino que también es variable. Los diversos aspectos que la comprenden son entendidos de forma distinta por todos y cada uno de los autores, teóricos y receptores áureos. Nociones como la ejemplaridad, el estilo, la maravilla o la credibilidad varían según quién los utilice y el momento de su obra en que los utilice. Parece obvio en extremo que el concepto cervantino de credibilidad o de género literario no se expresa de igual modo en el *Quijote* que en el *Persiles*. Los análisis de distintas obras y autores que más adelante se llevarán a cabo confirman lo voluble del concepto de lo verosímil, la amplitud y variedad de sus estrategias.

La heterogeneidad y variabilidad de la verosimilitud no pueden ocultar uno de los mayores problemas intrínsecos que este concepto presenta a nivel teórico. La división de lo verosímil en estos cuatro aspectos es pedagógica más que real, pues por una parte la verdad poética es percibida de forma homogénea por el receptor, y por otra todos los componentes internos de lo verosímil funcionan al unísono. Es sin embargo en los mismos textos teóricos de la época donde se aprecia ya una partición teórica del concepto al enfatizar determinados aspectos de lo verosímil sobre otros. Siguiendo y clasificando el propio modelo aurisecular, en los cuatro capítulos que siguen se presentan los cuatro componentes principales de lo verosímil.

Este análisis teórico de la verosimilitud, como se anunció en la introducción, se complementa e ilustra con ejemplos de la novela corta seiscentista. Junto a los avances en la caracterización de lo verosímil, se produce durante el Siglo de Oro la gestación del género novelístico, el cual, con el tiempo, alcanzará más popularidad incluso que el teatro. Aunque se considera a Cervantes como el padre de la novela moderna, en el siglo XVII y XVIII novelas cortas de Juan Pérez de Montalbán como "El palacio encantado" alcanzan un mayor éxito de público y crítica. Por ello, las narraciones en prosa se convierten en un campo idóneo para el análisis de lo verosímil: si de un lado no existen preceptos clásicos sobre el género, lo cual estimula la experimentación, de otro la distancia entre las novelas barrocas y las actuales puede ser inmensa, como lo demuestra ciertamente el ejemplo de "El palacio encantado" comentado en la introducción. En el presente estudio se pretende contextualizar en su ambiente teórico literario un género que el público lector del siglo XXI desconoce en gran medida. Juzgada desde sus propias circunstancias, la novela corta áurea puede sorprender de forma agradable incluso al lector actual, siempre que éste sea capaz de reconocer y apreciar su verdad poética, su noción y estrategias de la verosimilitud.[9]

A fin de demarcar el espacio de nuestro análisis, es necesario plantearse qué obras pueden considerarse "novela corta" y cuáles no. El desacuerdo entre quienes han intentado acopiar una bibliografía de novelas cortas áureas, como Bourland, Place, Cayuela o Ripoll, es evidente. Y es que existen obras de alrededor o más de cien páginas en ediciones modernas (" El cuerdo amante" de Miguel Moreno, por ejemplo) que podrían caber en el género de "novela corta." Sus temas y formas posibles incluyen desde los enredos amorosos a la picaresca, del final feliz a la tragedia moralizante, del escenario cortesano a un prostíbulo, del estilo cervantino a la intrincada expresión de Montalbán o Piña. La novela corta puede presentarse, al menos, en colecciones de un mismo autor con marco (*Desengaños amorosos*) o sin él (*Novelas ejemplares*), en volúmenes colectivos (*Varios efectos de amor*), en obras misceláneas (*Los Cigarrales de Toledo* de Tirso, el *Para todos* de Montalbán) e insertas en novelas como *Don Quijote* o el *Guzmán de Alfarache*. Si consideramos la novela como evolución de otros géneros previos, la dispersión no es menor: diversos estudiosos han colocado en la base de la novela corta los *fabliaux*, las *nova*, las vidas de santos, el

---

[9] Así lo sugiere Francisco Ynduráin en su estudio sobre *Lope como novelador.* "Lope, sus novelas, exigen un esfuerzo de acomodación al sistema de convenciones ilusionistas de su tiempo. Esa acomodación que, sin advertirlo, tenemos y prestamos a la literatura de hoy, que no será la de mañana. Salvada esa mínima distancia, el mundo novelesco de Lope compensa en deleite de arte puro el esfuerzo que se haga por llegar hasta él" (71).

exemplum, el milagro, la leyenda, los *lais*, cuentos, apotegmas, la retórica forense y diversos géneros de ficción tales como la sentimental, la bizantina, la pastoril... (Neuschäfer, Krömer, *Formas de la narración breve*, Pabst, Rabell "Notes Toward a Forensic Reading"). Respecto a la terminología con que denominar el género, el desacuerdo raya en lo caótico. La crítica moderna, por una parte, ha propuesto nombres tales como "novela corta" (quizás el más generalmente aceptado), "novela combinatoria de la decadencia" (Ferreras, *La novela en el siglo XVII* 35 ss.), "novela corta marginada" (Rodríguez Cuadros, *La novela corta marginada* 75), "novela cortesana" (González de Amezúa y Mayo, "Formación" 198), "novella" (Rabell, *Lope de Vega* 1, nota 1)... Durante el mismo Siglo de Oro, por otra parte, la variedad terminológica es aún mayor: Timoneda habla de "patrañas," Eslava de "noches," Lucas Hidalgo de "diálogos," Cervantes de "novelas ejemplares," Liñán de "avisos," Velázquez de "conversaciones," Céspedes de "historias," Salas Barbadillo de "cuento" y "fábula," Montalbán de "sucesos y prodigios," Piña de "casos," Zayas de "maravillas y desengaños," Carvajal de "sucesos," y, en algún momento, la mayoría de todos ellos utilizan también la voz "novela."[10]

Dado el carácter extremadamente proteico del género, el criterio más fiable para determinar qué es una novela corta habría de provenir de sus propios creadores. Así pues, ¿cuál es el grado de consciencia acreditado por el escritor áureo a la hora de seguir el hipotético género de la "novela corta"? Esta pregunta crucial para la definición del término no tiene fácil respuesta, si es que tiene alguna. Si por una parte no existe acuerdo terminológico a la hora de nombrar el género, por otra escasean las descripciones de la novela corta a nivel teórico. Sólo Lucas Gracián Dantisco en su *Galateo español* (1593), Cervantes en el *Quijote* (1605, 1615) y en el *Persiles* (1617), Francisco Rodrígues Lobo en su *Corte na aldeia* (1618), Francisco Lugo y Dávila en el prólogo a su *Teatro popular* (1620) y Lope en varios momentos de sus *Novelas a Marcia Leonarda* (1621 y 1624), ofrecen en el contexto peninsular un intento por caracterizar una cierta forma de narrar, llámese esta novela corta o cualquier otro nombre. A falta de un estudio más minucioso que intente recomponer todas las reglas del género, habrá que aceptar la ausencia de una definición exacta y de un término único para el mismo.[11] Como afirma Walter Pabst en su estudio sobre *La novela corta en la teoría y en la creación literaria*, la teoría y la preceptiva son en este caso insuficientes: "No hay más que novelas cortas concretas e individuales" (440).

---

[10] Sobre la cuestión terminológica se han escrito abundantes y muy documentados estudios: ver por ejemplo González de Amezúa y Mayo, *Cervantes creador* 350 ss., Krauss, Gillespie y Krömer, "Gattung und Wort *novela*."

[11] Las dificultades en este sentido no se limitan al contexto peninsular. Etiemble, en su ensayo "Problemática de la novela corta" reconoce, tras ofrecer un erudito y amplísimo panorama del género tanto en Occidente como en Oriente, que a la hora de definirlo "queda casi todo por hacer," pues la elasticidad y polimorfismo de la novela corta son comunes a todas las literaturas y épocas (149; ver también 130 ss.).

Siendo esto así, el presente estudio entiende la novela corta más que como un género literario, como un núcleo narrativo que forma parte de un plan literario mayor, sea éste una colección de novelas con o sin marco, una novela larga como el *Quijote* o una miscelánea que incluya diversos géneros tales como comedias, autos, discursos... La novela corta relata una historia completa en sí misma y desarrollada con cierta minuciosidad, frente a un género como el del cuento. Como núcleo generador de proyectos mayores, el papel que la novela corta desempeña en la formación de la novela moderna es esencial, y quedaría demostrado por su relevante presencia en el propio *Quijote*.[12] Aunque casi todos los estudiosos del tema han intentado reunir características comunes al género (el amor como tema principal, el predominio de la acción, el afán de historicidad, el ambiente cortesano, la importancia del diálogo, el comienzo *in media res*...), lo cierto es que a cada rasgo supuestamente común se le oponen numerosos contraejemplos.[13] Desde este punto de vista, la característica definitoria de la novela corta quizás sea precisamente su carácter proteico, experimental, rebelde frente a la normativa y la categorización.

Es por ello que en este estudio, el corpus de fuentes primarias incluye novelas cortas publicadas tanto en colecciones independientes, como en novelas más largas o en misceláneas. Los autores, formas y temas de las obras son numerosísimos, y sus fechas de publicación abarcan casi todo el Siglo de Oro, aunque el género adquiere especial relevancia durante el siglo XVII. Con esta variedad no sólo se pretende ilustrar el largo y complejo proceso de construcción de lo verosímil, sino también integrar a este estudio el carácter proteico, multiforme que caracteriza el género de la novela corta.

Por último, los ejemplos novelísticos se seleccionan únicamente por su representatividad respecto al componente de lo verosímil ilustrado. No se sigue un orden cronológico ni de importancia literaria, sino uno interno—para cada capítulo—de exposición. Este orden viene marcado por el grado de modernidad de lo verosímil, esto es: se comenzará por analizar los ejemplos más toscos en el tratamiento del aspecto de la verosimilitud correspondiente, y se terminará con los más complejos, los más desarrollados. Así, en la mayor parte de los casos la última novela corta comentada será alguna de Miguel de Cervantes, especialmente las incluidas en el *Quijote* y algunas de las *Novelas ejemplares*.

---

[12] También en el caso del *Persiles*, Diana de Armas Wilson considera la última novela cervantina como trece novelas cortas enmarcadas (XVIII).

[13] Ofrecen una caracterización de la novela corta, entre otros, Alicia Yllera en su introducción a los *Desengaños amorosos* de Zayas (29), Krömer (*Formas de la narración breve* 269 ss.), González de Amezúa y Mayo ("Formación" 198) y Ferreras (*La novela en el siglo XVII* 35 ss.).

1
Lo verosímil retórico

1.1 El poder del discurso

LAS ESFERAS DEL PODER se han servido en todas las épocas del discurso autoritario y manipulador para prolongarse y acreditar su "verdad," como ha estudiado magistralmente, entre otros, Michel Foucault (Selden and Widdowson 158-61). En dirección inversa, el discurso ejerce a su vez un poder que puede escapar al control de las instituciones y que se articula fundamentalmente por medio del lenguaje, del estilo. La fascinante interacción entre el discurso del poder y el poder del discurso es ejemplificada paradigmáticamente por la cultura barroca, dirigida, de masas (Maravall, *La cultura del Barroco*), y al mismo tiempo de un poderoso caudal subversivo.

Los teóricos y creadores áureos son plenamente conscientes de esa relación entre retórica, verdad y poder, entre género literario, estilo y organización de una parte, y verosimilitud de otra. Según Charles Trinkaus la verdad misma es considerada por algunos pensadores renacentistas como una cuestión retórica, subjetiva. Para Pontano, Petrarca y Valla la verdad es indisociable de la retórica, hasta el punto que Lorenzo Valla afirma en su *Repastinatio*: "The true or the truth is a quality present in the sense of the mind and in speech, as in 'Does he truly feel that?' 'Does he speak truly?'... 'Does he truly believe?' " (Trinkaus 212). En cuanto a la verdad poética, la relación entre verosimilitud y retórica es aún más palpable. Sebastiano de Minturno, por ejemplo, defiende en su *De Poeta* la legitimidad de la ficción apelando a una "verdad interior" del discurso. En palabras de Antonio García Berrio, Para salvar la acusación de mentira literaria, acuña [Minturno] la sutil distinción entre verdad interior y medular de las cosas y verdad exterior, siendo la primera manipulable estéticamente por el creador artístico, que obvia así toda objeción ultramoralizadora de falsedad o mentira. (*Introducción* 173)[1]

---

[1] Autores como Falcó y Pigna llegan a considerar más fiable, más importante la verdad literaria que la "real," la histórica (*Introducción* 173-174, 185).

Con la pretensión de legitimar la ficción, Minturno distingue entre dos tipos de verdades: "la exterior," sujeta según deduce García Berrio a una intención "ultramoralizadora de falsedad o mentira"; y "la interior," "manipulable estéticamente," autónoma por lo tanto de la verdad exterior y de condicionantes ajenos a las reglas estéticas y retóricas. De ese modo, si la verdad exterior propicia el discurso del poder, la interior, según Minturno, vendría a confirmar el poder del discurso para auto-dotarse de verosimilitud.

Cervantes mismo aporta múltiples pasajes de su obra en que acredita la estrecha relación entre el buen estilo y la verdad poética. En el *Viaje del Parnaso* (VI, vv. 61-63) afirma que "la mentira satisface / cuando verdad parece y está escrita / con gracia, que al discreto y simple aplace" (138). La "mentira," la ficción literaria, debe seguir un criterio de similitud a la "verdad" para legitimarse tanto como debe seguir ciertos criterios estéticos y retóricos, de forma que la mentira esté "escrita con gracia." Esa misma conjunción entre "verdad" y estética está en la base de la justificación de la mentira literaria como "verdadera armonía" que Cervantes incluye en el capítulo X del III libro del *Persiles*. Frente a la Historia, cuya materia debe "pasar al sabor de la verdad que trae consigo," a la fábula le "conviene guisar sus acciones con tanta verosimilitud que a despecho de la mentira que hace disonancia en el entendimiento, forme una verdadera armonía" (363). Como parte esencial de esa "armonía" se encuentra, según Periandro-Persiles unas páginas antes, el lenguaje: "La salsa de los cuentos es la propiedad del lenguaje en cualquier cosa que se diga" (322-23).[2] Como afirma José María Pozuelo Yvancos a partir de estos y otros pasajes similares, en la teoría cervantina "la verosimilitud no era una adecuación del discurso a la realidad exterior, sino una coherencia del discurso consigo mismo" ("Enunciación y recepción en el *Casamiento-Coloquio*" 434). En efecto, lo verosímil no se explica como una copia fiel de la realidad, sino que para Cervantes "la invención bien compuesta es capaz por sí sola de justificar cualquier escritura sin pararse a discutir si los hechos sucedieron realmente o no" (Pozuelo Yvancos 435).

Ciertamente, los ejemplos cervantinos respecto a la conexión entre la verdad poética y la retórica son abundantes a lo largo de toda su obra.[3] En el *Quijo-*

---

[2] La evolución del pensamiento cervantino a este respecto es notable; frente al énfasis en lo verosímil retórico en el *Viaje* y el *Persiles*, en *La Galatea* Orfenio dice en una disputa amorosa entre pastores: "Que no está en la elegancia / y modo de decir el fundamento / y principal sustancia / del verdadero cuento, / que en la pura verdad tiene su asiento" (358).

[3] Son muchos, en realidad, los autores que cuando insertan su novela corta en un marco donde hay tanto un narrador como una audiencia, hacen explícita la reacción de los receptores. Esta reacción, que podría ser paralela a la que el novelista pretende provocar en su lector real, se concentra en el estilo del discurso más que en su materia. Por dar apenas un ejemplo, Castillo Solórzano, "El celoso hasta la muerte": "Sobre manera fue lo que el discreto auditorio de caballeros y damas se alegró con la graciosa novela de la hermosa doña Camila; porque la contó con tanto donaire y sazón, y tan puesto en su lugar todo, que juntamente con la risa del celoso burlado, causaba admiración el artificio, con referir la

te mismo, lo verosímil retórico tiene especial importancia a la hora de matizar la crítica contra los libros de caballería por inverosimilitud. El escrutinio de la librería de Alonso Quijano, pasaje tomado como paradigma de esta crítica, delata una presencia tácita y de capital importancia de lo verosímil retórico (Riley, *Cervantes's Theory* 146), que posibilita que el cura salve al *Amadís de Gaula*, el *Palmerín de Inglaterra*, la *Diana* de Montemayor y el *Cancionero* de López Maldonado de la quema. El *Palmerín*, por ejemplo, "por sí es muy bueno," y sus "razones, cortesanas y claras... guardan y miran el decoro del que habla con mucha propiedad y entendimiento" (134). De igual modo, la *Diana* debe quedar a salvo del fuego eliminándole "casi todos los versos mayores" pero conservando "en hora buena la prosa" (136). Del *Cancionero* de López de Maldonado se dice que "sus versos en su boca admiran a quien los oye; y tal es la suavidad de la voz con que los canta, que encanta" (137). Por la misma regla de tres, el *Florismarte de Hircania* ha de ser arrojado a la hoguera, "que no da lugar a otra cosa la dureza y sequedad de su estilo" (132). En todos estos casos, el veredicto sobre la verosimilitud de una obra y su consiguiente salvación o condena se hace depender del estilo en que la obra está escrita, y de cómo ésta respeta reglas retóricas tales como el decoro, la versificación o la claridad.

La estrecha relación que para Cervantes existe entre el modo en que se cuenta una historia y su verosimilitud se refleja también en el siguiente ejemplo. En el capítulo XVII de la parte II, una de las pocas aventuras de la segunda parte en que no hay fingimientos ni intervención de encantadores, Cervantes intenta hacer verosímil el extraordinario enfrentamiento entre un león hambriento y don Quijote mediante un hábil procedimiento retórico. Primero, el narrador cede la voz autorial al poco fiable historiador arábigo Cide Hamete y, segundo, pone en boca de Hamete frases como ésta: "¿Con qué palabras contaré esta tan espantosa hazaña, o con qué razones la haré creíble a los siglos venideros, o qué alabanzas habrá que no te convengan y cuadren, aunque sean hipérboles sobre todos los hipérboles?" (II: 149). La arriesgada hazaña del caballero manchego, que termina con el león ignorando la ridícula figura del caballero, fuerza la presencia de una voz narrativa diferente a la del "segundo autor" de la novela, la del mentiroso historiador árabe. Además del cambio de perspectiva, el mismo Cide afirma esforzarse por hallar el estilo adecuado a los hechos—las "razones" que los hagan "creíbles"—, sin recurrir a otras justificaciones de índole distinta a la retórica (como citar autoridades, situar la acción en tierras lejanas, atribuir los hechos a una intervención divina...). Por lo tanto, la verosimilitud de estos sucesos se somete única y exclusivamente a la habilidad de quien los cuenta o, mejor, al modo en el que son contados. El patetismo de unos hechos estremecedores, con el héroe de la novela arriesgando la vida impropiamente ante un público (Sancho, los leoneros) que no puede recompensar su osadía, es atenuado mediante el humor que proporciona el desvío de la atención desde los

---

graciosa burla" (*Noches* 364). Otros ejemplos del mismo autor en *Tardes* 86, 204, 296.

dramáticos sucesos al desbaratado estilo de un historiador hiperbólico y mentiroso por naturaleza.[4]

Otro de los pasajes del *Quijote* cuya verosimilitud se somete básicamente al empleo de la retórica y los preceptos genéricos es el de los múltiples encuentros casuales que se producen en los capítulos de Sierra Morena y de la venta (capítulos XXVIII-XXXVI de la parte I). En Sierra Morena se produce el encuentro fortuito entre Cardenio y Dorotea; en la venta se resolverán sus historias paralelas al reconocer en dos de los nuevos huéspedes a precisamente sus respectivos amantes, Luscinda y don Fernando. Como respuesta a una convención genérica, los encuentros fortuitos y las anagnórisis de estos capítulos de la venta debieron ser para el lector áureo perfectamente verosímiles. En efecto, la anagnórisis, concepto desarrollado a nivel teórico ya desde Aristóteles,[5] era resolución previsible de muchas complicaciones argumentales, especialmente en la épica y el teatro. A partir de esos parámetros, Cervantes intenta, como en casi todas las ocasiones que le ofrece su novela cumbre, llevar esta técnica al extremo: plantea una historia doble (la de Cardenio y Dorotea), que logra insertar a la perfección en la trama principal de la novela (Dorotea como princesa Micomicona) y que consigue culminar con una anagnórisis también doble. Este carácter virtuosístico de la narración vendría reforzado por dos detalles significativos. Primero, las reacciones de los personajes y espectadores de los sucesos de la venta son de continua admiración y perplejidad, pues todos los personajes mudan de color, se admiran, lloran o se desmayan (II: 442). Segundo, la resolución de los acontecimientos se basa en unos pocos discursos de carácter altamente retórico y estilo elevado. La trama, intrincada y de consecuencias morbosas

---

[4] Otros ejemplos que acusan a Cide Hamete de mentiroso por su desproporción retórica son analizados por Gerli, *Refiguring Authority* 72-74. Es frecuente en las obras de Cervantes, asimismo, la figura del personaje que enmienda o hace especial hincapié en el modo de contar de otro personaje. Ejemplos paradigmáticos los representan Cipión y Berganza en "El coloquio de los perros" de las *Novelas ejemplares* (véase Rey Hazas, "Género y estructura") y la narración de Periandro en el *Persiles* (véase Forcione, *Cervantes*, ch. VI), aunque el procedimiento es utilizado repetidamente por Cervantes en *Quijote* II, 225 ss., 263 ss., 378 ss. y 397-99, entre otros lugares.

[5] El reconocimiento, anagnórisis o agnición es un mecanismo descrito por Aristóteles en su *Poética* y ampliamente glosado por sus comentaristas áureos. El desarrollo más apurado del tema es, por lo que conozco, el realizado por Juan Pablo Mártir Rizo en su *Poética de Aristóteles traducida de latín* (1623): "La agnición es transmutación de inteligencia del no saber alguna cosa al venir en conocimiento de la misma." A continuación, Mártir Rizo describe cinco modos de reconocimiento: por señales, por señales fingidas artificiosamente por el poeta, por rememoración, por silogismo y por paralogismo (Porqueras Mayo, *TeMB* 97-98). El recurso es profusamente utilizado, podría decirse que casi sin excepción, por toda la novelística seiscentista; en el mismo *Quijote* aparece de nuevo, por ejemplo, cuando el caballero de los Espejos es reconocido por don Quijote como Sansón Carrasco (II: 130) y en el momento en que Sancho reconoce al morisco Ricote y a su hija Ana Félix (II: 513).

hasta aquel momento, alcanza un final plenamente satisfactorio para todos los implicados gracias únicamente a los cortos parlamentos de los personajes femeninos, Luscinda primero y Dorotea después. Las intervenciones retóricas de las dos mujeres consiguen que don Fernando deponga su actitud y acepte por fin el matrimonio con Dorotea (II: 442-44). Cervantes, pues, hace depender de la efectividad de estos breves discursos la resolución de un argumento que hasta entonces rayaba en lo truculento, enfatizando así la importancia del modo en que se dice (o cuenta) algo. Ciertamente, el autor—los personajes de la historia—habría de ofrecer lo máximo de su capacidad retórica para dar un final convincente, en apenas unos párrafos de oratoria más o menos encubierta, a unas historias cruzadas entre sí e intercaladas, a su vez, a una trama mayor, la de don Quijote. El encuentro casual entre los cuatro implicados y su posterior reconocimiento mutuo, que de seguro admirarían al lector de la época, era la culminación necesaria y verosímil de un argumento virtuosísticamente planeado por el autor. Lo verosímil quedaba así a salvo, protegido por una filigrana retórica a la cual el receptor seiscentista estaría gratamente habituado, favorablemente predispuesto.

Una vez aceptada la estrecha relación áurea entre la verosimilitud y la retórica en forma de preceptos genéricos, estilísticos y estructurales, es necesario identificar los elementos más importantes de lo verosímil retórico. Partiendo de que todas las reglas de estilo y todos los preceptos de género literario pueden tener por objeto, entre otros posibles, el de construir un discurso verosímil, el presente estudio se va a centrar sólo en las reglas retóricas y de género literario más relevantes para la verosimilitud.[6]

Fray Francisco González, en la "Carta encomial y apologética" que escribió como prólogo a *Los amantes de Teruel* (1616) de Juan Yagüe de Salas, condensa lo que para él son los dos puntos más significativos de lo verosímil retórico. Fray Francisco alude primero al problema de la relación entre los episodios o acciones secundarias y el argumento principal. Según él, la construcción de la fábula debe realizarse

> sin perder la esencia de la acción, haciéndola varia, perturbadora, quietadora, admirable, verisímil y proporcionada, dilatándola al término necesario, con los episodios tan justos y unidos y que dicen con el argumento de tal suerte, que, si se quitasen, quedaría la acción ni sobrada ni manca, capaz para poder arrimarle otros y otros.

---

[6] Estos aspectos teóricos se refieren en la mayoría de los casos al teatro y a la poesía épica, pero son aplicables por igual a la prosa. Por consiguiente, se dejan de lado debates específicos más propios del lenguaje poético, como por ejemplo el de la *perspicuitas* frente a la *obscuritas* (ver Carrillo y Sotomayor para un acercamiento coetáneo a la cuestión).

La coherencia interna de una obra se articula, pues, en un doble sentido: de una parte, la secuencia de las acciones debe ser lógica y necesaria, según el concepto aristotélico de necesidad; y de otra, debe conjugar la unidad y la variedad. Además de lo necesario y lo vario, Fray Francisco afirma respecto a *Los amantes de Teruel* que Juan Yagüe de Salas ha sabido mantener el otro principio fundamental de la retórica, el del decoro,

> imitando en la verosimilitud a la naturaleza a veces y a veces al arte, guardando el decoro en ella [la historia], y, en las personas que introduce en género, edad, hábito, lenguaje, estado, tiempo y lugar. (*TeRM* 381)

Junto a la construcción de la trama, el decoro o adecuación entre lo que se pretende contar o describir y su expresión lingüística desempeña un papel importante para lo verosímil retórico. El decoro se articula a su vez en dos sentidos: primero, la imitación verosímil no sólo se ocupa de la naturaleza, sino también del arte, es decir, de modelos literarios previos o de otras manifestaciones artísticas, como la pintura. Segundo, los personajes ficticios deben hablar y comportarse respetando el decoro a su "género, edad, hábito, lenguaje, estado, tiempo y lugar." Estos dos puntos forman el núcleo esencial de lo verosímil retórico: por una parte, la coherencia interna de las acciones de una obra, basada en la necesidad aristotélica y la cuestión de lo uno y lo vario; y por otra el decoro, basado en la imitación de modelos literarios prestigiosos y en la adecuación entre el estilo de un personaje y su condición. Dependientes de estos dos aspectos fundamentales, se articulan otras reglas retóricas tales como el uso de la hipérbole y la construcción de la historia,[7] que aunque refuerzan el poder del discurso y contribuyen a lograr la verosimilitud, no se van a desarrollar aquí a nivel teórico para no convertir el presente trabajo en un tratado de retórica camuflado. Este capítulo se limitará a estudiar la coherencia interna y el decoro en su relación con la verosimilitud.

Lo necesario, una regla aristotélica que obliga a que el orden temporal de la acción—sea natural o artificial—siga una secuencia lógica, gozó de una extraordinaria atención entre los críticos aurisecculares. Juan Pablo Mártir Rizo, en su *Poética de Aristóteles traducida de latín* (1623), estudia el tema con amplitud, probando la relación entre lo necesario y lo verosímil.[8] En referencia a la épica, Mártir Rizo afirma que la necesidad se obtiene "de las cosas dependientes las unas de las otras verisímil-

---

[7] Me refiero aquí a puntos como, por ejemplo, el orden en que se narra los acontecimientos (natural o artificial, comenzando por el medio, el final o el principio) y el marco narrativo (para la relación entre verosimilitud y la seriación en que se presentan las historias intercaladas, ver Pedro Ruiz Pérez, "La historicidad del discurso" 212 ss.).

[8] En *Teoría* (203, nota 1), Riley ofrece una sucinta bibliografía italiana sobre esta conexión entre necesidad y verosimilitud: Giraldi (*Dei romanzi*, Venecia, 1554, 54), Minturno (*L'arte poetica*, Venecia, 1563, 10) y Tasso (*Del poema heroico*, *Opere*, ed. Florencia, 1724, III: 72).

mente por una cierta subcesión" (*TeMB* 98). Siempre que se respete esa ligazón lógica entre las acciones mediante "una cierta subcesión," la obra debe ser tan variada como el mantenimiento de la unidad permita. Así, "la fábula heroica debe ser fabricada y adornada con episodios y con varias interposiciones, pero verisímiles y necesarios" (*TeMB* 98). Esta cuestión de la necesidad y de la introducción en la trama principal de episodios secundarios, que tanto preocupó a Cervantes en la segunda parte del *Quijote* con respecto a la primera (cap. III, 50-52, cap. XLIV, 349-50), también afectó a los debates en Italia sobre la verosimilitud de la épica clásica. Al respecto de Virgilio, Mártir Rizo apoya la opinión de Speroni de que el segundo libro de la *Eneida*, el episodio de los amores entre Dido y Eneas, es necesario a la obra, a pesar de que algunos lo habían criticado por incoherente y superfluo. Según Mártir Rizo, "Speron Speroni es de opinión que sea muy necesario [el libro II] para defender a Eneas de la imputación de traición y para hacer verisímiles los amores de Dido, que se aficionase no de un traidor, sino de un hombre valeroso, de suma justicia, de suma piedad y de suma religión" (*TeMB* 98-99). Para Speroni, el libro II de la *Eneida* es necesario para redimir a Eneas de la ignominiosa condición de traidor y mostrarlo como un hombre justo, digno de enamorar a la reina Dido. De similar modo, a quienes cuestionan los sucesos que siguen al pacto entre Aquiles y Agamenón en la *Ilíada* de Homero, Mártir Rizo responde con el mismo argumento de necesidad y verosimilitud:

> la acción de la fábula de la *Ilíada*, la cual no sería toda ni perfectamente cumplida, si a la reconciliación de Aquiles con Agamenón no se siguiesen todas estas partes como necesariamente allegadas, que manifiestan la verdadera, leal y no fingida ni disimulada reconciliación. (*TeMB* 89)

Es según Mártir Rizo esta necesidad con que se allegan las partes a la acción de la fábula la que ostenta un poder cohesionador capaz de ofrecer una imagen "verdadera, leal y no fingida ni disimulada" de la reconciliación.[9] Así, para acreditar la verdad poética de los hechos, Mártir Rizo se basa en un criterio de coherencia interna y de unidad dentro de la variedad, lo cual se consigue mediante lo necesario de la relación entre unas acciones y otras, entre los episodios y la trama principal. Además, son la necesidad y la coherencia las que, insistiendo sobre el poema heroico, permiten que una acción parezca posible al receptor: "debe ser la fábula posible, y será tal si su acción principal se parece a las otras acciones sucedidas" (96). Mártir Rizo reconoce así que la posibilidad no depende sólo de las similitudes entre lo relatado y la verdad histórica o la moral, sino también de la necesaria unidad entre los

---

[9] F. Robortello va todavía más allá. En su *In librum Aristotelis de arte poetica explicationes*, 1548, 175, llega a identificar lo necesario con las acciones verdaderas, y las acciones inventadas con aquellas probables o verosímiles (Weinberg, *A History* 395).

varios episodios y la acción principal.[10] Así, tanto la credibilidad como la posibilidad de los sucesos épicos se hacen depender más que de la fidelidad a verdades externas como la histórica, del poder del discurso articulado por la cohesión interna y la necesidad, o, en otras palabras, por una verosimilitud esencialmente retórica.

Con respecto al teatro, Jusepe González de Salas aborda también la cuestión de la necesidad en la *Nueva idea de la tragedia antigua* y la relaciona a través de Aristóteles a la verosimilitud. Primero, el teórico define la necesidad como una "coherencia entre las partes que forman el todo de la acción de la fábula" y afirma que debe existir "aun en los mismos episodios." Como en la épica, "los episodios son aquellas digresiones que se introducen entre la acción principal de la fábula." Siguiendo a Aristóteles, González de Salas advierte que los episodios "son abominables cuando no se juntan o asen a la fábula de manera que parezcan partes necesarias de ella o que tengan verosimilitud de ser necesarias" (*Preceptiva* 256). Por lo tanto, la necesidad importa a la unión de las partes a fin de conformar un todo y lograr la unidad dentro de la variedad. De esta coherencia nace lo verosímil, como afirma Edward C. Riley en su interpretación de las palabras de Salas: "Verisimilitude... is a paramount quality of the poem. It means whatever is poetically necessary in the action of the poem" ("Dramatic Theories of Don Jusepe Antonio González de Salas" 191).

Con todo, Francisco de Cascales (*Tablas*, 1617) es quien ha dado probablemente una definición más exhaustiva y clara de la necesidad y la cuestión de lo uno y lo vario como parte de lo verosímil, aspectos que tanto preocuparon a los novelistas en general—piénsese en el *Lazarillo* y el *Guzmán de Alfarache*, por ejemplo—, y en particular a Cervantes—especialmente con respecto al *Quijote*. Según Cascales, el cuerpo poético debe estar compuesto de diversas partes, pero

> todas deben tirar a un blanco y estar entre sí tan admirablemente unidas, que de la una, verisímil y necesariamente, se siga la otra. Y en suma, aquello que está compuesto de varias cosas ha de estar tan unido en ellas, que quitando o mudando alguna parte, quede el todo imperfecto y manco. (*TeRM* 394)

La variedad de que se compone una obra debe estar tan "verisímil y necesariamente" unida que al alterar el orden o suprimir algún episodio "quede el todo imperfecto y manco." Para lograr lo verosímil es imprescindible establecer una secuencia lógica de los acontecimientos, de forma que unos se sigan a otros, que todos se articulen concertadamente como "miembros de un mismo cuerpo" (*Tablas*

---

[10] En el mismo sentido afirma Pozuelo Yvancos: "No creo que el concepto de 'necesario' sea un concepto ético, como lo interpreta Vattino y otros muchos: es un concepto estructural y se ejecuta estéticamente como principio de coherencia, de previsibilidad, en el ordenamiento de hechos, e interdependiente con el de verosimilitud" (*Poética de la ficción* 58).

poéticas 66). A continuación, Cascales establece una diferencia de grado entre lo verosímil y lo necesario:

> "Verisímil" es quando pende una cosa de otra al parecer, aunque puede faltar aquello, como: está amarillo y descolorido, luego ama; anda peinado y oloroso, luego es lascivo. Esto, aunque puede salir verdad, también puede ser falsa coniectura. "Necessario" es quando una cosa pende de otra: tiene leche, luego a parido; el sol luze, luego de día es. Esto es forçoso que sea, y es consequencia de la naturaleza. (*Tablas poéticas* 66-67)

Cascales probablemente sigue en esta curiosa distinción a Riccoboni, quien ejemplifica la diferencia entre lo verosímil y necesario de este modo: un ataque a la cabeza no conduce necesaria, aunque sí verosímilmente, a la muerte; uno al corazón, por el contrario, es necesariamente letal (Weinberg, *A History* 606-07). El hecho de que lo verosímil y lo necesario se presenten por separado no implica dejar de considerar a uno, la necesidad, como parte integrante del otro, la verosimilitud. En efecto, la diferencia entre ambos conceptos es de grado y no sustancial: los dos suponen que "una cosa pende de otra," aunque lo necesario exige esa conexión y lo verosímil solamente la supone. Ambos conceptos, ciertamente, velan por la cohesión interna, por la causalidad lógica en las acciones, tiempo y espacio de la obra literaria, por lo cual la necesidad se integra en el paradigma mayor de la verosimilitud como un rasgo efectivo y seguro de éste, pues lo necesario siempre ha de ser en buena lógica verosímil.

La coherencia y la necesidad son en efecto utilizadas por los escritores áureos con el fin de dotar de verosimilitud a sus obras. Además de que se intenta, por supuesto, evitar las contradicciones temporales y de argumento, también se hacen esfuerzos en ocasiones por hacer explícitas las causas necesarias de hechos que, sin ser inverosímiles, podrían sembrar dudas en los receptores. Así ocurre por ejemplo en la quinta novela de las *Tardes entretenidas* de Castillo Solórzano, "El culto graduado." En general, en las colecciones de novela corta nunca se informa de si el narrador de la novela en cuestión se apoya en un texto escrito o no. De memoria, es improbable que nadie pudiese recordar todos los versos y las citas que se incluyen en el texto, hecho que podría poner en peligro la verosimilitud y que sin embargo se acepta normalmente como una convención que no necesita ser justificada. En "El culto graduado," no obstante, el narrador reconoce al principio que trae la novela escrita "temiendo no me falte a la memoria a la mejor sazón, como muchas vezes suele acontecer" (306).[11] De similar modo, Cervantes resuelve el babélico *Persiles*,

---

[11] Otros ejemplos similares de personajes o narradores que reconocen contar o recitar gracias a que han aprendido el texto de memoria, en Castillo Solórzano, *Noches* 28, y *Novelas amorosas* 179-80, 187, 193, 207.

en el que se recorren diversos territorios y se comunican personas de diferentes culturas, con afirmaciones constantes de que los personajes conocen la lengua en que se supone que están hablando: son nativos del lugar, la han estudiado, tienen gran facilidad para aprenderlas...[12]

Los narradores también utilizan el argumento de la coherencia y la necesidad a fin de salvar algunos escollos para la credibilidad de su historia. Por ejemplo, y de nuevo en referencia a Castillo Solórozano, en "El socorro en el peligro" el caballero don Fernando se desposa con la bellísima doña Dorotea obligado por las circunstancias, pues en realidad él ama a la indiana doña Leonor, muy inferior a Dorotea física y socialmente. Para darle una explicación lógica al conflicto creado por este desigual triángulo amoroso, el narrador se ve forzado a explicar la ceguera de don Fernando ante la obvia superioridad social, física y consecuentemente moral de su esposa sobre la de su amante indiana. Castillo Solórzano intenta resolver el aprieto con la siguiente apostilla:

> No le pareció al recién venido caballero [don Fernando] doña Dorotea tan hermosa como doña Leonor, que así se llamaba la indiana dama, y esto se le atribuía a la pasión de enamorado, porque en rigor eran grandes las ventajas que le hacía Dorotea a la recién venida. (*Tardes entretenidas* 267)

Para reforzar lo necesario del conflicto amoroso, el narrador ha de explicar que la "pasión de enamorado" ciega al caballero y le impide aceptar de buena fe su ventajoso matrimonio. Especificar la causa de una acción ilógica a ojos del receptor se convierte así en una clave de verosimilitud que asegura la coherencia interna de la trama y su credibilidad.

No todos los escritores supieron recurrir a la necesidad con argumentos sutiles y sólidos. El mismo objetivo de coherencia y verosimilitud podía convertirse en manos de escritores menos dotados en argumentos que quiebran más que sustentan la credibilidad de la historia. En la larga novela de Juan de Piña, *Casos prodigiosos y Cueva Encantada*, el protagonista es un joven noble, don Juan, prometido con doña Leonor, rico y feliz, quien sin embargo deja todo para salir hacia Francia en busca de aventuras. A la incomprensible decisión del joven, importantísima porque constituye todo el meollo de la novela, el autor no termina de encontrarle una causa necesaria. En su lugar, aduce el ansia del protagonista por adquirir fama "a imitación de los caballeros andantes de otros siglos" (114):

---

[12] Desde el comienzo del libro, las alusiones a la lengua en que se comunican los personajes y a las circunstancias que permiten esa comunicación son constantes: ver 62, 85, 96, 106, 107, etc.

> ¡Oh, locuras de la vida! Don Juan rico, noble, caballero, dama hermosa, discreta, y al igual de su imaginación, que parecía haberla hecho el cielo a sus puras imaginaciones, ¿qué iba a buscar? Peligros, daños, traiciones, prodigios, desdichas en la tierra y en el mar. Dudoso el suceso no triunfa la fama... la fama le sacó de su patria. (99-100)

Para conseguir la fama el caballero debe enfrentarse a los más graves y diversos peligros sin ninguna sombra de duda acerca de sus intenciones. Según Piña, la gratuidad del riesgo y el abandono voluntario de una cómoda vida feliz son la mayor garantía para alcanzar la fama, y esta es la única causa (in)necesaria que motiva los disparatados sucesos de la novela. A la exagerada ansia de fama por parte del protagonista, que poco dice sobre la necesidad de los hechos y la coherencia interna de la trama, el autor une un estilo no menos alambicado y artificial, decoroso a su manera con respecto a la nobleza supina, hiperbólica de don Juan. El poder del discurso se reduce en este caso a un intento torpe por esbozar una verosimilitud retórica deformada por una causalidad poco creíble y un estilo impenetrable.

La verosimilitud lograda mediante la necesidad y la coherencia fue unida ya por Miguel de Salinas en su *Retórica* de 1541 al otro concepto fundamental de lo verosímil retórico, el decoro. Para conseguir la verdad poética, según Salinas, es fundamental eliminar toda contradicción interna en un doble sentido:

> Verosímil será si dijéremos cosa natural y que comúnmente suele acaecer, y si no se contradice uno a otro por razón de los tiempos en que decimos que pasaron, y de las otras circunstancias, que parezca no poder ser hecho o dicho por personas de tal cualidad y en tal tiempo y lugar. (84)[13]

La verosimilitud se obtiene según Salinas de lo natural y lo común (cualidades que el escritor barroco sustituirá por lo peregrino y excepcional). Entre las posibles inverosimilitudes contra las que advierte Salinas, sin embargo, está no sólo la de una ilógica secuencia temporal, sino también la falta de adecuación entre lo que hacen y dicen las personas y su condición personal, social (su "cualidad"). Junto al criterio de necesidad y coherencia temporal, por lo tanto, se apunta el de otro aspecto esencial de lo verosímil retórico: el decoro. Como Salinas, también Juan Luis Vives agrupa en la "Octava condición" de las diez que cierran el libelo *La Verdad embadurnada* de 1522 los términos de verosimilitud, congruencia y decoro:

---

[13] Similares ideas repiten otros tratadistas de la retórica, como AntopnioLlul en el libro VII de su *De Oratione Libri Septem*, Basilea, 1558 (?), y Juan de Guzmán, *Primera parte de la Retórica*, Alcalá, 1589 (López-Grigera 354).

> Si en la compostura y afeite de la Verdad no existe verosimilitud ni congruencia ni decoro, la obra disonante, absurda, ridícula, que de ahí naciere, debe ser pateada, debe ser silbada, debe ser rechazada inexorablemente. (I: 892)

El juicio de Vives es severo contra la ficción que es inverosímil por su falta de coherencia y decoro, pero implica a la inversa que la obra congruente, decorosa, verosímil, es perfectamente legítima aun siendo ésta una verdad fingida y artificial. La relación entre coherencia y decoro es en cualquier caso estrecha para Vives, pues ambas contribuyen a construir la verosimilitud mucho más que factores externos tales como la moral o la historicidad de los hechos.[14]

El decoro carece de una definición estricta, pero a grandes rasgos se puede entender como la correspondencia entre la caracterización interna del personaje y la externa, como estableció Horacio en su *Poética* (vv. 114 ss., 133 ss.). En otras palabras: la forma de ser del sujeto debe manifestarse de forma coherente en su comportamiento, apariencia y expresión. Siendo el decoro uno de los factores principales de lo verosímil, como reconocen Fray Francisco González, Salinas, Vives y Valdés entre otros,[15] lograr este equilibrio en la caracterización del personaje supone dotarlo de verosimilitud. Sin embargo, para lograr lo verosímil decoroso entran en juego elementos muy diversos, a veces incluso contradictorios, y que varían según los diferentes teóricos. Según Maxime Chevalier, Sebastián de Covarrubias ofrece una definición del decoro más preocupada por la moral que por la estética literaria. Desde esta perspectiva predominantemente ética, el decoro se basa fundamentalmente en el respeto a la moral y a "los mayores y personas graves," como doncellas y nobles (5), y hace que teóricos como Gracián Dantisco recomiende en su *Galateo español* el uso del eufemismo (13).[16] Como segunda acepción del término, más utilizada durante el Siglo de Oro, Chevalier define el decoro a partir de Valdés (y en la

---

[14] A pesar de que autores como Alban Forcione insisten en la postura intransigente de Vives contra la ficción de fines no estrictamente didácticos (*Cervantes, Aristotle* 17, nota 10), la actitud del filósofo valenciano ante la ficción se demuestra más ambigua en pasajes como el citado. Ya Francisco José León Tello acertó a matizar la postura de Vives en su artículo de 1962 "Vives y la estética del Renacimiento" (516-17). Similar es el caso de la actitud de Juan de Valdés respecto a los libros de caballería; ver los comentarios sobre el tema de Marcel Bataillon (*Erasmo y España* 619) y de Cristina Barbolani en el estudio introductorio a su edición del *Diálogo de la lengua* (84 ss.).

[15] Para un espléndido análisis de la relación entre el estilo de una obra y la verosimilitud, ver Edward C. Riley, *Cervantes's Theory*, ch. 4, "The form of the work."

[16] Los teóricos más importantes de la Edad Media dotan al término de ciertas resonancias morales que se prolongarán hasta el Siglo de Oro, como se verá más adelante. San Isidoro, por ejemplo, interpreta "lo *decorum*" como "lo perfecto, es decir, lo que conviene a un ser" (Bruyne I: 90), y por supuesto dentro de esa perfección y conveniencia para el ser se incluye la perfección moral.

tradición horaciana) como una adecuación entre la "manera de vivir" de un personaje y el "estado y condición que tiene" (5).[17]

Desarrollando esta última noción horaciana, lo verosímil decoroso debe ajustarse en el contexto del Renacimiento europeo, según explica Vernon Hall, a básicamente tres aspectos del personaje: su origen social, su psicología y el género literario en el que aparece (57-60, 128-30). Además de la procedencia social del personaje y de su carácter, Horacio ya aconsejaba mantenerse fiel a una tradición literaria, a unos preceptos de género establecidos que determinarían el tema, los personajes y su tratamiento (vv. 86-98 y 119-27; Aristóteles, Horacio, *Artes poéticas* 132-33). Este punto ha sido enfatizado modernamente por Tzevan Todorov al destacar la importancia del género literario como factor de la verosimilitud. Para Todorov, la verosimilitud consta de cinco niveles, tres de los cuales se refieren al género literario: lo verosímil puede responder tanto al mundo real o cultural de una época, como a las convenciones internas del género, a la alusión explícita de esas convenciones para reforzar la autoridad del texto, o a la intertextualidad (Culler 138-39). Aplicando este desarrollo estructuralista—horaciano en primer término—de lo verosímil, es incorrecto pensar que el decoro se construye pasivamente como simple respuesta a unas reglas externas al discurso literario (sociales, morales, psicológicas...). En otras palabras: el modo de expresión del personaje no sólo es determinado por su origen social, edad o psicología, sino también, auto-reflexivamente, por reglas internas a su tradición y género literario. El lenguaje y la *imitatio* de modelos literarios previos son en ese sentido tan fundamentales para el decoro como la ascendencia social o el carácter del personaje.

El respeto al decoro obliga al escritor en la mayoría de los casos a someterse a la teoría de los tres estilos: el bajo, el medio o el alto. Esta teoría proviene de lo que en la Edad Media se estudiaba como la rueda de Virgilio. A las *Bucólicas* les correspondían unos personajes, temas y estilo humildes; a las *Geórgicas*, medios; y a la

---

[17] En el caso del teatro, especialmente el palaciego, se podía producir una situación curiosa: el decoro no debía guardarse sólo respecto al personaje representado, sino también a la persona real que lo representaba. En la relación en prosa de *La gloria de Niquea* (1622), invención palaciega del Conde de Villamediana interpretada por damas de la Corte—entre ellas la Reina y su hija—, Antonio Hurtado de Mendoza afirma respecto a la reprimenda del celoso Amadís contra Niquea (interpretada por la Infanta de España): "como las figuras desta representación excedían a la grandeza de lo figurado no atendían los versos a lo prometido de la historia, sino al respeto de los personajes, y Amadís en corteses rendimientos intentaba que agradeciese Niquea más sus cuidados" (*Obras poéticas* 20; ver también 22, sobre el diálogo entre Lurcano y Albida). Según Hurtado de Mendoza, lo verosímil decoroso es respetado porque la nobleza de las actrices de la obra transforma lo que debía ser una discusión entre dos personajes, en una sucesión de razonamientos extremadamente corteses y alambicados. Más que a la historia y sus personajes, pues, el estilo se adecúa aquí a la calidad de los representantes.

Eneida, de personajes y temas épicos, un lenguaje alto. Los nobles protagonistas de la mayor parte de las novelas cortas deben utilizar por lo tanto un estilo elevado. Por ello, lo verosímil es que se expresen mediante diálogos artificiosos e intrincados, con elaborados monólogos o con "billetes" de gran complejidad estilística. Para la época, la nobleza del personaje exige verosímilmente el retoricismo más o menos extremo de su expresión; en otras palabras, el estilo por sí solo implica un determinado estatus social.

Por la misma regla de tres, los personajes de extracción social humilde son caracterizados opuestamente a través de una expresión carente de cultismos o incluso vulgar. En "El Proteo de Madrid," por ejemplo, Castillo Solórzano se cuida de guardar el decoro cuando glosa las promesas de amor de Dominga, un personaje de baja clase social:

> Dominga no le prometió [a Marcos] ser una Porcia ni una Penélope, porque no sabía de historias, pero hallándose el ejemplo de paleta en las firmes peñas del encumbrado puerto, le dijo que en su amor sería más constante que ellas. (*Tardes* 156-57)

En sentido inverso, en una de las *Novelas a Marcia Leonarda,* "La más prudente venganza," la criada Fenisa intenta convencer a Laura sobre la calidad del amor de Lisardo. Su interesada mediación es delatada por la impropiedad del lenguaje que utiliza:

> —... que vos sola en Sevilla merecéis el desatinado amor con que os adora.
> —¿Con que me adora?—dijo riéndose Laura—. ¿Quién te ha enseñado a ti ese lenguaje? ¿No basta que me quiera? (Lope, *Novelas a Marcia* 149)

La relación entre el lenguaje, la clase social y la apariencia se llevó a una complicación extrema en algunos casos, como sobre todo en la ficción pastoril, donde algunos personajes nobles se disfrazan de rústicos. Por ejemplo, en "La villana de Pinto" de Juan Pérez de Montalbán (*Sucesos y prodigios de amor*), el noble Cardenio enamora a la campesina Silvia en hábito de pastor. A la cita que conciertan para esa misma noche, el galán acude vestido con lujosas ropas, como corresponde a su estatus social. Silvia, creyendo que se encuentra ante alguien diferente del pastor de quien se enamoró, rechaza a su pretendiente. Si bien el estilo empleado por Cardenio es el mismo como noble que como pastor, su apariencia externa provoca el rechazo de la amada, quien no es capaz de reconocerlo:

> Cardenio fue el que habló a Silvia la pasada tarde y el que la habla agora; entonces villano, y agora caballero; el mismo entendimiento tiene, y aun mejor, porque está en hábito más a propósito para la inclinación de Silvia; pues ¿cómo

le desagrada el mismo que le ha parecido bien? Milagros son de la voluntad, que todas las cosas que mira en el sujeto que estima las califica por acertadas y cuerdas…; pues Silvia estaba tan pagada de su Cardenio que, con ser el mismo el que la estaba hablando, sólo porque la imaginaba como otro la ofendía, y tanto, que le respondió resueltamente no se cansase. (531)

En verdad, la situación podría comportar un grave problema de inverosimilitud: si Silvia rechaza a Cardenio por vestir como un noble, habiéndose enamorado de un villano, ¿cómo ella no se percató de la clase social del galán por su forma de hablar? ¿Acaso no hay diferencia alguna entre el lenguaje de un pastor y un noble? ¿Pudo ser tomado Cardenio por un pastor real a pesar de su estilo cortesano? La respuesta a estas preguntas llega unas páginas después: si bien criada en el campo, Silvia era también, sin saberlo, de origen noble, y como tal había sido educada de modo cortesano. Así se explica que se enamorara del villano que hablaba retóricamente, y que sin embargo rechazara al mismo Cardenio vestido como miembro de la nobleza. Con esta estrategia—el origen noble ignorado por Silvia—, el decoro queda parcialmente salvado; a pesar de todo, sin duda, lo verosímil aún se resiente de una situación improbable por la que, de un lado, Silvia no reconoce a su amado con el cambio de hábito, y, de otro, es educada cortesanamente en un ambiente rústico sin percatarse de su origen noble ni entrar en contacto con pastores de estilo bajo.

Es precisamente por medio de estos resquicios de inverosimilitud por donde puede apreciarse mejor el inmenso poder del discurso, que en el período barroco alcanza un nivel de alambicamiento e hinchazón retórica hasta entonces desconocido. En efecto, la *amplificatio* retórica, que abunda en la novela en forma de sobrecarga de epítetos y otras figuras exuberantes, era requisito imprescindible para alcanzar la verosimilitud de una historia sobre personajes nobles, especialmente si la materia tratada era "grave," esto es, si contenía un cierto trasfondo moral, político o filosófico. Lo verosímil y necesario de la *amplificatio* es entusiastamente defendido por Lope de Vega en su "Prólogo" a las *Rimas* de Juan de Arguijo:

> …altos y espaciosos árboles, hórridos montes, cultivadas plantas, doctas manos y adornados jardines. De manera que hay tantos epítetos como palabras, porque la amplificación es la más gallarda figura de la retórica y que más majestad causa a la oración culta. (Ynduráin 12)

A estos efectos de admiración por el estilo en que una obra está escrita, se añade el crédito que una expresión culta y refinada proporcionaba *per se*. Esto es especialmente válido en el juego amoroso que encontramos en la novela corta. La forma de hablar, escribir o cantar de los personajes importaba en el enamoramiento tanto o más que lo que se dijera. Un ejemplo escogido casi al azar es este de "Los dos soles de Toledo" de Alonso de Alcalá y Herrera:

[Lope a Mitilene]... porfió y con retórico estilo y primorosos conceptos le refirió los efectos del fervoroso incendio de su pecho; y viendo en el crédito que se le dio lucir su intento, prosiguió solícito su discurso y juró de ser firme si se viese correspondido. (*Novelas amorosas* 208)

El "retórico estilo y [los] primorosos conceptos" son por lo tanto fuente de "crédito" y verosimilitud.[18] Al vencer la resistencia de la dama, no sólo se confirman como un poderoso instrumento persuasor, sino que además establecen un paralelismo inequívoco entre retórica y nobleza de sangre y de espíritu. Hablar, escribir bien es prueba de calidad personal, y por ello los narradores mismos son los primeros interesados en tratar materias y personajes elevados mediante un estilo igualmente alto. Juan de Piña reconoce que en sus *Casos prodigiosos* ha empleado "el más ilustre y peregrino lenguaje que ha sido posible" (306), por lo que su estilo excesivo se explica en realidad como una consciente intención de llevar al límite el poder del discurso mediante una retórica de la hipérbole.

Al arrastrar el lenguaje al mismo extremo de la inteligibilidad, el autor áureo experimenta con el concepto de decoro formulado por la teoría de la época. La adecuación del tema a su expresión obliga a que las materias graves, altas, sean expresadas en un estilo alambicado. La importancia de esa conexión es constantemente realzada por los autores del momento. Por ejemplo, en la quinta de las *Tardes entretenidas* de Castillo Solórzano, Octavio canta un romance antes de iniciarse la narración de la correspondiente novela, siendo descrita su interpretación en los siguientes términos: "La buena voz y donaire de los versos bien aplicados al asunto dio mucho gusto a los agradecidos oyentes" (305). Para agradar al público no sólo hay que tener "buena voz," sino también aplicar bien los versos "al asunto," esto es, acordar la expresión y el contenido, el fondo y la forma. De esta correspondencia precisa entre lo que se trata y cómo esa materia se expresa surge el decoro y, en consecuencia, la verosimilitud.

Por otra parte, algunos hechos admirables y raros se subordinan al poder persuasivo del estilo como único medio de lograr su credibilidad. Acciones que difícilmente se pueden justificar mediante la necesidad y la lógica interna de la trama se intentan hacer verosímiles mediante una expresión lingüística tan al límite de la verosimilitud como la historia misma. A la admiración extremada le corresponde en el plano estilístico la hipérbole, el cúmulo de figuras retóricas.

Si bien en esta máxima se basa el estilo de la mayoría de los novelistas barrocos—Piña es un caso realmente notable, en ese sentido—, un breve ejemplo de "El amor en la venganza" de Castillo Solórzano resulta especialmente ilustrativo.

---

[18] Algo parecido ocurre cuando, en las poesías que Mariana de Carvajal inserta al final de sus *Navidades de Madrid* (1663), don Enrique granjea "crédito de entendido" por cantar una jácara en su estilo apropiado, sabiendo "dar a cada cosa su sentido" (230).

El esposo de Isabela ha sido asesinado aparentemente por Eduardo, de quien la reciente viuda pretende vengarse apuñalándole. El joven noble es en realidad inocente, y para llevar al extremo el sentido de justicia divina, Castillo Solórzano plantea una escena difícilmente creíble. Isabela consigue acceso a la habitación de Eduardo, quien duerme; cuando se acerca a él puñal en mano, ve no al "hombre... fiero, robusto, de aspecto cruel" que había imaginado como asesino de su esposo,

> sino a un mancebo de treinta años, hermoso de rostro, con las mejillas vertiendo leche y sangre. Teníale el cansancio y calor encendida la cara, por la cual estaban esparcidos parte de sus cabellos, con que acrecentaba más su perfección. Los brazos tenía desnudos, descubriendo en ellos la proporción bastante para por ella sacar cuál sería la perfecta de su cuerpo. Atenta se puso la hermosa Isabela a contemplar al dormido caballero, y fue tan poderosa la fuerza de su amable objeto, que excediendo a la de su venganza, olvidada de la ofensa del amor de su difunto esposo, y de lo que podían decir sus criados que esperaban afuera..., perdió su libertad, olvidó su rigor y adoró su gallardía sin hacer resistencia a ninguno de los inconvenientes que se le oponían, ratificando su buena elección cuanto más ocupaba la vista en el dormido joven. (*Tardes entretenidas* 78)

A la Isabela llena de ira y sed de venganza, con el puñal en alto, le basta apenas una ojeada al dormido Eduardo para transformar todo su odio en la capacidad no sólo de perdonar al supuesto asesino, sino incluso de enamorarse de él. El escritor tuvo que ser consciente de la dificultad de hacer verosímil una escena llevada tan al extremo, en la que no olvida mencionar tanto las expectativas de los "criados que esperaban afuera," como "los inconvenientes que se le oponían" a Isabela para amar al joven acusado de asesinar a su marido. ¿Cuál es entonces el recurso con el que, más o menos acertadamente, hacer verosímil el episodio sin atribuirlo a una intervención sobrenatural ni una causa necesaria y lógica? ¿En qué estrategia confía el autor para solventar un momento tan susceptible de ser inverosímil? Sólo parece quedarle a Castillo Solórzano un último recurso: el retórico, el poder del discurso para describir la belleza del joven Eduardo, espejo de su nobleza de espíritu y, en último término, de su inocencia. En efecto, el narrador concentra sus esfuerzos en describir al durmiente Eduardo. En su rostro, por el calor, se mezclan "leche y sangre," además de los cabellos esparcidos por la cara. A pesar de que está acostado, a través de sus brazos, que se señala tenía desnudos, se puede adivinar la "perfecta [proporción] de su cuerpo." Con estos dos detalles retóricos, la metáfora "vertiendo leche y sangre" por las mejillas y la sensual sinécdoque del brazo desnudo, el narrador considera afianzada la verosimilitud de un momento tan difícil de creer. Si bien la efectividad de sus recursos es dudosa, no cabe duda de que la confianza de Castillo Solórzano en lo verosímil retórico, en el poder del discurso en último término, es tan excesiva como su propia ansia de llevar la historia al límite de la admiración.[19]

Si la necesidad de contar lo raro y lo peregrino se acentúa con el Barroco, hasta degenerar en una incontrolable retórica de la hipérbole, el decoro plantea problemas graves desde el principio a un género en particular: la prosa pastoril. En la Arcadia, el espacio bucólico por excelencia, los pastores podían ser tanto rústicos como nobles disfrazados, al mismo tiempo que se disponía de modelos literarios tanto paródicos como serios.[20] Con un verosímil retórico fraccionado por diferentes criterios y posibilidades, el abanico de estilos y lenguajes que se encuentra en la prosa pastoril es verdaderamente único. Las páginas que siguen se dedican al análisis de ese desafío al poder y los límites del discurso en la (ir)realidad arcádica.

1.2 La lengua de los pastores en La Arcadia de Montemayor y Cervantes

En "El coloquio de los perros," la última de las *Novelas ejemplares* cervantinas, el perro Berganza afirma haber escuchado en una ocasión un libro de pastores leído en voz alta por su ama. Habiendo trabajado él mismo en el campo, se asombra Berganza de

> ...los diferentes tratos y ejercicios que mis pastores... tenían de aquellos que había oído leer que tenían los pastores de los libros; porque si los míos cantaban, no eran canciones acordadas y bien compuestas, sino un "Cata el lobo dó va, Juanica...," y otras cosas semejantes...; y no con voces delicadas, sonoras

---

[19] Algo similar ocurre en "La fantasma de Valencia" del mismo Castillo Solórzano, cuando don Gonzalo conoce a una dama pero se enamora de la amiga de ésta, doña Luisa, a quien sin embargo nunca ha visto. El narrador se ve en la necesidad de reforzar la verosimilitud del hecho: "y aquí salvo la objeción que me pueden poner si alguien notare cómo me pude enamorar de doña Luisa más que de su amiga no la habiendo visto, a lo cual respondo que por las señas que Oquendo, su escudero, me había dado de su hermoso rostro y color de pelo, puse los ojos en ella más que en su amiga, a quien aventajaba como lo hace el sol a las nocturnas estrellas" (*Novelas amorosas* 186). Mediante el efectivo discurso de Oquendo, el galán "[puso] los ojos" en una dama a quien no ha visto en persona, sino sólo a través de las poderosas palabras del escudero. Los casos en que un galán se enamora de su dama "ex-auditu"—esto es, de oídas y sin haberla visto nunca—gracias a la descripción de su belleza mediante un poderoso discurso no son extraños en la novela corta: además de este caso, ver entre otros Carvajal, "La industria vence desdenes," *Novelas amorosas* 246; y Ágreda y Vargas, "El hermano indiscreto," *Novelistas posteriores* 477.

[20] Utilizo el término "Arcadia" como sinónimo de las diversas y complejas convenciones artísticas que forman el mundo pastoril (o, por mejor decir y como se verá en este trabajo, los diferentes mundos pastoriles).

y admirables, sino con voces roncas que, solas o juntas, parecía no que cantaban, sino que gritaban o gruñían. (2: 308-09)

Berganza contrasta con ironía los dos extremos posibles del mundo pastoril. De un lado, los pastores de los libros entonan "canciones acordadas y bien compuestas," y lo hacen "con voces delicadas, sonoras y admirables." Del lado opuesto, los pastores del campo con los que ha estado el perro Berganza más bien "gritaban o gruñían" sus canciones populares sobre temas rústicos. Al señalar esta dicotomía aparentemente irreconciliable, Cervantes identifica las amenazas que pesan sobre la construcción de la verosimilitud en el caso pastoril. Los personajes de estas ficciones pueden ser, como reconoce Berganza, de dos tipos diametralmente opuestos: bien pastores iletrados y rústicos como los amos del perro cervantino; o bien nobles disfrazados que emplean su ocio en discusiones exquisitas sobre temas de índole filosófico.[21] En ambos casos, advierte Cervantes, lograr una construcción verosímil de la Arcadia se convierte en una tarea delicada, especialmente por cuanto se refiere al modo en que los personajes se expresan.

En la literatura pastoril, la expresión—lo que se dice y cómo se dice—es el factor primordial para caracterizar verosímilmente a los personajes. El discurso, más que ningún otro rasgo, es el que permite diferenciar al pastor rústico de su opuesto, el noble disfrazado. En *El laberinto de amor* del mismo Cervantes, por ejemplo, el Duque Anastasio, disfrazado de pastor, pide a Porcia, también disfrazada de pastor, que le cuente sus problemas amorosos. Porcia contesta que "ni vuestro traje me mueve, / ni mi deseo, a mostrar / lo que en silencio ha de estar." El Duque replica: "¿Tan mal os parece el traje?"; a lo que responde Porcia: "No, por cierto; porque veo / que de ese rústico aseo / es muy contrario el lenguaje" (423). No es el traje, ciertamente, lo que hace suponer a Porcia que puede hablar de sus elevados sentimientos amorosos con el Duque. Además del "rústico aseo" que no embrutece su imagen, es esencial el hecho de que el fingido pastor, el Duque Anastasio, se expresa en un lenguaje "muy contrario" al de un pastor rústico.[22] El caso opuesto lo presenta el mismo Cervantes en la comedia *Pedro de Urdemalas*. En la conversación entre Clemente y Pedro, el primero advierte al segundo: "Pues sabes que soy pastor / entona más bajo el punto, / habla con menos primor." A la pregunta de Pedro ("Que si eres… / Amadís o Galaor"), Clemente vuelve a recriminar a quien le habla

---

[21] En un agudo comentario de este pasaje, Américo Castro plantea la preocupación cervantina por la "doble verdad" de la literatura pastoril (36 ss.).

[22] Similar ejemplo de la misma obra cita Jean Canavaggio. Julia reconoce a Porcia como noble disfrazada: es "de caudal / mayor del que habéis mostrado; / si no, dígalo el lenguaje" (46). También en la anónima *Questión de amor*, Flamiano margina a un pastor por su simpleza en los siguientes términos: "O dot'a mal año a ti e a tu hablar, / vete al demonio tú e tus consejas." A otro pastor de estilo elevado le dice: "tú, Torino… habla conmigo… que ambos podremos mejor razonar" (Rohland de Langbehn 73).

más como noble que como rústico: "No soy sino Antón Clemente, / y andas, Pedro, impertinente / en hablar por tal camino." Por fin, Urdemalas ha de reconocer que "Pan por pan, vino por vino / se ha de hablar con esta gente" (vv. 36 ss.; 256). En verdad, esta adecuación entre el carácter del personaje y su modo de expresión formaba parte en la la época del concepto teórico-literario del decoro.

El decoro es un término que carece de una definición estricta, pero que a grandes rasgos se puede entender como la correspondencia entre la caracterización interna del personaje y la externa, esto es: la forma de ser del sujeto debe manifestarse de forma coherente en su comportamiento, apariencia y, fundamental para el género pastoril, en su expresión. Tomando en cuenta el origen social y la psicología del personaje, si un pastor es de origen humilde y es iletrado y simple, su estilo deberá ser rústico; y viceversa: el ocioso y culto noble disfrazado de pastor habrá de recurrir a un estilo elevado. En último término, esta dicotomía resulta tan simplificada como la del Berganza cervantino,[23] pues el tercer aspecto del decoro según la teoría de la época, el de género literario, es en la Arcadia especialmente activo y complejo.

Frente a quienes defienden la semejanza a la realidad como principal criterio de lo verosímil, en la literatura bucólica es el modo de expresión, mucho más que las ocupaciones, origen o psicología de los personajes, el que constituye en último término la identidad del sujeto y, por lo tanto, su verdad poética. Como afirma Mary Gaylord Randel en su estudio sobre *La Galatea* de Cervantes, la Arcadia es desde ese punto de vista esencialmente metapoética, pues se centra en "the power of poetry... [in] struggle with the very limits of language" (257). Siendo el discurso del personaje más importante que su origen social o psicología, el factor principal a tener en cuenta en el decoro pastoril es el de la adecuación del estilo al estilo mismo, del género bucólico a sus propias reglas. El modo de expresión es, así pues, un

---

[23] La oposición entre estilo elevado y humilde es más problemática de lo que afirma Berganza incluso para los mismos teóricos de la época. Para "E.K.," el anónimo prologuista de *The Shepeardes Calender* (1579) de Spenser, el mero empleo de arcaísmos hace más rústico el lenguaje bucólico, pues recrea el sabor aldeano imprimido por Teócrito al hacer hablar a sus pastores en el dialecto dórico (Conglewood 263-65, Hall 211-12). Además, el estilo humilde no equivale al estilo vulgar para teóricos como Herrera (Rhodes, "The Poetics" 143), Rapin (Conglewood 276-77), Cascales y Luzán (López Estrada, *Los libros* 472, 476). Marco G. Vida, por ejemplo, afirma que el estilo bajo puede incluir metáforas y otras figuras retóricas (López Estrada, *Los libros* 433). Alonso López Pinciano lo escinde en tres sub-estilos: el mayor, utilizado por los bucólicos o boyerizos; el mediano, por los ovejeros; y el menor, por los cabreros. La simplicidad, sigue el Pinciano, no le es esencial al estilo humilde, "porque a veces la pierde por deleitar más" (López Estrada, *Los libros* 467-68). Por último, el estilo humilde puede entenderse simplemente como el estilo no muy complejo—frente al virtuosismo formal empleado en la *Eneida*, por ejemplo—con el que el escritor neófito debe iniciarse en el arte literario (López Estrada, *Los libros* 432). Para otros ejemplos de escritores que se estrenaron en el campo novelístico con obras pastoriles, entre ellos Cervantes, ver Finello, *Pastoral* 182-83.

elemento narcisista y metapoético (Randel 254-55, 257; Rivers). En la literatura pastoril, lo verosímil proviene más que de reglas externas al lenguaje literario, de unas reglas internas por las que la ficción se deleita narcisistamente en sí misma. La sorprendente pervivencia y variedad de formas de lo que se ha llamado "the pastoral mode" (Toliver, Rhodes, "Sixteenth-Century Pastoral" 352-53, *The Pastoral Mode*) sólo puede responder a su auto-capacidad para dotarse de verosimilitud. A la Arcadia no le es necesario reflejar con fidelidad un mundo externo, real, sino que puede encontrar su verdad poética en el mundo ficcional que se crea para sí misma a través del lenguaje y la *imitatio* de modelos literarios previos.[24]

Las posibilidades para la construcción de la verosimilitud en la Arcadia a partir del decoro son, pues, amplísimas. La experimentación se va a convertir en consecuencia en una constante del género que Cervantes lleva a su expresión máxima. Ciertamente, se puede observar una evolución en el modo en que se construye el decoro verosímil desde *La Diana*, obra fundacional del género en España, al *Quijote*, cuyos momentos bucólicos alcanzan una integración sin precedentes de las dos Arcadias posibles, la rústica y la refinada. Entre estos dos momentos culminantes de lo pastoril, *La Galatea* supone el eslabón necesario: siendo del mismo Cervantes, se distancia tanto del *Quijote*, pues su Arcadia es eminentemente refinada, como de *La Diana*, pues incluye momentos rústicos y otros elementos antiutópicos ausentes en la obra de Montemayor (Mújica, "Antitutopian Elements"). De *La Diana* a *La Galatea*, y de ésta al *Quijote*, la evolución del decoro debería aportar datos esenciales para la (re)construcción de la verosimilitud en la Arcadia.

La Diana se publica en 1559(?) con enorme influencia de la *Arcadia* de Sannazaro y de las églogas de Garcilaso de la Vega. Su verosimilitud proviene en buena medida de la autoridad de sus modelos y del género bucólico mismo, lo cual está en perfecta consonancia con el decoro pastoril, como se comentó antes. Según Mary Gaylord Randel, "Pastorals have tended to be highly conscious of their own traditions; their world is a world of inherited words" (254-55). Como consecuencia, *La Diana* muestra respecto al decoro una uniformidad poco amenazada. Excepto Felismena, de quien se revela su origen noble, todos los demás personajes emplean el estilo elevado sin justificación alguna.[25] Las referencias a su clase social o a la edu-

---

[24] Esta idea es respaldada por la creencia de que la verosimilitud puede provenir no sólo de la imitación de la naturaleza, sino también del arte. Ver por ejemplo Fray Francisco González, "Carta encomial y apologética" a *Los amantes de Teruel* (1616) de Juan Yagüe de Salas: "[Yagüe trata la historia] imitando en la verisimilitud a la naturaleza a veces y a veces al arte, guardando el decoro en ella y en las personas que introduce en género, edad, hábito, lenguaje, estado, tiempo y lugar" (*Teoría poética* 381).

[25] El hecho de que Montemayor se excuse en la dedicatoria a don Joan Castellá de Vilanova por "el bajo estilo de esta obra" (*La Diana* 103) es un tópico de *humilitas* común en el género; para el mismo recurso en la *Arcadia* de Sannazaro y en otros casos, ver Pilar Fernández-Cañadas de Greenwood (33, 82-83, 87).

cación recibida por los personajes son borradas del texto por completo. ¿Cómo se hacen verosímiles, entonces, el habla culta y las dotes poéticas de los pastores?

Montemayor construye el decoro de *La Diana* en base a dos puntos claves para el lenguaje en la Arcadia: uno, la adecuación del estilo a la materia tratada; y dos, la intertextualidad. Primero, el personaje debe, en efecto, ajustar el modo de contar a lo que se cuenta. En la literatura pastoril cabe el tratamiento tanto de temas elevados como de humildes, y el decoro exige usar un estilo en consonancia.[26] George Puttenham afirma en 1589 que "the stile ought to conforme with the nature of the subject," y que el decoro, por lo tanto, no se determina por la procedencia social del personaje, "but according to the matter reported, if that be of high or base nature" (Conglewood 276, Hall 208). Por ello, los discursos de los pastores no tienen por qué ser vulgares si la materia que tratan no lo es, y en el caso de *La Diana*, el tema principal de la obra es el amor desde el punto de vista filosófico neoplatónico.[27]

Segundo, mediante la referencia intertextual a sus modelos, la obra se dota de verosimilitud sin necesidad de recurrir a ningún tipo de explicaciones externas. Además de haberse borrado el origen social de los personajes, también su desarrollo psicológico es entorpecido por un lenguaje virtuoso, alambicado. Al tratar la obra casi exclusivamente de amores de raigambre neoplatónica, la psicología de los pastores importa menos que su capacidad lingüística para componer sutiles variaciones pseudo-filosóficas sobre el tema único del amor. Neutralizada toda causa externa al lenguaje en *La Diana*, el fluir de la trama se rebalsa de contínuo en largos discursos en los que el estilo, el cómo se cuenta, pasa a un primer plano e importa mucho más que lo que se cuenta. El lenguaje, en efecto, se deleita en sí mismo, y se convierte así en el criterio principal para dar verosimilitud a la existencia de la Arcadia de Montemayor. Todos los pastores son en la obra consumados retóricos y poetas, capaces de merecer la credibilidad de su audiencia y provocar en ella una fuerte reacción emocional.[28] Por poner sólo un ejemplo, en la conversación entre Silvano

---

[26] En este sentido, Girolamo Mutio escribe en 1551 que "le gran materie al suon de la zampogna / trattar si ponno: e cosi à suon di tromba / far si puo ribombar suggetto humile" (López Estrada, *Los libros* 435). Incluso Michael Drayton, optando por el rusticidad (" the subject of Pastorals, as the language of it ought to be poor, silly") concede que "the most High, and most Noble Matters of the World may be shaddowed in [the Pastorals]" (Ettin 4).

[27] Además, la estrecha asociación entre el filósofo y el buen uso de un lenguaje elevado aparece ya en Garcilaso de la Vega, *Égloga II*: [Albanio a Salicio] "¿Quién te hizo filósofo elocuente, / siendo pastor d'ovejas y de cabras?" (vv. 396-97, Vega 147).

[28] El enorme poder del discurso sobre sus receptores es tópico común ya en Garcilaso de la Vega, por ejemplo en la *Égloga II*: "[Nemoroso] Este nuestro Severo pudo tanto / con el süave canto y dulce lira / que, revueltos en ira y torbellino, / en medio del camino se pararon / los vientos y escucharon muy atentos / la voz y los acentos, muy bastantes / a que los repugnantes y contrarios / hiciesen voluntarios y conformes" (vv. 1161-68, Vega

y Sireno que abre el libro, un pastor reacciona alternativamente al discurso del otro "espantado de velle tan triste"(119), con "no poca admiración," "suspenso" (120) y "como fuera de sí" (128). De ese modo, la relación entre el autor y el lector real se duplica dentro de la ficción. Como en un espejo ideal, el lector es invitado a identificarse con las reacciones de los personajes a la historia, reacciones provocadas y controladas precisamente por el discurso mismo. A su vez, ese discurso no es sino reflejo especular de modelos anteriores.

Igualmente, la alternancia entre prosa y verso en *La Diana* tiene como función principal la de re-elaborar un mismo mensaje en formas diferentes, enfatizando así el poder del lenguaje literario. La narración de Selvagia de su infortunio amoroso, por ejemplo, está salpicada de poemas cuyos contenidos se adelantan en la prosa que precede a los versos (por ejemplo, 155). La redundancia del contenido refuerza la novedad de la expresión: ya se sabe lo que se dice, y por lo tanto el único foco de atención es el cómo se dice. Por supuesto, cuanto más refinada es la expresión se produce un mayor impacto en los oyentes. Es el poema de Selvagia, tras su narración en prosa, el que captura definitivamente el corazón de su audiencia: "Acabada mi canción, las lágrimas de los pastores fueron tantas... que por fuerza me hicieron participar de su tristeza" (156). El juego de palabras, el lirismo, la descripción morosa y tópica, el hipérbole (Wardropper 141), suponen un espejo en el que el lenguaje se mira en sí mismo. La autentificación del discurso proviene de la imitación y superación de modelos previos y, en ese sentido, el mayor logro posible para el decoro en *La Diana* es el del reflejo especular, metapoético.[29]

El ejemplo más atrevido de cómo la verosimilitud es recibida implícitamente de modelos anteriores es la escena en que "tres salvajes" atacan a tres ninfas indefensas. Con la aparición de los salvajes se produce la mayor amenaza para el decoro de toda la obra. Los salvajes representan la lujuria y el mal, la falta de control sobre las pasiones, al tiempo que, estéticamente, simbolizan la fealdad física que amenaza la belleza ideal de la Arcadia y sus habitantes. Esta tensión moral y estética se proyecta también sobre el decoro y, por lo tanto, sobre el lenguaje. Acorde a la caracterización psicológica del personaje, el salvaje debería usar un estilo tan bajo y vil como su comportamiento. Su primitivismo, su falta de educación y su psicología enfermiza exigen que su lenguaje carezca de las características del estilo elevado: figuras retóricas, alusiones cultistas, latinismos... En sorprendente contraste, los salvajes se expresan, sin embargo, del siguiente modo:

> A tiempo estáis, oh ingratas y desamoradas ninfas, que os obligara la fuerza a lo que el amor no os ha podido obligar, que no era justo que la fortuna hiciese

---

170-71).

[29] Las imágenes especulares son esenciales también respecto a la teoría del amor, como ha estudiado Ruth El Saffar, "Structural and Thematic Discontinuity" 187 ss.

tan grande agravio a nuestros cativos corazones, como era dilatalles tanto su remedio. En fin tenemos en la mano el galardón de los sospiros, con que a causa vuestra importunábamos las aves y animales de la escura y encantada selva do habitamos; y de las ardientes lágrimas con que hacíamos crecer el impetuoso y turbio río que sus temerosos campos va regando. (186)

¿Supone esto una violación flagrante del criterio del decoro y, por lo tanto, de lo verosímil? Si se prima la caracterización psicológica del personaje, el decoro ha sido vulnerado de forma grave. Pero si, por el contrario, se piensa en el género literario, en el reflejo metapoético de modelos anteriores como fuente de verosimilitud, el decoro se ha mantenido perfectamente a salvo de la amenaza de los salvajes. Así lo demuestran dos precedentes de esta escena que probablemente tiene en mente Montemayor: uno, la *Cárcel de amor* de Diego de San Pedro; y dos, la *Arcadia* de Jacopo Sannazaro. En *Cárcel de amor*, el salvaje representa al Deseo. San Pedro, como Montemayor, opta por dotar al salvaje de un estilo elevado para no romper la unidad de la obra e insertar al Deseo como parte de la discusión filosófica sobre el amor, y no como elemento ajeno a ésta. Es significativo en ese sentido que se refiera a él como "atormentador *cavallero*" (55; énfasis mío). De todos modos, el autor es consciente del peligro que este personaje supone para el decoro. Por ello se cuida de reforzar la verosimilitud del lenguaje refinado del salvaje. Cuando el narrador le pregunta quién es, Deseo responde:

> Caminante, segund mi natural condición, ninguna respuesta quisiera darte, porque mi oficio es más para secutar el mal que para responder bien; pero como siempre me crié entre ombres de buena criança, usaré contigo de la gentileza que aprendí y no de la braveza de mi natural. (54)

Si el salvaje responde gentilmente al narrador, se debe no a su desenfrenada naturaleza, sino a que fue criado entre hombres educados. Además de dar verosimilitud a la expresión de Deseo, San Pedro advierte a su lector con intención ejemplarizante que el salvaje habita también entre la gente "de buena criança." En la *Arcadia* de Sannazaro, precedente inmediato de *La Diana*, el único personaje caracterizado como salvaje ("peloso molto, e rusticissimo uomo") es el criado Ursacchio. Este criado aparece en tres ocasiones a lo largo de la obra, y sólo se le concede la voz en el capítulo once. En un concurso para ver quién lanza más lejos un pesado poste, Ursacchio toma mucho impulso, pero lanza el madero apenas a un palmo de sus pies, lo cual provoca la risa de los pastores. En el concurso que sigue, sin embargo, el humillado criado vence con destreza a un pastor mucho más alto que él. Entonces, Ursacchio advierte en refinado y sentencioso estilo: "Non possono tutti gli uomini tutte le cose sapere. Se in una ho fallato, ne l'altra mi basta avere ricoprato lo onore" (101). El autor refuerza la verosimilitud de las comedidas palabras del semi-salvaje con una intervención de Ergasto, en la que le dice a Ursacchio "che dicea bene" (101).[30] Con dos precedentes ilustres en los que la necesidad de hacer verosímil el discurso elevado de los salvajes es progresivamente menor, Montemayor no parece sentirse ya en la necesidad de apuntalar el decoro de la escena con explicaciones adicionales. Es sólo el estilo mismo el que en este caso, a través del eco intertextual y de una muy probable influencia de textos precedentes, concede verosimilitud a su Arcadia.

La Galatea (1585) de Cervantes se mantiene en los parámetros de una Arcadia exquisita, neoplatónica (Allen 54-55, Williamson 67). El autor mismo, en el "Prólogo," reconoce de manera explícita haber incorporado "razones de filosofía" al discurso de sus pastores, pues "muchos de los disfrazados pastores... lo eran sólo en el hábito" (158).[31] De ese modo, tanto la materia filosófica tratada como el origen noble de los personajes exige el empleo de un estilo elevado a fin de respetar el decoro. El hecho de que Cervantes se sienta en la necesidad de hacer referencia explícita a esta convención, no obstante, hace suponer que algo ha cambiado respecto a *La Diana*. Hay que recordar, por una parte, que el mismo continuador de *La Diana*, Alonso Pérez, acusaba en 1563 a Montemayor por su excesivo refinamiento y consecuente falta al decoro.[32] Estas objeciones debieron poner en alerta a Cervantes, quien prefiere justificarse ya desde el prólogo y evitar así el peligro de inverosimilitud.[33] Por otra parte, la idea difundida por comentadores italianos de

---

[30] Además de estos precedentes literarios, el salvaje en pintura y escultura sirve como elemento decorativo en palacios de gente noble, y su figura, si fiera, representa en todo caso una fealdad física y moral hasta cierto punto domesticada (Madrigal 34 ss.). Para, en el caso contrario, un ejemplo de un salvaje con estilo bajo y vulgar, ver la vaqueriza Chata en las estrofas 952 ss. del *Libro del buen amor* (Hita 231 ss.; ver Deyermond 18-20, 37).

[31] Para múltiples ejemplos, algunos históricos, de nobles disfrazados de pastores, ver Finello, "Shepherds" 116-17, Avalle-Arce 164, n. 48, y Trend.

[32] Alonso Pérez, en su *Segunda parte de la Diana de Montemayor*, acusa a Montemayor de no "guardar el decoro de las personas, lugar y estado" (Avalle-Arce 107). Francisco Lugo y Dávila, en su *Teatro popular* (1624), le acusará asimismo de hacer hablar al "pastor como académico, al plebeyo como consular y al zafio como político" (24; ver Avalle-Arce 266-68). Trissino, en el mismo sentido, recomienda el uso de una lengua humilde, rústica, y reprocha a Sannazaro que sus pastores expresen altos conceptos y utilicen la rima (López Estrada, *Los libros* 439). En el caso opuesto, critican el estilo rústico el autor de *L'Astrée* (Fernández-Cañadas de Greenwood 33) y diversos teóricos ingleses y franceses (Conglewood 264-65).

[33] Otros autores sintieron la misma necesidad de afianzar la verosimilitud de su Arcadia, algunos de ellos con justificaciones un tanto extravagantes. Por ejemplo, Gálvez de Montalvo defiende lo verosímil del decoro en su *Pastor de Fílida* (1582) con tres curiosos argumentos. Sobre quién se ocupa del ganado mientras filosofan los pastores, el autor reconoce que éstos tienen zagales. Sobre la exquisita expresión de los pastores, Gálvez atribuye al amor la capacidad para agudizar el ingenio y adornar la expresión del enamorado. Por último, sobre la cantidad de poemas leídos durante la obra, se nos informa que Sileno, uno de los personajes, proveía de papel y pergamino a los pastores para que escribiesen sus

Aristóteles y Horacio de que "a character must remain self-consistent," sin evolucionar a lo largo de la obra, cede terreno según Thomas Hart ante la aceptación y aprecio cada vez mayores del "character development" o "growth of character" (" Deceit and *Decorum*" 373-74). Desde esta perspectiva, un mismo personaje puede reunir características diferentes que tracen una cierta evolución de su personalidad y ser aún verosímil. Esta técnica ofrecía nuevas posibilidades creativas que no pudieron ser ajenas a Cervantes. Si bien su Arcadia es fundamentalmente refinada, *La Galatea* contiene una serie importante de elementos antiutópicos, como los ha llamado Bárbara Mujica, que encuentran su reflejo en ciertas violencias aplicadas al decoro.[34] Al estilo verosímil interesan en particular tres personajes de la obra: Teolinda, Lenio y Erastro.

Aunque el origen de Teolinda no es noble y se expresa, sin embargo, en un lenguaje elevado, se remarca que sus padres son ricos labradores y no vulgares cabreros. La educación de la rica y ociosa Teolinda proviene, como consecuencia, de la misma Arcadia que describe y en la que participa activamente. La muchacha confiesa que "las selvas eran mis compañeras" y que "no tenía ni podía tener más cuidados que los que podían nacer del pastoral oficio en que me ocupaba." El ocio, el "dar lugar al tiempo que se pasase," le permite entretenerse en tejer guirnaldas de flores, en adiestrar la voz con el canto de los pájaros y en conversar con pastoras víctimas del amor. Así pues, la Arcadia educa en el estilo más refinado a una de sus habitantes semi-rústicas y, en ese sentido, se regenera a sí misma. Su poder procreador es autónomo del mundo social y es especular, pues tiene el potencial de duplicarse hasta el infinito. Teolinda, en esa especie de autofagia arcádica, disfruta narcisistamente de su propio y exacerbado bucolismo. Cada vez que se ciñe las guirnaldas de flores en la cabeza, "mirándome en las claras y reposadas aguas de alguna fuente, quedaba tan gozosa de haberme visto que no trocara mi contento por otro alguno" (215). Los pastores de la Arcadia gozan de sí mismos ante el espejo, y se resisten consecuentemente a salir de él.

A pesar de todo, Cervantes se empeña en tensionar el sólido decoro de su modelo, *La Diana*. El pastor Lenio, típico desamorado que termina por enamorarse sin medida de la cruel Gelasia, es un ejemplo más de cómo, todavía cautelosamente, Cervantes experimenta con el decoro. El personaje ha sido destacado por la crítica en base a sus funciones de gracioso en la obra. Primero, contrasta con los pastores por su actitud gruñona contra el amor y los enamorados, y después es puesto en ridículo al enamorarse desmedidamente de una mujer que le desprecia. Ha sido Marcella Trambaioli quien ha notado que, a pesar de servir como "nota antiutópica"

---

versos (Avalle-Arce 147-48, Finello, *Pastoral* 46-47).

[34] En este sentido, la violencia del asesinato con que se inicia la novela, presenciado con una sorprendente calma por Erastro y Elicio (179-80), se proyecta también en otros momentos sobre el estilo en que se expresan los personajes.

que desmitifica la Arcadia, Lenio todavía se expresa como un "pastor fino" (48-49). Ciertamente, el estilo de Lenio es elevado y actúa como dignísimo contrincante dialéctico del pastor Tirsi en la disputa que ambos entablan en contra y en pro del amor en el libro IV. En realidad, Cervantes dota muy conscientemente al semi-gracioso de un estilo elevado, en lugar del estilo bajo que por su caracterización le corresponde. Es obvio que el autor no se atreve a romper con sus modelos y prefiere mantener en casi todo momento el estilo alto que se asocia al tratamiento de temas elevados, una disputa filosófica sobre el amor en este caso.

Con todo, y a diferencia de Montemayor, Cervantes se siente ya obligado a afianzar la verosimilitud del personaje con explicaciones adicionales. Lenio comienza su elevado discurso con el tópico de la falsa modestia: a pesar de su rusticidad, confía en "la fuerza del natural ingenio, adornado con un tanto de experiencia" para expresarse bien (416). Al final de la disputa, un caballero, amigo del pastor Daranio, se pregunta "cómo haya sido [posible] que en la compañía de las ovejas, en la soledad de los campos, se puedan aprender las ciencias que apenas pueden disputarse en las nombradas universidades" (452). El pastor Elicio responde al caballero que Tirsi ha sido criado en realidad "en las reales cortes y conocidas escuelas," lo que justifica su conocimiento de la retórica. Pero, ¿cómo se resuelve el problema planteado por el desamorado y rústico Lenio, gracioso a medias que se expresa sin embargo en un estilo elevado? El mismo Elicio informa que aunque Lenio, "por su humildad, ha confesado que la rusticidad de su vida pocas prendas de ingenio puede prometer, con todo eso, te aseguro que los más floridos años de su edad gastó, no en guardar las cabras en los montes, sino en las riberas del claro Tormes, en loables estudios y discretas conversaciones" (453). La explicación de que Lenio estudió en su juventud seguramente en Salamanca puede parecer un tanto forzada, pero el procedimiento utilizado para mantener el decoro no lo es en absoluto. Una vez más, la Arcadia ha recurrido al juego especular, pues las posibles objeciones del lector ante la expresión refinada de un rústico en el papel de gracioso han sido llevadas al texto y resueltas de inmediato por boca de los personajes mismos. El lector ve reflejadas en la ficción sus inquietudes y dudas, y es el mismo discurso el que, con razones más o menos convincentes, evita la quiebra del decoro.

Similar situación se reproduce respecto a Erastro, el pastor supuestamente rústico que más atención ha merecido por parte de la crítica (López Estrada, *Estudio* 20, 129-30, Finello, *Pastoral* 47-48, Mujica, *Iberian* 178). Erastro es el oponente de Elicio en la conquista amorosa de Galatea, aunque su función es más la de doblar los elogios a la pastora que la de obstaculizar el posible triunfo de Elicio, con quien mantiene una relación amistosa. Erastro no puede ser una alternativa a Elicio por su origen rústico, que Cervantes se encarga de marcar desde el principio de la obra. En el libro primero, el rústico pide permiso a su refinado oponente, Elicio, para amar a Galatea, "pues puedes estar seguro que, si tú, con tus habilidades y extremadas gracias y razones, no la ablandas, mal podré yo con mis simplezas enternecerla"

(174, ver también 172). Para acreditar su simpleza, Erastro ha utilizado previamente en este discurso expresiones vulgares y propias del oficio pastoril, como por ejemplo: "Mala rabia o cruda roña consuma y acabe mis retozadores chivatos; y mis ternezuelos corderillos, cuando dejaren las tetas de las queridas madres..." (174). El decoro de una Arcadia exquisita está a punto de ser violentado. Parece que este personaje de "rústica y selvática suerte," sin educación ni origen noble, responde a su caracterización con un lenguaje que incluye expresiones poco refinadas. Pero, si bien rústico, y por ello potencial hablante vulgar y bajo, Erastro detenta dos rasgos que lo elevan y que, sobre todo, elevan su discurso. Por una parte, su honestidad para con Elicio y su respeto por Galatea (por ejemplo, 628-29); por otra, su condición de verdadero enamorado. En efecto, "aunque rústico, [Erastro] era, como verdadero enamorado, en las cosas del amor tan discreto que cuando en ellas hablaba, parecía que el mesmo amor se las mostraba y por su lengua las profería" (172). El decoro queda aliviado de toda tensión estética, pues al noble carácter de Elicio, se añade el poder del amor para, cuando se habla sobre él, elevar el discurso incluso de un pastor rústico. No se puede obviar el hecho, como apunta Juan Bautista Avalle-Arce, de que el amor platónico, tema central de la pastoril refinada como *La Galatea*, se considera una virtud cognoscitiva *per se* (109). El verdadero enamorado es elevado por la pureza de sus sentimientos a un estado de sabiduría al que en nada afecta el origen social.[35]

A la variedad de estilos y personajes, pues, un Cervantes cauto en su primera creación literaria opone una verosimilitud heredada de la tradición y anclada en lo elevado de la materia, el amor ideal. En consecuencia, a lo largo de la obra se le concede a Erastro un estilo predominantemente alto que le permite escribir poemas que admiran a los pastores cultos (265) o sostener un breve canto amebeo con Elicio (176-79). En una de las estrofas de este diálogo poético a dos voces, es significativo que Erastro se sirva del rostro reflejado múltiples veces en un espejo roto como metáfora de su dolor amoroso.[36] El espejo de la Arcadia exquisita y refinada que contempla Erastro está en efecto quebrado, pero atrapa aún la imagen del pastor

---

[35] También en la *Diana enamorada* de Gil Polo, por ejemplo, se insiste en que "es bastante amor para hacer hablar a los más simples pastores avisos más encumbrados" (Cervantes, *La Galatea* 172, n. 24); y en el *Pastor de Fílida* de Gálvez de Montalvo (ver nota 15). El mismo argumento se encuentra ya en el *Libro del buen amor*, estrofa 156: "El amor faz sotil al omne que es rudo, / fázele fablar fermoso al que antes es mudo" (Hita 48), y pasa con tintes dramáticos a la *Égloga II* de Garcilaso de la Vega: "[Albanio] Amor quiere que calle...; él tiene de mi lengua el movimiento, / así que no me siento ser bastante" (vv. 367-70, Vega 146).

[36] Para José Manuel Blecua, esta estrofa es la mejor de toda la poesía incluida en *La Galatea*; significativo es el hecho de que Cervantes la ponga en boca del "rústico" Erastro (*La Galatea* 177, n. 42).

rústico en las redes de un estilo predominantemente elevado. De nuevo, el decoro y la especularidad le sirven a la Arcadia para revestirse de verosimilitud.

Las cautas tentativas por incorporar elementos rústicos a la Arcadia refinada de *La Galatea* adquieren mayor magnitud en obras posteriores de Cervantes. Sobre todo en *Pedro de Urdemalas* (por ejemplo, 256), pero también en *El laberinto de amor*, *La casa de los celos*, *El baño de Argel*, así como en "La gitanilla" y "La ilustre fregona" (Hart; "Versions of Pastoral" 290), los momentos pastoriles se ubican en una Arcadia precaria—por utilizar la expresión de Jean Canavaggio (Canavaggio 50, 43, Tamayo 397). El episodio pastoril narrado por Berganza en "El coloquio de los perros," con su irónico contraste entre los pastores refinados y los rústicos, representa paradigmáticamente lo que algunos críticos han llamado el descubrimiento por parte de Cervantes de "la realidad como tema literario" (González Gerth 117, Hart, "Versions of Pastoral" 290). Esta marca de "realidad"—o en otros términos, de rusticidad—alcanzaría sus cotas más logradas en el *Quijote*. Todos los episodios bucólicos en la obra—Marcela y Grisóstomo, doña Clara y don Luis, Eugenio y Leandra, las bodas de Camacho, la Arcadia fingida…—se gestan según Federico Sánchez Escribano en un ambiente "realista," aunque desarrollen luego tramas idealizadas (113). Sobre el capítulo doce de la primera parte que se analiza a continuación, se ha coincidido en que el cabrero Pedro, narrador de la historia de Marcela y Grisóstomo, representa a los pastores reales de la época en "el habla y las costumbres rústicas y naturales de los cabreros" (González Gerth 119 y 123, Avalle-Arce 249, Sieber 190-92, Finello, *Pastoral* 83, Tamayo 400).

Así pues, para amplio sector de la crítica, la tendencia natural de Cervantes fue siempre un movimiento desde la literatura "idealista" hacia la "realista," o, en términos de decoro, desde un estilo elevado a uno más coloquial, menos exquisito. Más recientemente, sin embargo, algunos críticos han observado la ambivalencia de Cervantes, sobre todo en el *Quijote*, respecto al estilo elevado en la Arcadia.[37] Parodiado en ocasiones, el estilo alto es también utilizado seriamente en otras (Close). Se ha notado, por ejemplo, el hecho de que los rústicos pastores de las bodas de Camacho reciten "unos versos totalmente inverosímiles" (González Gerth 121). En efecto, las danzas allí representadas incluyen personajes alegóricos y versos impropios de rústicos. A pregunta de don Quijote, una de las aldeanas responde que la danza ha sido compuesta por "un beneficiado de aquel pueblo, que tenía gentil caletre para semejantes invenciones" (1: 179). Cervantes parece haberse percatado de la falta al decoro que comete al invertir los términos de la Arcadia disfrazando a labradores de ninfas y personajes alegóricos y poniendo en sus bocas altos conceptos en

---

[37] Sobre la actitud ambigua de Cervantes respecto a la teoría de los tres estilos, Riley, *Cervantes's* 131. Sobre diversos puntos de vista sobre la actitud de Cervantes respecto al género pastoril, ver Stamm, Casalduero y Forcione. Una crítica a la supuesta evolución cervantina desde una literatura idealista hacia una realista en El Saffar, *From Novel to Romance* XI.

verso. En atención a lo verosímil, se resuelve la situación mediante la pertinente pregunta de don Quijote, por la cual el lector se entera de que el autor de esa Arcadia fingida es un beneficiado ingenioso y letrado, y no los aldeanos mismos. No menos decorosa deja de ser la historia de Eugenio y Leandra, narrada por Eugenio. Cervantes escoge de nuevo a un cabrero que no es un noble disfrazado—aunque sí aldeano "muy rico" (1: 579)—, y le hace contar una historia, la de Leandra, de trasfondo moralizante. La materia elevada y el "ingenio no menos acabado" (1: 579) de Eugenio forjan una narración impecable a la par que sencilla, carente de retruécanos estilísticos y alusiones cultistas, pero también de vulgarismos. Por ello, y dada la rústica ocupación del cabrero, Cervantes se cuida de destacar, por boca del canónigo, "la manera con que [Eugenio] le había contado [el cuento], tan lejos de parecer rústico cabrero cuan cerca de mostrarse discreto cortesano" (1: 583). Incluso el propio Sancho se expresa con un estilo refinado en el capítulo V de la segunda parte del *Quijote*. Sancho conversa con su mujer, Teresa, quien se muestra sorprendida por el elevado discurso de su marido, a quien confiesa entender apenas. Aquí el decoro sirve verosímilmente a varios propósitos. A través de su modo de expresión, de un lado, Sancho evita discutir con su mujer sobre su nueva salida, pues Teresa apenas entiende qué le está diciendo su marido; de otro, al ceder el papel de hablante vulgar y refranero a su esposa y elevar él mismo su discurso, se ofrece un avance lingüístico de lo que Dámaso Alonso ha llamado la quijotización de Sancho. Es significativo que, con ironía, se advierta la posible agresión al decoro desde el mismo epígrafe del capítulo: "Llegando a escribir el traductor desta historia este quinto capítulo, dice que le tiene por apócrifo, porque en él habla Sancho Panza con otro estilo del que se podía prometer de su corto ingenio" (60).[38]

Todos estos pasajes prueban que, si bien la Arcadia del *Quijote* es más rústica que la de *La Galatea*, el estilo elevado sigue teniendo un papel relevante no sólo entre los pastores refinados, sino también, lo cual es sorprendente, entre los rústicos. El ejemplo más audaz de esta aparente contradicción se encuentra en el capítulo doce de la primera parte. Pedro, uno de los rústicos cabreros ante los que Don Quijote pronuncia el conocido discurso sobre la Edad de Oro, se dispone a contar la historia de Marcela y Grisóstomo. Al enfrentar las dos Arcadias, la exquisita y la rústica, en un mismo pasaje, el problema del decoro se le presenta a Cervantes en toda su dimensión.[39] Un rústico cabrero, de estilo bajo y vulgar, debe contar los ava-

---

[38] Para la genealogía pastoril de Sancho, Finello, "From Books to Life" 8-11. Otros ejemplos de comentarios irónicos sobre el decoro en el capítulo XXXIV de la segunda parte, donde un personaje que se hace pasar por el demonio jura por Dios y por su propia conciencia, lo que hace a Sancho notar: "Sin duda que este demonio debe de ser hombre de bien y buen cristiano, porque, a no serlo, no jurara en Dios y en su conciencia. Ahora yo tengo para mí que aun en el mesmo infierno debe de haber buena gente" (290).

[39] Ciertamente, la mezcla de las dos Arcadias posibles no resolvía el problema, sino que lo acuciaba. Jason De Nores denuncia la incongruencia de un género donde los personajes

tares amorosos de unos nobles disfrazados de pastores. Tanto la materia—el debate sobre la legitimidad de Marcela a rechazar el amor de Grisóstomo—como los protagonistas del relato requieren un estilo elevado que no corresponde en absoluto a la caracterización del narrador. El quebranto de lo verosímil es a priori inevitable.

El cabrero Pedro, en efecto, es presentado al principio por Cervantes como un narrador torpe e inculto, con un discurso lleno de vulgarismos y errores léxicos. En lugar de "eclipse," Pedro dice "cris"; con "estil" quiere decir "estéril." Cuando don Quijote le corrige por enésima vez ("sarra" por "sarna," "no pudiendo sufrir el trocar de los vocablos del cabrero"), Pedro le responde que "si es, señor, que me habéis de andar zahiriendo a cada paso los vocablos, no acabaremos en un año" (177). Las expresiones rústicas que este narrador utiliza ("denantes," "desoluto," "señor mío de mi alma" [refiriéndose a don Quijote]) se ajustan perfectamente al decoro exigido por la baja clase social y la falta de cultura del cabrero. Una vez caracterizado el personaje a través de su modo de hablar, Cervantes impone al discurso de Pedro un verosímil que ya no se debe al decoro del personaje-narrador, sino al decoro entre la narración y lo narrado de la tradición bucólica exquisita. En una virtuosa modulación estilística, sutil hasta el punto de haber pasado desapercibida para la mayor parte de los críticos,[40] el modo en que el cabrero cuenta la historia se adapta progresivamente a la materia de la historia misma y a modelos genéricos como por ejemplo *La Diana*.

Esta modulación es reforzada por nuevas interrupciones de don Quijote. Sus comentarios son ahora de aprobación al estilo de narrar del cabrero: "el cuento es muy bueno, y vos, buen Pedro, le contáis con muy buena gracia" (178). El léxico, la sintaxis y la narración en su conjunto adquieren el tono propio de la novela pastoril más refinada. Abundan ahora las figuras retóricas ("y déste y de aquél, y de aquéllos y de éstos," 180), el hipérbaton ("con otros títulos a éste semejantes, que bien la calidad de su condición manifiestan," 179), arcaísmos ("hételo," "veríades," 179) y frases tan finamente expresadas como "quién ha de ser el dichoso que ha de venir a domeñar condición tan terrible y gozar de hermosura tan estremada" (180). Precisamente cuando más se acerca a la Arcadia que parte de la crítica ha juzgado con complacencia "realista," Cervantes da otra vuelta de tuerca y pone en boca del cabrero el estilo elevado de la Arcadia más exquisita. El decoro debido a la psicología y clase social del personaje ha sido vulnerado de forma evidente una vez lograda

---

nobles pueden hablar como rústicos y los rústicos como cortesanos. Giambattista Guarini, por el contrario, alega que la pastoril es un género tragicómico, donde el decoro no se vulnera: los nobles se sirven del estilo trágico, elevado, y los rústicos del cómico o bajo. Faustino Summo puntualiza, en la línea de De Nores, que la mezcla de géneros, tal como la tragicomedia, es indeseable por cuanto, a la postre, afecta inevitablemente al decoro (Hall 62-63).

[40] El radical cambio de estilo en la narración de Pedro ha sido señalado por John Jay Allen en su edición del *Quijote* para la editorial Cátedra (180, n. 8).

su caracterización. En su lugar, se recurre a un decoro que se basa en el ajuste entre lo que se cuenta, los infortunios amorosos de unos nobles disfrazados de pastores, y el modo en que ello se cuenta. La modulación estilística, magistralmente ejecutada por Cervantes, viene dada por un desplazamiento sutil, casi imperceptible, del decoro psicológico y social al decoro narcisista de la Arcadia. Eficazmente combinados y solidariamente compatibles, ambos aspectos del decoro logran hacer convincente un discurso que, estilísticamente, contiene en sí mismo tanto la unión de contrarios (el estilo rústico frente al elevado), como la prodigiosa integración en un ambiente pastoril rústico del ambiente propio de la literatura bucólica más refinada.

Al proponer un bucolismo menos exquisito, Cervantes no renuncia al estilo elevado sino que lo incorpora verosímilmente a su nueva Arcadia. Por tanto, es tan válido pensar que el *Quijote* supone la vulgarización del bucolismo, como la poetización máxima del pastor rústico. Incluso en el caso de que los diferentes aspectos del decoro entren en contradicción, la verosimilitud puede ser paradójicamente mantenida. Esta tensión interna de lo verosímil decoroso se observa especialmente en el género pastoril, donde unos personajes que se supondrían bajos e incultos se sirven en la mayoría de las ocasiones de un lenguaje elevado, como prueba de que su traje rústico esconde en realidad a nobles escapados de la corte en pos del ocio de la aldea. En efecto, el carácter heterogéneo y diverso del decoro permite que la verosimilitud sea obtenida a través del énfasis en al menos uno de sus componentes (el psicológico, el social, el de género literario...), incluso cuando los otros sean violentados. Por ejemplo, en *La Diana* se obvia la información respecto al origen social de la mayoría de los personajes, pues esta se infiere tácitamente a partir de una tradición literaria previa. Si el decoro social es potencialmente tensionado por pastores de refinado lenguaje cuya ascendencia podría ser rústica, pues no se afirma lo contrario, la verosimilitud queda a salvo gracias al decoroso respeto hacia un género literario de nobles ociosos disfrazados de pastores que justifica plenamente el uso del estilo elevado.

En un paso más allá, Cervantes experimentará con personajes que, como Teolinda, Lenio y Erastro, tensionan la verosimilitud hasta el punto de requerir explicaciones adicionales más o menos convincentes. Si Teolinda ha sido criada por la Arcadia misma, Lenio estudió en Salamanca y Erastro utiliza un estilo alto cuando habla del noble amor que le inflama y posee. En el *Quijote*, por el contrario, el caso del cabrero Pedro ilustra paradigmáticamente una verosimilitud cada vez más autoconsciente, plegada sobre sí mismo en un juego virtuoso que enfatiza aspectos contradictorios del decoro del personaje—su psicología y clase social primero, su función de narrador de una materia elevada después.

La Arcadia cervantina, ciertamente, no rompe sus espejos, sino que aprende a reflejar y fundir en una sola imagen diversos planos ficcionales. Personajes, escenarios, estilos diversos son amalgamados por una verosimilitud cada vez más autónoma de la realidad, más narcisista. Por lo tanto, el juego con los varios aspectos del decoro sirve a Cervantes para autentificar su historia, por encima de la aparente inverosimilitud de que un cabrero inculto como Pedro sea capaz de expresarse en un estilo elevado. Así Cervantes, ajustándose a la teoría literaria de su época, no rechaza la bucólica;[41] la enfrenta a nuevos retos y, al superarlos satisfactoriamente, asegura su supervivencia estética.

---

[41] Matizo así la opinión de Joaquín Casalduero en "Cervantes rechaza la pastoril." Edwin Williamson afirma que Cervantes no rechaza el "romance" sino que lo subvierte para crear un modelo genérico nuevo (" Romance and Realism" 67).

2
Lo verosímil ejemplar

2.1 "Dar ejemplo y prevenir"... o todo lo contrario

En "La perseguida triunfante," la novena novela de los *Desengaños amorosos* de María de Zayas, Beatriz es acosada por su cuñado Federico cuando el rey Ladislao, su marido, parte hacia la guerra y pasa más de un año fuera de palacio. Las intrigas de Federico causan innumerables y terribles desventuras a la inocente Beatriz, quien en las ocasiones más desgraciadas recibe siempre la ayuda de una misteriosa "amiga." Esta desconocida señora, quien le devuelve la vista después de que los esbirros de Federico le arrancaran los ojos, resucita a un niño cuya muerte pesaba sobre Beatriz y otorga a ésta poderes sobrenaturales para salvar a los húngaros de una epidemia de peste, es en realidad la Madre de Dios.[1] También las apariciones de la Virgen María en la historia del cautivo en la primera parte del *Quijote*, son las que explican que la joven mora Zoraida ayude a unos presos cristianos a volver a España. A pesar de la traición que supone la huida contra su propio padre, el deseo de Zoraida por convertirse al catolicismo, inspirado directamente por Santa María, es superior a cualquier vínculo familiar y político. Al lector moderno, sin duda, este tipo de argumento milagrero le resulta áspero, difícil de creer, falto de verosimilitud. Parece obvio, pues, que las licencias poéticas de comienzos del XVII difieren notablemente de las que nutren el imaginario popular del siglo XXI, con super-héroes tan imposibles pero tan incuestionables al mismo tiempo como Supermán, James Bond o los protagonistas de The Matrix. En verdad, si para un receptor actual los milagros marianos socavan la verosimilitud de una historia, para muchos receptores áureos ese tipo de fenómeno sobrenatural era, precisamente, el único capaz de legitimar la literatura ficcional y de hacer una historia verosímil.

---

[1] Para las numerosas fuentes de este relato, ver las notas de José Romera Castillo a la edición del *Patrañuelo* de Timoneda (292-94).

El Siglo de Oro hereda el ambiente hostil contra la ficción que domina en los ambientes intelectuales medievales. Como ya se describió en la primera parte de este estudio, el espacio áureo de la verosimilitud está constreñido por una serie de ataques a la ficción tanto metafísicos como morales. Para quienes reclaman la expulsión de la poesía de la república, como para algunos que la defienden, la única circunstancia bajo la cual la ficción es aceptable es que transmita una verdad moral. El mismo poeta, en la tradición clásica, debía ser una persona honesta y virtuosa, un "vir bonum," y esta idea se transmite con fluidez a los creadores renacentistas. Por ejemplo, Palingenius escribe sobre el poeta: "Atque scire opus est, triplex genus esse bonorum, / Utile, delectans, majusque ambobus honestum" (Spingarn 39). Si el creador ha de ser por encima de todo honesto es porque su misión se reviste de una especial importancia. Siendo pocos aquellos que pueden aprender la moral y la virtud de los libros teologales, la mayoría necesita que el medicamento intelectual le sea administrado bajo la apariencia de una golosina, según la conocida fórmula senequista. La metáfora pervive en el Siglo de Oro, entre otros muchos lugares, en los preliminares al *Deleytar aprovechando* de Tirso:

> Pues buen remedio (proseguía mi discurso): doremos esta píldora: hagamos una miscelánea provechosa, y a imitación de la abeja…, novelemos a lo santo, y entre lo marañoso y entretejido de lo raro de sus vidas fabriquemos estos tres panales, que, lisonjeando al apetito enfermo, comunique confitado lo medicinal de sus ejemplos. (Palomo 124-25)[2]

Así pues, el poeta debe ser virtuoso y dar "medicinal" ejemplo con el fin de influir lo máximo posible en la correcta formación del receptor. Desde este punto de vista, el fin moral se convierte en el argumento más poderoso para justificar la existencia de la ficción. En efecto, y especialmente a partir de Macrobio, la poesía se entiende como un velo—*integumentum*—que encubre las verdades filosóficas y, por supuesto, las morales. Si bien la Historia es legítima por narrar los hechos que en verdad sucedieron en el pasado, la fábula sólo se puede justificar en el caso de que encubra y transmita una verdad moral (Minnis and Scott 113, 118).[3] En el caso de la Biblia, sus ficciones más llamativas—como árboles que caminan o animales que hablan—fueron explicadas por San Agustín y otros como recursos circunstanciales o instrumentos con el único objetivo no de engañar, sino de potenciar la correspon-

---

[2] Otros ejemplos similares se pueden documentar ya en la *Tragedia* de Sancho Muñón (1542?), *De los nombres de Cristo* (1583), B. González de Bovadilla (1587) y en uno de los *Discursos* de L.L. Argensola (los textos, en *TeRM* 89, 133, 137 y 161 respectivamente).

[3] La separación entre el velo ficcional y la verdad que esconde no era siempre fácil de establecer; así se deduce del debate creado en torno a si la *Divina Comedia* estaba inspirada por Dios y sobre si, en consecuencia, la obra debía interpretarse como ficción ejemplarizante o como una verdad literal, teológica (Minnis and Scott 387).

diente enseñanza moral (Minnis and Scott 209, 211). Hacia el siglo XIII, los comentarios de Averroes a la *Poética* de Aristóteles proponen una influyente definición de la poesía como instrumento para que el receptor siga la virtud y huya del mal (Minnis and Scott 284).

Durante la Edad Media, todos estos argumentos ponían en un aprieto a lo verosímil en diversos sentidos. Primero, el escritor se veía sometido (al menos teóricamente) al control eclesiástico sobre sus intenciones moralizadoras o heréticas, virtuosas o incitadoras al pecado. Segundo, la inventiva veía su campo de acción limitado a un fin moral, teológico que iba a condicionar los argumentos y personajes de las obras ficcionales. Y tercero, lo verosímil quedaba sujeto a una regla tácita, ineludible, por la cual lo moral era lo único poéticamente verdadero, justificable. Este verosímil ejemplar relegaba a un segundo plano o excluía verdades al margen de las oficialmente cristianas. En contrapartida, sin embargo, se abría un vasto campo ficcional para los milagros, las apariciones sobrenaturales y todo rasgo fantástico que, atribuido al poder divino, adquiría una verosimilitud intrínseca orientada hacia el adoctrinamiento del receptor. Como resume Escoto Erígena, "el arte de la poesía, es decir, el poeta, compone fábulas imaginadas y comparaciones alegóricas para instruir el espíritu humano en las verdades morales" (Bruyne I: 360). Según esto, la verdad poética se justifica sólo por la elaboración de una verdad teológica. Según glosa Edgar de Bruyne en referencia al pensamiento de Mateo de Vendôme y sus coetáneos,

> ciertas fábulas son inverosímiles y vanas, mientras otras son verosímiles y moralmente honestas: no hay para qué decir que sólo estas últimas se justifican: "Ut si quælibet res describatur, in expressione descriptionis maximum fidi prætendatur nutrimentum, ut veta dicantur vel veri similia." (II: 37)

Para Vendôme, inverosímil significa vano en oposión a las fábulas "verosímiles y moralmente honestas." Al igualar verosimilitud y verdad moral, ciertamente, se estaba poniendo a lo verosímil en un doble peligro. Por una parte, el de cohartar la creatividad; y por otra, siendo su fin principal el de adoctrinar con la mayor efectividad posible, el de impactar al receptor tanto como la realidad misma. Con este afán por persuadir a la audiencia, tomado en parte de la retórica y de la filosofía realista de Averroes, se podía provocar la confusión entre Historia y ficción incluso en el caso extremo de lo milagrero y sobrenatural, pues la verosimilitud era inseparable de las más profundas verdades cristianas. Estas verdades, según San Agustín y otros, quedaban al margen de la naturaleza y la razón (Forcione, *Cervantes, Aristotle* nota 25), por lo que el milagro y la divinidad podían ser aceptados como ciertos en un ejercicio de fe ciega que convertiría lo (in)verosímil en una verdad incuestionable.

Las bases cristianas de esta teoría de la verosimilitud moral encuentran sus raíces, por supuesto, en la Biblia, pero el tono milagrero medieval, que tanto va a influir sobre el Siglo de Oro, se nutre también de la tradición hagiográfica y mariana. A fines del siglo IV, por ejemplo, la biografía de San Martín de Tours escrita por Sulpicio Severo ya abunda en milagros y hechos paranormales. Su influencia se percibe de forma clara en obras del talante de los *Diálogos* de San Gregorio Magno, en los que el santo toma la actitud de un "educador piadoso que cuenta historias agradables" (Auerbach, *Lenguaje literario* 93, 97). En el mundo maravilloso, infantil, mágico y grotesco de los *Diálogos*, el diablo grita como un niño cuando es mordido, un hombre lujurioso es castrado por un ángel, una serpiente vigila un huerto a petición de un monje y varios muertos resucitan. Escudado tras la transmisión de las verdades morales, este mundo fantástico de San Gregorio Magno seguirá vigente en el Siglo de Oro—por ejemplo en Zayas—en una mezcla de (in)credulidad, ejemplaridad extrema y una forma de entender la literatura que hoy parecerá seguramente inverosímil.

Y es que la importancia de lo verosímil ejemplar va mucho más allá de los milagros y lo maravilloso, pues el componente moral de la verosimilitud afecta para muchos autores áureos todos y cada uno de los aspectos de la historia contada, incluyendo trama y personajes. En la traducción anónima (segunda mitad del XVI) del prólogo de Amyot para la *Historia Etiópica*, se alaba a Heliodoro "porque de todas aficiones ilícitas y deshonestas, él hace el fin desdichado; y, al contrario, de las buenas y honestas, dichoso" (Forcione, *Cervantes, Aristotle* 61, nota 27). Aquí, lo verosímil ejemplar no sólo justifica y determina lo irracional, sino también los sucesos de la fábula y el carácter de cada uno de los personajes: los buenos y honestos son premiados, y los ilícitos y deshonestos castigados. Sin este aspecto moral de la verosimilitud, la mayoría de novelas áureas podrían parecer al lector actual un mero cúmulo de acciones inequívocas, dogmáticas, y de personajes planos, faltos de veracidad. Ignorar la presencia de lo verosímil ejemplar en el Siglo de Oro sería, por lo tanto, desfigurar una realidad teórico-literaria bien documentada en la época.

Torquato Tasso sienta las bases de la justificación de lo maravilloso mediante la atribución al poder divino, como se analizará más en detalle en el capítulo siguiente, dedicado a lo verosímil posible y la maravilla. Pero además de en lo extraordinario, el componente moral de la verosimilitud influye en todos los aspectos de la creación ficcional. Para el decoro, por ejemplo, la honestidad es esencial según el mismo Tasso en el *Discorsi del poema eroico*: "Il decoro non si può separar dall'onesto" (Riley, *Teoría de la novela* 222). De la *Poetica Horatiana* de Pigna (1561), Weinberg concluye que "credibility is assured by moral verisimilitude" (*A History* 160). También desde Italia, Antonio Possevino difunde ya en 1593 en su *Tractatio* la idea de que la poesía verdadera es sólo aquella que trata de cosas decentes, y falsa la que versa sobre cosas lujuriosas u obscenas (Weinberg, *A History* 336). Si el decoro debe pasar por el tamiz de la honestidad, la credibilidad surge directamente de la moral;

y si sólo la poesía decente es verdadera, la verosimilitud es fundamentalmente una materia teológica, cristiana. Sólo desde este punto de vista se entiende que Bances Candamo, en su *Theatro de los theatros*, rechace por inverosímil el personaje de una princesa de dudosa moralidad: "Pues ¿cómo se ha de poner una princesa indignamente? Y más quando la Poesía enmienda a la historia, porque esta pinta los sucessos como son, pero aquella los pone como debían ser. Pues ¿dónde están estas Princesas fáciles?" (35). Si frente a la Historia, la ficción presenta las cosas "como debían ser," la doctrina cristiana y la perfección moral impedirían que una princesa "fácil" fuera verosímil, pues la nobleza de sangre presupone la de espíritu.

Con el argumento de que la poesía puede enmendar a la Historia, algunos teóricos defienden la licitud de la ficción por su fin moral de adoctrinamiento. Uno de ellos es Juan Luis Vives, en su *De las disciplinas* (1531): "Al conocimiento de la Historia agréguese el conocimiento de las fábulas, pero de las doctas y de las que, si el caso viniere, pueden aplicarse con fruto a la práctica de la vida, verbigracia: las ficciones poéticas, los apólogos de Esopo, los refranes y sentencias que adoctrinan el sentido común" (II: 657). La condición esencial para legitimar lo verosímil es que sea útil en un sentido esencialmente moral. En una primera versión de *La verdad embadurnada* (1514?), por ello, Vives prohibirá expresamente la mitología, pues aun cuando transmita verdades ejemplarizantes lo hace mediante una falsa religión:

> Existiendo muchos géneros de mentira, que no entrañan demasiado mal, esta mentira con que me enmascarasteis es la peor de todas, puesto que trae consigo una nefanda impiedad... Como si la medicina no pudiera darse sino mezclada con veneno. (I: 282)

Con la "nefanda impiedad" de la mitología, que no sigue las doctrinas cristianas monoteístas, ni siquiera el provecho moral es posible, pues éste se administra mediante la negación implícita de uno de los máximos credos cristianos. Precisamente, ese daño teológico es el que hay que evitar a toda costa. Como novena condición de la *Verdad embadurnada* de 1522, Vives acepta incluso aquella ficción cuyo fin no sea "la moralidad ni... la utilidad práctica," siempre que "se distinga por alguna insignia visible; désele [al consumidor de esa ficción] ciudadanía en alguna villa milesia, amena y regalada; vayan con ellos risas y donaires; vayan con ellos las dos esposas de Vulcano y vivan con Luciano, Apuleyo y Clodio Albino." Expresada esta irónica, pero explícita tolerancia respecto la ficción no moral ("amena y regalada... con risas y donaires"), se prohibirá por el contrario a un autor como Arístides por ser "procaz, libidinoso, impuro" (I: 892). Para Vives, y a pesar de su tono sarcástico, la doctrina moral no parece condición indispensable para la literatura ficcional; es el ataque contra las leyes cristianas el que no debe ser admitido en ningún caso. A medio caballo entre la aceptación y la prohibición totales de la inventiva, Vives se decanta por el fin moral como elemento clave de la verdad poética. Aunque admite con ironía la ficción cuyo fin es el mero entretenimiento, se muestra tajante a la hora de condenar aquella literatura que cuestione los credos cristianos elementales.

Durante todo el Siglo de Oro va a persistir esta importancia de lo verosímil moral para legitimar la ficción como un instrumento eficaz con que dar ejemplo de virtud y prevenir los vicios. Luis Alfonso de Carballo, por ejemplo, dedica el apartado X del Primer Diálogo del *Cisne de Apolo* a enfatizar el valor moralizante de la poesía con los argumentos ya consabidos: utilidad, persuasión, interpretación alegórica, doctrina cristiana... Unos años más tarde, en su *Panegírico por la poesía* (1627), Fernando de Vera y Mendoza todavía prioriza esta intención ejemplarizante como fin primordial de la inventiva: "el fin de la poesía es aprovechar con tanta medra, como hacer a los hombres virtuosos, y se podrá ver por menos celosías, desmembrando la poesía en cuatro modos y estilos poéticos, y sus fines todos encaminados a este glorioso efecto" (*TeMB* 183). Para Vera y Mendoza, la poesía debe por encima de todo instruir y adoctrinar a los hombres en la virtud. En "este glorioso efecto" de la poesía se ampararán también, en el extremo opuesto, aquellos que presenten una historia susceptible de ser acusada de inmoral. El ejemplo más citado al respecto es el prólogo a *La Pícara Justina* (1605) de López de Úbeda, quien justifica la narración de vicios y defectos morales por los efectos edificantes que el ejemplo negativo puede suscitar en el lector. Frente a la imitación de la virtud que se sigue de una ficción decente, López de Úbeda propone que se admita una historia pecaminosa para que el lector sepa de qué tiene que huir. Con idéntico fin pero medios diferentes, Mateo Alemán llenará su *Guzmán de Alfarache* (1604) de digresiones ejemplarizantes, como hará Castillo Solórzano en *Las Harpías de Madrid* (1631) "para que no se arguya de los libros de entretenimiento que no tienen aprovechamiento" (González de Amezúa, *Opúsculos* 263).

Ciertamente, la presión sobre el emergente y exitoso género novelesco para que dé ejemplo de la virtud es grande. Uno de sus primeros teóricos europeos, Girolamo Bargagli ya afirmaba en su *Dialogo de Giuochi* (1572) que la novela no se puede justificar sin la ejemplaridad (Riley, *Teoría de la novela* 168). Sintomático es que numerosas colecciones de novela corta incluyan explícitamente en su mismo título el objetivo de avisar, corregir o enseñar a sus lectores. Así sucede no sólo en las obras más conocidas, desde las *Novelas ejemplares* cervantinas a las de Zayas, sino también en las de Zatrilla (*Engaños y desengaños del profano amor*), Loubaysin de la Marca (*Engaños de este siglo*, 1615) y Correa Castelblanco (*Trabajos del vicio, afanes del amor vicioso..., exemplos para la enmienda*, 1680), entre otros casos (ver González de Amezúa, *Opúsculos* 262-64). Igualmente, los títulos de múltiples novelas contienen mensajes morales más o menos explícitos: "La ingratitud y el castigo," "El premio de la virtud," "La perseguida triunfante," "Los hermanos amantes," "La constante cordobesa" y tantas otras. Independientemente de que este afán moralizador no responda exclusivamente al sincero fervor religioso del novelista, lo cierto es que la prosa áurea se verá influida hasta el extremo por lo verosímil moral y por la necesidad de enfatizar el fin ejemplar de la ficción.

En la base de la novela corta como género, además, se encuentran los *exempla* medievales, los milagros, la hagiografía y otras formas literarias moralizantes como la predicación y el teatro religioso (Pabst, Neuschäfer, Forcione, *Cervantes and the Humanist Vision*). Junto a la finalidad ejemplar como argumento clave para la legitimación de la ficción, los géneros literarios de los que evoluciona la novela contribuyen a que los autores dediquen una atención máxima a lo verosímil moral. En la más importante reflexión teórica del seiscientos hispano sobre la novela corta, el "Prólogo" a su *Teatro popular* (1621), Francisco Lugo y Dávila declara:

> El fin que tienen estos poemas [en referencia a las novelas], como ya apunté, es poner a los ojos del entendimiento un espejo en que hacen reflexión los sucesos humanos; para que el hombre, de la suerte que en el cristal se compone a sí, mirándose en los varios casos que abrazan y representan las novelas, componga sus acciones, imitando lo bueno y huyendo lo malo. (Lugo y Dávila 26)

En la tradición ciceroniana, Lugo y Dávila considera la obra de ficción un espejo de costumbres cuyo fin es fundamentalmente moral. Si el novelista presenta acciones malas o buenas es para que el receptor rechace las primeras y acepte las segundas, por lo cual el personaje vicioso debe ser castigado, y el virtuoso premiado. A esta simplificación ejemplarizante se pliegan la mayoría de autores de novela corta, especialmente en sus manifestaciones teóricas explícitas. En el "Prólogo" a las *Doce novelas morales*, Diego de Ágreda y Vargas define la novela del siguiente modo:

> Es la novela narración cuyo principal intento ha de ser, con la cubierta de agradables sucesos y de honestas e ingeniosas ficciones, advertir lo que pareciere digno de remedio, llevando el que escribe puesta la mira sólo en el aprovechamiento del lector. (Pfandl 360-61)

Si la ficción ha de ser útil y dulce, agradable, ingeniosa y honesta a un tiempo, el autor no deja duda respecto al hecho de que el fin único del novelista ha de ser "el aprovechamiento del lector." Bajo una cubierta agradable e ingeniosa, lo importante es la medicina moral que, más o menos disimuladamente, se le administra al receptor.

Para evitar toda posibilidad de interpretación equívoca, "El amor en la venganza" de Castillo Solórzano comienza con el narrador formulando explícitamente la intención moral de la historia: "No sólo deben mirar los que novelan que sus discursos entretengan y deleiten a los oyentes, sino que sirvan de ejemplo general a todos los estados para reformación de las costumbres, y aviso de las inadvertencias." Junto a esta tópica declaración de intenciones, en que se afirma que el fin de la ficción es básicamente reformar costumbres y avisar contra los vicios, el novelista añade la lista completa de los puntos esenciales de su argumentación moral:

> Esta novela que pretendo contaros, quiero que su moralidad sea avisar a los reyes cuánto les importa conocer los sujetos de los señores y caballeros de sus cortes para elegir los convenientes... A los amantes, cuán neciamente se cansan en seguir imposibles, guiados por su amorosa pasión, de donde sólo vienen a resultar peligros y menoscabos en el honor de quien pretenden, y, finalmente, reprende el descuido de los que habiendo agraviado a otros andan poco recatados de los ofendidos. (*Tardes* 31)

Con esta declaración explícita, el autor señala directamente a aquellos a quienes pretende instruir—los reyes, los amantes y quienes agravian—, y condensa en unas pocas líneas aquello sobre lo que les avisa, su mensaje moral. Lo verosímil ejemplar no es aquí, obviamente, un recurso sutil con que ganarse la credibilidad voluntaria del receptor, sino un mecanismo desenmascarado de adoctrinamiento ideológico o, desde otro punto de vista, de manipulación de las masas. Debido a las circunstancias del momento, agudizadas por la puesta en práctica del espíritu contrarreformista y ultracatólico, el énfasis en lo verosímil moral era indispensable a la novela. Así lo refleja Tirso de Molina en los preliminares a su *Deleytar aprovechando*: "porque aquellas novelas merecerán alabança que en los sucessos exemplares y en las palabras honestas, satisfaciendo el gusto, no depravaren las costumbres" (Nougué 397, nota 16). Si bien el entretenimiento es condición presente en el ideario del novelista, el fin principal de la ficción parece ser en cualquier caso ejemplar, evitándose a toda costa que las obras literarias "depravaren las costumbres."

A partir de todos estos documentos, diversos críticos de los siglos XIX y XX ya han apuntado la importancia decisiva del componente ejemplar de lo verosímil. Menéndez Pelayo ya utilizó el concepto de "verosimilitud moral" en su *Historia de las ideas estéticas en España* (II: 770). Américo Castro, por su parte, dedicó un artículo a "La ejemplaridad de las novelas cervantinas" en el cual establecía la alternancia cervantina entre una "verdad vital" y una "verdad moralizante," esto es, entre un vago "realismo" o imitación de la vida cotidiana y una verdad orientada hacia la ejemplificación del ideario cristiano. Para Edward C. Riley, en un importante estudio sobre los "Aspectos del concepto de *admiratio* en la teoría literaria del Siglo de Oro," "lección moral y verdad poética eran una misma cosa, pero aquella pudiera ser más abiertamente didáctica que esta" (III: 182). Siendo lo mismo, pues la ejemplaridad implica *per se* verdad poética, la diferencia entre ambos términos se establece según Riley a partir de la mayor obviedad de la primera, "más abiertamente didáctica." En referencia al caso de Cervantes, el mismo Riley enfatiza el nexo entre verosimilitud y ejemplaridad: "la ficción ofrece ejemplos que imitar y también ejemplos de los que huir. Al mismo tiempo que nos entretiene, nos dice alguna verdad acerca de la vida. La verdad poética y la moralidad eran, según él [Cervantes], en último término inseparables" (173). Por último, es Evangelina Rodríguez Cuadros quien en su estudio sobre la novela corta marginada intenta explicar esa estrecha relación entre lo verosímil y lo moral: "verosimilitud y ejemplaridad se reducen, en mi opinión, al mismo problema. La lógica de la historia es la lógica de la realidad que se pretende defender" (*Novela corta marginada* 179). Para Rodríguez Cuadros, verdad poética y ejemplaridad son articuladas por una intencionalidad más o menos maniquea, más o menos disimulada, de transmitir un mensaje ideológico. En efecto, la ficción se utiliza como un instrumento de manipulación religiosa, y en ese fin ejemplar que la aleja de nuestras preferencias estéticas se encuentra paradójicamente el argumento más poderoso para defender en el Siglo de Oro la licitud de las mentiras literarias, de la verosimilitud.

Este ambiente teórico-literario influye en la práctica creativa del momento, que llevará la ejemplaridad no obstante mucho más allá del mensaje moralizante inequívoco. En general, toda la novelística áurea se plantea en torno al acatamiento o subversión del componente ejemplar de la verosimilitud, que influye decisivamente a la hora de llevar al extremo las situaciones, personajes y resoluciones de las historias. Muchas novelas cortas presentan casos límite en que las situaciones de unos personajes generalmente buenos o malos, sin términos medios, fuerzan un final ejemplar en que los primeros resultan premiados y los segundos son severamente castigados. Como en tantas otras novelas, en "El premio de la virtud" de Castillo Solórzano, la historia termina cuando una moribunda reconoce haber levantado falso testimonio contra el joven Anselmo, cuyo honor es restituido; de Renato, su cómplice, se dice que "se supo haberle quitado unos ladrones la vida y el dinero, digno castigo a su inobediencia." No sin razón, pues, el narrador calificará su historia de "ejemplar novela" (*Noches* 437), haciendo explícita una enseñanza moral que se articula en torno a un argumento relativamente simple de personajes buenos premiados, y de malos castigados incluso con la muerte.

En múltiples ejemplos, al narrador, sea un personaje de la historia o no, se le atribuye la misión de hacer explícito e inequívoco el mensaje moral de la novela, cometido que se lleva a cabo de diferentes maneras. El mismo Castillo Solórzano, en "El celoso hasta la muerte," usa la hipérbole para enfatizar la fealdad y los celos del esposo de la bella Marcela y justificar, en consecuencia, el adulterio de la muchacha y la ulterior muerte del monstruoso marido (*Noches* 344, 347). Con la exageración y la hipérbole, con la tensión de unas situaciones llevadas al límite, los novelistas áureos parecen aspirar a conseguir un doble objetivo: impactar al máximo la sensibilidad del receptor y hacer transparente, desproblematizar una solución moral que no debe admitir dobles interpretaciones. En los *Casos prodigiosos,* Juan de Piña incluye "un caso horrendo" de infidelidad conyugal en que todos los protagonistas, incluyendo el hijo de la adúltera, mueren. El narrador concluye su historia con una advertencia generalizadora: "Sirva de ejemplo a los que van al matrimonio con diferente fin de la institución" (179). También en torno al matrimonio y el papel semiredentor de la mujer, en la anónima "No hay desdicha que no acabe" se plantea el caso de doña Mayor, violentamente deshonrada por "un caballero." Tras la violación, y mientras ella duerme, el galán se enamora de su extraordinaria belleza. Al despertar la joven, instintivamente intenta matar a quien la forzó; sin embargo, el caballero le confiesa su amor y le pide la mano, aceptada por doña Mayor porque no tiene otra escapatoria social tras perder la virginidad (*Novelistas posteriores* 523-24). La clave de la verosimilitud de este pasaje es moral: con una dama cuya voluntad es anulada por las reglas sociales y la violencia sexual, la ejemplaridad se dirige hacia el hombre, quien se libra de la venganza de doña Mayor (y de Dios en último término) porque el amor verdadero redime sus pecados. Así, para el recién enamorado el castigo de la muerte a manos de su víctima se convierte de inmediato, sin mayor expiación del pecado, en el premio del matrimonio.

Un mensaje moral en principio mucho más contundente se desprende de la carnicería en que termina convirtiéndose "Los hermanos amantes" de Luis de Guevara. En la novela se plantea un triángulo incestuoso formado por los hermanos don Fernando, doña Elisa y don Baltasar. Cuando ella descubre que está embarazada de uno de sus dos hermanos, culpa a un amigo común para evitar que Fernando y Baltasar se maten entre sí. Lo que consigue es que el amigo resulte asesinado; cuando Elisa confiesa su mentira, los hermanos la matan a ella y al recién nacido. Durante su huida, los jóvenes perecen uno al tropezar bajando de un barco, y el otro de puro miedo. Antes de expirar, éste último confiesa sus pecados a un sacerdote y un notario. Al final, por lo tanto, la justicia divina recae implacable sobre todos los participantes en un caso morboso de incesto, lujuria y asesinato (*Novelas amorosas* 313-48). Los hechos de los hermanos amantes acaban en manos de los poderes eclesiástico y legal como única posibilidad de redención; quien difunde la historia, sin embargo, es el novelista, el mediador entre la justicia divina y las masas, el verdadero adoctrinador del público lector.

Para lo verosímil ejemplar la obviedad es sin duda el mejor recurso, venga acompañada o no de la hipérbole. En ese sentido, la participación del narrador es esencial a la hora de formular explícitamente el mensaje ejemplar con el que se pretende instruir al receptor. En algunos casos notables, las intenciones moralizantes se detallan al máximo, como por ejemplo al final de la mayoría de las novelas de Diego de Ágreda y Vargas. En "El hermano indiscreto," por citar apenas un caso, los últimos párrafos de la narración deducen una enseñanza moral a partir de cada uno de los personajes y situaciones resueltas en la novela: "En don Alonso se nos muestra un viejo cuerdo... En don Juan se nos enseña un mozo poco advertido... Pasar don Sancho por el oculto casamiento de su hermana, nos avisa que sufren muchas veces los nobles por... El deseo de ver doña Isabel a don Diego... denota generalmente cuán inclinadas son todas las mujeres a novedades... " (*Novelistas posteriores* 488-89). La lista de personajes y acciones de la novela viene acompañada por su exacta explicación moral; al menos, por supuesto, la que le interesa al propio autor. Si la ejemplaridad de los sucesos no debe ser puesta en duda, tampoco la verosimilitud de la historia necesita de mayores justificaciones. Con la exposición directa de la correspondiente moraleja que tanto entorpece la lectura actual de la obra de Ágreda y Vargas, el autor se está asegurando la licitud de su obra ficcional y su elevación a la categoría de poeta útil y agradable, capaz de entretener pero, por encima de todo, capaz de adoctrinar en las verdades morales.

Los ejemplos de estas digresiones moralizadoras de los narradores son abundantísimos. En "La ingratitud y el castigo," de Castillo Solórzano, Octavio incumple su palabra de matrimonio y termina siendo asesinado por un tal Camilo, "instrumento del cielo, que quiso castigarle por su merecida culpa." El fin ejemplar no sólo termina con una resolución obvia al conflicto, sino que además el narrador cree conveniente "avisar" directamente a su receptor, generalizando las trágicas consecuencias de la infidelidad de Octavio: "Esto mismo pueden temer todos los que en ocasiones tales cumplen con su apetito y no después con su obligación" (*Noches* 158). En la morbosa novela corta de Luis de Guevara "Los hermanos amantes," el narrador recuerda constantemente al lector que la justicia divina actúa incluso cuando el delito es ignorado por las leyes humanas. Frases como "Dejémoslos en este estado que bajaba la roja espada de la justicia divina airada y fulminante contra ellos" (*Novelas amorosas* 332) o "sin considerar la ofensa que hacía a las leyes de la naturaleza y lo que más al Cielo, que todo lo miraba" (336) recuerdan al receptor que sus actos están siendo permanentemente vigilados por Dios, incluso cuando se logra burlar la vigilancia de los hombres. Con este tipo de juicios, el poeta carga las tintas sobre su intención moralizadora al mismo tiempo que afianza su propia credibilidad al demostrarse como un adoctrinador, al transmitir mediante su historia una verdad incuestionable. En efecto, el incesto ha de ser castigado por Dios, y tras esta verdad obvia y formulada explícitamente una y otra vez a través de la novela, el narrador adquiere un ventajoso papel de maestro de enseñanzas morales que él mismo se encarga de destacar con frecuencia.

Ese poeta *vir bonus* cuyas hipérboles argumentales y estilísticas son justificadas por el velo moral no es ajeno a la privilegiada posición en que se encuentra. El narrador de "Los hermanos amantes" de Guevara, por ejemplo, no duda a la hora de advertir y reprobar en segunda persona a los caracteres de su historia: "¡Ay miserable Elisa, en qué despeños tan inevitables te has puesto" (337). Con más frecuencia aún, se dirige a su receptor para orientarlo en el laberinto de pecado y vicio moral en que degenera el argumento: "Aquí entra el delito de Elisa" (332); "Dejémoslos así, que la inocencia los librará sin duda, y volvamos a los dos huidos hermanos... " (346). Presentado como una especie de guía moral, con poder para intervenir y comentar desde la moralidad el comportamiento de los personajes, el novelista consigue un doble objetivo. De una parte, legitima la ficción y el oficio mismo de narrador mediante la formulación explícita de lo verosímil moral; de otra, expone argumentos escandalosos y morbosos que, sin una intención ejemplar muy clara, merecerían la censura de los inquisidores.

Paradójicamente, la voluntad de crear el máximo efecto en el adoctrinamiento del receptor provoca que los argumentos de estas novelas degeneren en un universo hiperbólico y retorcido en el cual, bajo un velo ejemplar, se suceden los actos más depravados. Infidelidades, asesinatos, traiciones, incesto y violaciones son cubiertos por una intención ejemplarizante tras la cual se escuda un narrador moralmente fortalecido. Guevara, por ejemplo, asume las depravaciones de su historia ("Los hermanos amantes") con la tristeza de quien cumple un ingrato deber con la esperanza de lograr un fin moral:

> Oh, si los sangrientos dejos de mi pluma en este caso que presento a los ojos del mundo (trágico, como acontece en todos los que son efecto de un desatinado amor) dejaran impresos los desengaños que pretendo en los corazones de los que tienen por su Dios a este tirano a quien idolatran, aun no tuviera por malogrado mi trabajo!... Quiera el Cielo que queden escarmentados los que acertaren a leerle, pues conseguirá la fatiga que he tenido en referirle su más decente recompensa. (*Novelas amorosas* 347)

La "fatiga" que para el narrador supone contar la novela sólo puede tener "su más decente recompensa" en el escarmiento del receptor. De esa tarea ejemplarizante se deduce para el novelista el poder de adelantarse a las reacciones del lector y manipularlas, como ocurre en "El Desdén del Alameda" de Céspedes y Meneses. Don Pedro, un personaje soberbio que merece ser castigado por su exceso de orgullo, recibe la terrible noticia de que la mujer a quien ama se desposa con otro hombre. Quizás en previsión de que algunos lectores sientan pena por el personaje, o bien para realzar la humanidad del propio narrador, éste interviene de inmediato: "Ciertamente que, aunque él no merece ninguna lástima, no puedo excusarla en mi pecho; mas tales disposiciones y rodeos son secretos juicios de Dios, a quien hemos de venerar y no inquirir" (*Historias peregrinas* 157). Ante un sentimiento impropio o difícil de justificar, como la simpatía del receptor por el soberbio don Pedro, merecedor de un ejemplar castigo, el narrador no duda en remitirse a los "secretos juicios de Dios" que, por insondables, no dejan de ser menos verdaderos y sirven en todo caso a la credibilidad de la historia. En lugar de recurrir a un verosímil basado por ejemplo en la psicología del personaje, la historia prefiere atar cabos mediante la subordinación de todo acto y pensamiento a la secreta voluntad de Dios.

La relación entre escritura, moralidad y poder es verdaderamente intensa en la época, y contribuye a construir la verosimilitud de una historia. En los *Casos prodigiosos* de Juan de Piña esta estrecha relación entre lo ejemplar y el discurso verosímil se hace explícita cuando el personaje principal de la novela, don Juan, ha de enfrentarse a los muchos portentos de la "Cueva encantada." Para recabar fuerzas y coraje, según narra en primera persona, el protagonista se encomienda a Dios y

> a la Santísima Virgen María, a quien invoqué por las mercedes recibidas y haber escrito seis pliegos peregrinos y extraordinarios de su pura y limpia Concepción, sin culpa, sin mancha de pecado original; sentí la maravilla en el nuevo aliento que la invocación me infundió y proseguí animado y confiado. (239)

De la invocación a la Virgen se sigue la valentía para proseguir la aventura de la "Cueva encantada," mediatizada por el hecho de que el noble don Juan había escrito "seis pliegos peregrinos y extraordinarios de su pura y limpia Concepción." Gracias a haberle escrito unos textos "peregrinos," el favor de la Virgen hacia el caballero parece asegurado, lo cual reafirma su ánimo para embarcarse en aventuras portentosas. De la misma manera que Piña recibe la ayuda de Santa María, pues, el receptor de la historia extraordinaria y peregrina de la "Cueva encantada" puede obtener una enseñanza moral y el coraje necesario para afrontar las dificultades de la vida. En una metáfora que se encarna en la figura del propio narrador y protagonista de los hechos, el texto sobre la Concepción y las subsiguientes mercedes de la Virgen otorgan verosimilitud a la valentía de un personaje enfrentado a las maravillas de la "Cueva encantada" y a la aventura misma de narrar los hechos. Verdad ejemplar y habilidad narrativa se equiparan, así, para hacer creíbles no sólo los portentos e hipérboles de la acción, sino también para hacer verosímil a un narrador que guía a sus receptores en la búsqueda de la verdad cristiana en medio del humano laberinto del vicio y el pecado.

Concluyendo, la importancia de lo verosímil ejemplar durante el Siglo de Oro es capital en diversos sentidos. Primero, ayuda de forma significativa a que los críticos más reticentes contra la ficción reconozcan que bajo su velo imaginativo—*integumentum*—se puede esconder una enseñanza moral verdadera. Segundo, justifica lo hiperbólico y macabro de muchas novelas cortas como una respuesta a la necesidad por adoctrinar al público, por impactarle de la manera más eficaz posible. En contrapartida, sin embargo, mediante esta forma de control la censura abría desde su propio seno una vía de escape para los temas prohibidos y tabúes sexuales de una sociedad absolutista y ultracatólica. En tercer lugar, lo verosímil moral concedía poderes extraordinarios a un narrador visible, convertido en juez y verdugo de su propia historia, en guía moral y maestro de ceremonias de unos casos ejemplares cuyo fin explícito era el de adoctrinar y prevenir. Por último, la verosimilitud ejemplar explica la obviedad de muchas novelas que han perdido su encanto con la evidente manipulación tanto de su lógica interna —mediante personajes planos y situaciones extremas— como de su mensaje ideológico —mediante la explícita formulación de su doctrina moral.

A pesar de su carácter demagógico, lo verosímil ejemplar es empleado por los novelistas áureos como un arma de doble filo. Como se analizará más en detalle abajo, y en especial en referencia a la obra de María de Zayas, estos textos contienen un potencial subversivo devastador para los controles inquisitoriales de la época. A primera vista, las historias y personajes pueden parecer a un lector actual simplificadores e ideológicamente monolíticos; al mismo tiempo, sin embargo, ofrecen con todo lujo de detalles una sobreabundancia de violaciones, incestos, asesinatos, magia negra, traiciones. ¿Era necesario para probar un argumento ejemplar contrastar al Bien con las áreas más oscuras y morbosas del Mal? Las páginas que siguen pretenden profundizar en esa contradicción: ¿cómo se conjugan ejemplaridad y corrupción moral? ¿Con qué fin último se presentan ante la censura y el público novelas repletas de degradación moral y escenas escabrosas?

2.2. VEROSIMILITUD Y MUERTE: ZAYAS ANTE LAS APARICIONES

En la novela corta del siglo XVII la presencia de la muerte es constante, casi excesiva, lo cual hace suponer que ésta cumple una función particular en las novelas áureas. Por poner apenas tres ejemplos, en "Los hermanos amantes" de Guevara y en una de las historias intercaladas de los *Casos prodigiosos* de Piña todos los personajes implicados terminan muriendo; en otros casos, como en "El premio de la virtud" de Castillo Solórzano, las complicaciones argumentales se resuelven con la muerte de varios de los protagonistas, especialmente aquellos que han cometido un grave pecado. Hasta cierto punto es lógica tal abundancia de muertes en un género en que se puede morir de amor, en que los duelos son moneda de cambio corriente, y en que la justicia, la divina o la humana, termina casi siempre por castigar severamente cualquier infracción. Más impactante aún resulta el hecho de que, en numerosos casos, la muerte no suponga el fin de un personaje, pues en múltiples ocasiones un difunto vuelve a la vida o se aparece a los vivos. Si la muerte es consecuencia lógica del violento mundo de la novela corta, las resurrecciones y las apariciones pueden dañar seriamente la verosimilitud del texto. Aunque en la época era grande la credulidad respecto a estas apariciones de ultratumba, también es cierto que diversos autores denuncian ese exceso de credulidad, vigilado muy de cerca por la Inquisición (Deleito y Piñuela 183-325). Con la resurrección de un difunto, pues, se puede en contrapartida causar la muerte de lo verosímil; a la redención de la violencia que supone la vuelta a la vida, se le opone la violencia sobre la credibilidad del propio texto. ¿Qué papel cumple, entonces, esta intervención de lo sobrenatural? Y sobre todo, ¿cómo se logra hacer verosímil la vuelta de un personaje ya fallecido al mundo de los vivos?

Las apariciones de muertos se relacionan en ocasiones a intervenciones milagrosas la Virgen, cuya verosimilitud pudo ser peligroso tanto defender—para evitar la proliferación y falsificación de milagros—como negar—pues la divinidad, según la Iglesia, puede en efecto aparecerse a los vivos. Ni siquiera Cervantes renuncia a este recurso un tanto efectista a la hora de, por ejemplo, urdir la historia del cautivo en la primera parte del *Quijote*, con la intervención de la Virgen María para convertir a la mora Zoraida. Aunque en su obra la presencia de lo ejemplar es menos densa que en la de, por ejemplo, Mateo Alemán o, con posterioridad, la propia María de Zayas, los casos morales también están presentes en la narrativa cervantina. Ya Edward C. Riley afirmaba en su *Teoría de la novela en Cervantes* que éste se movía en ocasiones en una zona donde "lo poéticamente verdadero y lo ejemplar se reconciliaban" (170). En "La fuerza de la sangre," siguiendo a Alban K. Forcione, se puede explicar el carácter plano del protagonista masculino, Rodolfo, a través de su conexión con el milagro y la demonología. Poseído por el mal, Rodolfo se comporta de manera brutal con Leocadia, quien no reconoce a su agresor por su forma espectral y la falta de luz en una habitación que es descrita como "limbo" e "infierno." Si Leocadia termina por aceptar el matrimonio con su violador es porque, según Forcione, al final los personajes de la novela "remain illustrative characters, and, as such, simplified, abstract, and symbolical" (*Cervantes and the Humanist Vision* 362-63).

Esa presencia simplificadora de lo verosímil ejemplar es particularmente visible en la historia del cautivo en la primera parte del *Quijote*. La huida de los cautivos se empieza a fraguar cuando el capitán observa que una caña, que lleva atada al extremo un lienzo con unas monedas, se agita entre unas celosías. En la siguiente ocasión en que aparece la caña, el lienzo contiene más monedas y un papel escrito en árabe. El mensaje es de la hija de Agi Morato, poderoso renegado de Argel, y en él ofrece su ayuda a los cautivos alegando que quiere acompañarlos a tierras cristianas, a pesar de que para ello deba abandonar a su querido padre. La acción de la muchacha es verdaderamente difícil de justificar a un nivel racional, así que Cervantes recurre en este caso a lo verosímil ejemplar: de niña, una esclava española habló de la Virgen María a la muchacha. Después de su muerte, la cristiana se aparece a la niña en dos ocasiones para aconsejarle "que me fuese a tierra de cristianos a ver a Lela Marién, que me quería mucho" (I: 479). De hecho, la historia se basa en un milagro mariano cuya bibliografía esencial recoge Forcione (*Cervantes and the Humanist Vision* 347, nota 49), y que el autor adapta a una situación pseudo-biográfica. La ayuda a los cautivos, con una intervención de la Virgen que quizás el propio Cervantes anhelaría más de una vez en sus años en tierras moras, adquiere verosimilitud en un doble sentido. De un lado, la muchacha actúa movida por unos hechos sobrenaturales, de índole divina, que quedan fuera del alcance de la lógica humana y que por lo tanto no pueden ser puestos en duda. De otro, no sólo los cautivos reciben una ayuda impagable, sino que la propia muchacha se ayuda a sí misma a ojos del lector seiscentista al abandonar la religión musulmana y abrazar la cristiana. El origen de los acontecimientos no pertenece al ámbito de las voluntades humanas, sino a la voluntad del Cielo, pues es la Virgen misma quien promueve la salvación espiritual de la hija de Agi Morato, salvación que exige y pasa por la liberación física de los cautivos cristianos. En esta coyuntura tan favorable, ni siquiera era necesario situar a la muchacha en un entorno dramático y hostil: su padre es presentado al lector muy favorablemente y la vida de la mora se nos dice que era cómoda, segura. La única causa que provoca la arriesgada e irracional acción de Zoraida, el foco único de verosimilitud, viene dado por la intervención divina, por un verosímil ejemplar plenamente convincente—más aún, satisfactorio—para la mentalidad del lector áureo.[4]

También Tirso de Molina articula con pleno sentido de la verosimilitud su novelización de la vida de San Pedro Armengol en *El bandolero*. Al joven santo lo ahorcan y permanece tres días "pendiente el cuerpo, pero vivo, y más pendiente el alma de la deleitosa presencia de su Esposa Virgen" (*El bandolero* 379). Gracias a la intervención de la Virgen María, invocada por la devoción del joven, se produce "el milagroso prodigio" de sobrevivir tres días a la horca. Mientras los creyentes celebran la intervención divina, el milagro es atribuido por los lugareños que no eran cristianos a "mágicas hechicerías" (384). Con ello, Tirso no sólo hace descansar la verosimilitud de estos sucesos sobrenaturales sobre la enseñanza moral del texto—la devoción preserva la vida—, sino que además contrasta la correcta interpretación religiosa de la maravilla con las supersticiosas brujerías propias de herejes. Frente a la hechicería, en efecto, el poder benefactor de Dios es el premio satisfactorio y ejemplar que reciben aquellos cuya vida se consagra a la defensa del catolicismo.

Además de las intervenciones de la Virgen y de santos, que encuentran sus modelos en la literatura medieval mariana y hagiográfica, también las apariciones de muertos cuentan con precedentes clásicos ilustres. La novela bizantina barroca hereda sobre todo de Aquiles Tacio el gusto por los muertos que vuelven a la vida. En algunos casos, se trata de una suspensión temporal de las funciones vitales, en otras se recurre a engaños para hacer creer que alguien ha muerto, y en otras se asesina por error a alguien que no es el objetivo del crimen (González Rovira 127). Volviendo a la novela corta, en "El hermano indiscreto" de Ágreda y Vargas, por ejemplo, don Diego afirma haber muerto al hermano de doña Isabel. En realidad el supuesto asesino no cumplió su objetivo, según Isabel confiesa a su padre avanzada la novela: "no creas, aunque parece verisímil su confesión, que dio a mi hermano la muerte" (*Novelistas posteriores* 485). Si el hermano de Isabel sigue vivo no es porque ha resucitado milagrosamente, como podría haber pensado su padre al verle, sino simplemente porque nunca llegó a morir. Por el contrario, en "Engañar con la ver-

---

[4] Más recientemente, Michael Gerli ha interpretado la historia del cautivo como una reescritura del mito de la "Cava rumía" sobre la caída de España en el 711 en manos de los moros. Frente a la historia de la Cava, aquí el matrimonio culmina una relación entre cristiano y mora que no ha sido manchada por el sexo, por lo que la unión racial y religiosa—bajo el catolicismo, por supuesto—es presentada como una posibilidad esperanzada de convivencia (*Refiguring Authority* 55, 57).

dad" de Castillo Solórzano se nos presenta un caso bastante más truculento y difícil de hacer verosímil. El príncipe catalán don Remón naufraga en las costas de Sicilia y se disfraza allí de pastor. Cuando tres de sus consejeros le encuentran por el lugar, el príncipe niega ser él mismo "por ver qué harían con él" y se hace pasar por pastor siciliano. Para dar verosimilitud a la innecesaria y peligrosa curiosidad del joven, el autor utiliza en una misma frase dos palabras de fuerte carga semántica en la época: "acrecentaron [los tres súbditos] su admiración, atribuyendo a gran prodigio de la naturaleza el que tenían presente" (*Tardes* 371). Admiración y prodigio de la naturaleza, los consejeros admiten que el pastor siciliano es idéntico al desaparecido príncipe, y deciden hacer pasar al fingido pastor por el verdadero príncipe a fin de manipularlo y gobernar en la sombra. Estirando aún más la muy improbable curiosidad del príncipe—ahora investido Rey—, el "pastor" trata con poco agradecimiento a quien le colocó como soberano "para ver en qué paraba el intento de su ambicioso deseo [el del consejero]" (372). Tras múltiples enredos y peligros, don Remón por fin acredita mediante una sortija y un retrato que él, en efecto, es el verdadero Rey, quien como un aparecido ha vuelto a la vida desde la oscura orilla de una falsa muerte (397). El móvil de los hechos responde aquí únicamente a la intención de don Remón de probar la fidelidad de sus consejeros tras su naufragio. Desde un punto de vista actual al menos, las posibles, nefastas consecuencias de su temeraria acción no parecen motivo suficiente como para justificar este argumento un tanto descabellado. Así, la verosimilitud de la trama se somete casi exclusivamente a la eficacia del ejemplo que se pretende defender: cómo el Rey debe rodearse de buenos consejeros y cómo éstos deben actuar.

Como otra forma posible de aparición, ciertamente más sutil y no poco confusa, se encuentra el caso de Grisóstomo en la primera parte del *Quijote*. A pesar de su muerte física, la presencia del pastor es constante en la historia y mediatiza nuestra percepción de las circunstancias y personalidad de Marcela. También en el caso de esta muerte verdadera y falsa "aparición" (el personaje está en boca de todos), lo verosímil ejemplar tiene una enorme importancia. Lo primero que conoce el lector de este personaje es que ha "muerto de amores," circunstancia que ha provocado una prolongada disputa académica sobre si el joven se ha suicidado o no. Lo cierto es que, además, Grisóstomo "mandó [en su testamento] cosas tales, que los abades del pueblo dicen que no se han de cumplir, ni es bien que se cumplan, porque parecen de gentiles" (I: 175). Si la muerte de Grisóstomo pudo ser interpretada como un suicidio y los abades no aceptan sus últimos deseos por gentiles, el joven habría cometido una acción ignominiosa y hasta un pecado mortal según la doctrina católica. Así, mediante lo verosímil ejemplar se había de provocar en el lector de la época una predisposición hostil hacia la figura del fingido pastor, algo que ayudaría al propósito cervantino de ensalzar en último término el derecho de la bella Marcela a decidir libremente su destino. Esta aprehensión hacia Grisóstomo, en descargo de Marcela, vendría confirmada al menos por dos hechos. De un lado, el joven aprendió en Salamanca la ciencia de la astrología (I; 176), que cuenta en la época con una faceta positiva y otra, la judiciaria, que puede considerarse herética. Aunque en el texto se alude sólo a las beneficiosas predicciones del joven sobre cosechas y cambios de tiempo, la sospecha de haberse adentrado en la parte herética de la ciencia de las estrellas—especialmente si sus disposiciones testamentarias fueron paganas e intolerables para la Iglesia—no se niega en ningún momento. De otro, se ofrecen las siguientes palabras de su íntimo amigo Ambrosio:

> así le fatigaban a Grisóstomo los celos imaginados y las sospechas temidas como si fueran verdaderas. Y con esto queda en su punto la verdad que la fama pregona de la bondad de Marcela; la cual, fuera de ser cruel, y un poco arrogante, y un mucho desdeñosa, la mesma envidia ni debe ni puede ponerle falta alguna. (I: 195)

Aunque califique a Marcela de "cruel, y un poco arrogante, y un mucho desdeñosa," Anselmo dice de Grisóstomo algo bastante más grave: imagina faltas y sospecha infundadamente de su amada. Además de falseador, Grisóstomo toma al pie de la letra sus obsesivas fantasías, que le fatigan "como si fueran verdaderas" y le llevan a actuar como un individuo difamador y crédulo de sus propias mentiras. A la sospecha de suicidio y de hereje, se le suma una cantidad suficiente de rasgos negativos como para que Grisóstomo sea un personaje ejemplarizante a quien su amor enfermizo le conduce a la muerte.

Más obvias que en el caso cervantino son las apariciones de muertos en algunas novelas cortas en las que, sorprendentemente, no se formulan justificaciones explícitas que den verosimilitud a los hechos paranormales. En "El traidor contra su sangre" de María de Zayas, doña Mencía, esposa de don Enrique asesinada brutalmente por su hermano don Alonso, se aparece a su marido para prevenirle del peligro en que se halla. Como efecto de esta aparición, sin embargo, don Enrique resulta tan turbado que apenas puede defenderse y recibe dos estocadas y veintidós puñaladas que le dejan "casi muerto" ("El traidor," *Desengaños* 382-83). Lo sorprendente es que Zayas no haga el menor esfuerzo por dar verosimilitud a esta aparición, la cual ni siquiera consigue que el protagonista escape a la emboscada de sus enemigos.[5] En "Los dos Mendozas" de Gonzalo Céspedes y Meneses, la aparición de un criado injustamente asesinado por el padre de los hermanos Mendoza sí resulta eficaz a la hora de rescatar del peligro a uno de los hermanos, don Diego (por ejemplo, 402). Lo que ese "mísero espíritu" (405) reclama es ser sepultado en campo santo para

---

[5] En la novela aparecen otros dos fenómenos paranormales cuya verosimilitud es difícilmente justificable: la cabeza de doña Ana sigue fresca tras ser exhumada seis meses después de la decapitación (398); y las heridas de doña Mencía todavía sangran un año después de su asesinato (384-85).

que su alma pueda descansar en paz. Con su aparición se consigue varios efectos narrativos de importancia: se salva de un peligro mortal a uno de los protagonistas, se da prueba de la nobleza de don Diego cuando reconoce la injusticia que su padre cometió sobre el criado, y además se da coherencia a la acción con el seguimiento de un hilo narrativo que comienza con el padre de los Mendoza, pecador y cruel, y termina con la nobleza redentora de sus hijos. Si la aparición del espíritu del criado muerto se ofrece sin ningún refuerzo de su verosimilitud, al menos lo sobrenatural cumple en la novela una importante función narrativa de cohesión.

Como regla general, en cualquier caso, en la novela corta postcervantina la vida después de la muerte se presenta básicamente como una cuestión moral. Si la muerte castiga, la vuelta de la muerte a la vida adoctrina, y en ese sentido último ejemplar es donde hay que buscar la verosimilitud de lo sobrenatural. En "Quien bien anda bien acaba," publicada en la *Mojiganga del gusto* de Andrés Sanz del Castillo, se cuenta la historia del pecaminoso caballero don Nuño, quien se encuentra en un bosque gallego al ermitaño Ambrosio. Tras morir, Ambrosio se le aparecerá a don Nuño, hecho maravilloso dotado de verosimilitud mediante el reconocimiento de una intervención divina que escapa el entendimiento humano: "dejando al juicio de la disposición divina la inteligencia de aquellas novedades, pocas veces vistas, excusando el discurso sobre lo que tan difícil de entender ni alcanzar era" (90). El "discurso" prescinde, en efecto, de todo intento de hacer verosímil un prodigio cuya única fuente de credibilidad proviene de la omnipotencia de Dios y su voluntad de salvar a los seres humanos en peligro de condenarse. Con similar intención ejemplarizante, en "El desengaño amando, y premio de la virtud" de María de Zayas, don Octavio, antiguo pretendiente de doña Juana, se le aparece a ésta para advertirle que abandone sus prácticas de brujería y tenga temor de Dios (205-06). El ambiente mágico y de hechicería que impera a lo largo de todo el texto no requiere a juicio de Zayas más refuerzo de la verosimilitud que la lucha implícita de las fuerzas del demonio contra las siempre vencedoras fuerzas del Bien. En la novela de Zayas, a la magia negra que practica doña Juana se le opone la aparición del difunto don Octavio como contrapunto divino a las acciones del demonio. Avisada, Juana reniega de la brujería y entra en un convento para llevar una vida religiosa. Con este fenómeno sobrenatural y redentor, además, se predice el desastroso final de la otra hechicera de la obra, Lucrecia, quien no abandona sus prácticas satánicas y es castigada en último término con la muerte. La clave de lectura de este pasaje, susceptible de inverosimilitud, hay que buscarla en su forma más explícita en otros textos de la propia Zayas y de otros autores postcervantinos.

Lo verosímil ejemplar que da credibilidad a pasajes como los comentados arriba es formulado de manera abierta y directa en varias novelas cortas. En "La cruel aragonesa" de Castillo Solórzano, la violencia brutal de la protagonista, doña Clara, es contrarrestada por las voces y apariciones de sus víctimas, que la advierten del castigo que va a recibir por haber asesinado a tres personas, entre ellas un sacristán.

Al término de la novela, con el asesinato de la propia doña Clara, el auditorio femenino acusa al narrador de la novela, don Carlos, de inverosimilitud. Las quejas de las damas no cuestionan sin embargo el exceso de apariciones y voces de ultratumba, sino el hecho de que una mujer, doña Clara, pueda ser tan cruel. El narrador sale al paso de esta acusación aduciendo ejemplos históricos y autorizados de mujeres crueles como "Medea, Progne y Sicilia" (183). Sorprendentemente para el lector actual, no se acusa a la novela de violentar la verosimilitud con fenómenos paranormales, sino sólo por la presencia de una mujer en exceso cruel. Parece que para el público de don Carlos la ejemplaridad ha bastado para hacer verosímiles las apariciones de muertos, que actúan apropiadamente como castigo divino a la crueldad de doña Clara. En "El verdugo de su esposa" de Zayas se aparece un "hombre todo bañado en sangre y mojado" que resulta ser un caballero asesinado por error al confundirlo con don Juan. Este cadáver vuelto a la vida ha sido enviado directamente por Dios para librar al joven noble de un nuevo peligro. Cuando termina su advertencia, el sangriento espectro refuerza la verosimilitud de su aparición mediante la atribución directa al poder infinito y misericordioso de Dios: "Que yo me voy adonde estaba cuando Dios me mandó que viniera a librarte; que yo muerto estoy, que no vivo, y acuérdate de mí para hacerme algún bien" (*Desengaños* 218).[6] Como Tasso recomendaba, la maravilla se hace verosímil para el receptor áureo al justificarse mediante una intervención divina.

Tampoco en "La constante cordobesa" de Céspedes y Meneses se cuestiona la aparición de un franciscano que se levanta del sepulcro al paso de don Diego y don García. El primero había abandonado a su prometida, doña Elvira, por la también noble doña Aldonza, a la que deja embarazada. Para restituir el honor de Elvira mediante el matrimonio, el aparecido advierte "con tremulante voz" al caballero el pecado en que se halla: "¿Hasta cuándo has pensado, ¡oh atrevido mancebo! que habrán de suspender los justos cielos el castigo y azote de tus detestables intentos?" (*Historias peregrinas* 214). La justicia divina se cumple en efecto pronto, y de un modo cruel para la amante del galán: en el parto, tanto doña Aldonza como el recién nacido fallecen, lo cual deja el camino libre para que un don Diego arrepentido de sus pasados deslices acepte por fin el matrimonio con doña Elvira. A una historia de infidelidad por parte del protagonista masculino, el autor impone una lógica ejemplarizante acorde a la sociedad patriarcal del momento. Quien paga los platos rotos no es el caballero que incumple su primera palabra de matrimonio y que seduce a una dama a la que deja embarazada. Con una cuestionable ejemplaridad, se le concede una segunda oportunidad al infiel don Diego mediante la aparición del

---

[6] Zayas es sensible al hecho de que estos fenómenos paranormales podían tener para el pueblo interpretaciones diferentes de la ejemplar. Sobre lo sucedido a don Juan en esta novela, afirma que la aparición "se había divulgado por la ciudad, que no se hablaba de otra cosa; y como el vulgo es novelero, y no todos bien entendidos, cada uno daba su parecer" (*Desengaños* 219).

misterioso franciscano de ultratumba y la providencial muerte de Aldonza y su vástago. Dios corrige los pecados de los hombres y premia a quienes son capaces de rectificar incluso a costa de las vidas inocentes de un niño bastardo y su madre engañada.

Además de hacer explícita la lección moral que conlleva la aparición de los muertos, los novelistas optan en algunos casos por simplemente relegar la credibilidad de sus historias a un segundo plano, subordinándola a la ejemplaridad. En *Varia fortuna del soldado Píndaro* (1626) de Céspedes y Meneses, el narrador reconoce la fragilidad de su verosímil y opta por destacar el fin moral de la historia sobre su credibilidad. Primero, presenta el caso de un letrado valenciano al que llevaron a visitar el infierno mientras le leían sus pecados, con el fin de convertirlo en mejor persona. A su vuelta al mundo terrenal, en efecto, el abogado endereza su mala vida para eludir el infierno y merecer el cielo como recompensa eterna (133-36). Lo interesante es que la historia se cierra con la siguiente advertencia del narrador: "Tal fue este admirable caso, aplíquele el curioso, pues ya sabe mi intención y el fin porque sea escrito" (136). El caso es "admirable," y está orientado hacia una "intención" y "fin" que el novelista considera inequívocos: el fin moral, ejemplar. Más allá de esa ejemplaridad, el paseo del valenciano por el infierno no necesita ser creído, pues basta con que el receptor aplique la enseñanza moral implícita en la historia. Similar es el sentido de una resurrección que se narra con posterioridad en la misma obra y cuyo único foco de verosimilitud es, de nuevo, la ejemplaridad. El narrador así lo reconoce: "Recibid, don Francisco, mi buen deseo y admitid este exemplo siquiera para que sus escarmientos no os dexen otra vez intentar curiosidades semejantes" (181). A la narración se la llama "exemplo" con toda la carga moral y literaria que ello implica; la violencia contra la credibilidad que causa la aparición de un muerto resucitado se fundamenta sólo en el "buen deseo" del narrador y en la voluntad del receptor por admitir su "exemplo."

Para encontrar uno de los casos más elaborados y representativos de lo verosímil ejemplar hay que volver a las novelas de María de Zayas. En "El jardín engañoso" se cuenta el pacto de don Jorge con el demonio para conseguir el amor de una dama mediante la construcción de un espectacular jardín en una sola noche. Es cierto que la aparición de Satanás podría caer dentro de lo posible para el receptor áureo, tanto por la credulidad de la época en estos fenómenos como por precedentes literarios de cariz religioso y milagrero. Pero Zayas lleva la aparición del demonio todavía un paso más allá: no sólo pacta con Jorge la construcción de un jardín a cambio de su alma sino que, al final, arrepentido el joven galán de su error, Satanás le perdona la vida. Esto lleva la trama al extremo de lo (im)posible, con un diablo de buenas intenciones que conmuta la condena de su víctima. Así lo reconoce la narradora de la historia, Laura:

> Ni lo hallo muy grande [el problema] en que el demonio, por llevar cautivos a su temerosa y horrible prisión, con apariencias falsas dé a entender que gusta de hacer lo que los hombres desean [construir el jardín en una noche]. Lo que más es de admirar [es] que haya en él ninguna obra buena, como en mi maravillá se verá. (Zayas, *Novelas amorosas* 316)

Lo difícil de creer no es tanto la aparición del demonio como el hecho de que éste sea bondadoso. En este contexto, da la impresión de que sólo el fin ejemplar puede hacer verosímil lo imposible, siendo el perdón un rasgo impropio de Satán. El tensionamiento extremo de la credibilidad de los hechos se realiza bajo el objetivo declarado de adoctrinar al lector mediante la admiración y, no se pase por alto, el modo en que la autora denomina su novela: "mi maravilla." La admiración, en efecto, refuerza y aumenta los efectos de la enseñanza moral que el receptor debe aplicar a su propia existencia; a mayor admiración, mayor efecto ejemplar.

Ahora bien; el funcionamiento de lo ejemplar no es tan sencillo en esta novela como podría pensarse en un primer momento. Kenneth Stackhouse, en un excelente artículo sobre el tema de lo sobrenatural en Zayas, opina que el diablo perdona a su víctima en respuesta a su pecado original, el orgullo (69), pues intenta igualarse a Dios incluso en bondad y compasión. Marina S. Brownlee coincide en que "Zayas exploits exemplarity in a wholly original manner" (*María de Zayas* 18), pero desiste de encontrarle una lógica al comportamiento del diablo. Brownlee recuerda que el pacto con el demonio no es el único caso "ejemplar" en la novela: la historia presenta a un fratricida (don Jorge) y a un mentiroso (don Carlos) que resultan en último término premiados con una vida feliz (98-99). La ejemplaridad del texto se ofrece tergiversada en su conjunto, equívoca, contradictoria, de forma que el lector decida en último término cuál es la moraleja de los hechos (97, 100).[7] La pregunta que se deduce de estos comentarios de Brownlee es inevitable: si lo verosímil no se puede explicar mediante la lógica ni mediante un fin moral explícito y unívoco, ¿por qué Zayas presenta una historia tan controvertida y difícil de justificar?

En consonancia con lo que se vio respecto a autores como Ágreda y Vargas o Guevara, la clave para interpretar el texto puede encontrarse no tanto en la novela como en la presentación que de la misma hace la narradora, Laura. Ésta formula al principio de su intervención todo un alegato en favor de la lectura ejemplarizante que se debe hacer de unos hechos que violentan la verosimilitud en un doble senti-

---

[7] También comentan este fragmento y el tema en general de la magia y lo sobrenatural Greer (239-85, 305, 350) y Montesa (236-51). Para diferentes ejemplos del carácter contradictorio de Zayas, Amy Williamsen (142, 148: Zayas parece apoyar el sistema patriarcal, pero en realidad lo desafía mediante el uso de la ironía); y Yvonne Jehensen y Marcia Welles (189: mediante el castigo brutal a ciertas mujeres, Zayas crea un cierto sentido de comunidad en el género femenino frente al planteamiento voyeurístico de por ejemplo *El castigo sin venganza* de Lope y *El médico de su honra* de Calderón).

do: a la aparición del demonio, se le añade el hecho de que éste cometa una buena acción. Por ello, Laura se siente en la necesidad al comienzo de su relato de advertir a quienes la escuchan:

> No quiero, discreto auditorio, venderos por verdades averiguadas los sucesos desta historia; si bien todos son de calidad que lo pudieran ser, pues matar un hermano a otro, ni ser una hermana traidora con su hermano, forzándolos al uno celos y al otro amor y envidia, no es caso nuevo... En esto no os obligo a creer más de lo que diere gusto; pues el decirla yo no es más que para dar ejemplo y prevenir que se guarden de las ocasiones. (Zayas, *Novelas amorosas* 316)

Laura reconoce que la historicidad de estos hechos, que se da por segura en tantas otras novelas de la época, es incierta. A esta narradora, el grado de credulidad de su audiencia en la verdad histórica de los sucesos le preocupa poco, pues confiesa abiertamente que su historia puede no ser verdad. En consecuencia, y a diferencia de otras novelas de la colección, la narradora no afirma contar un caso histórico, verdadero, sino uno inventado, verosímil (Stackhouse 74-76). La poderosa naturaleza de ese compromiso, que permite a Laura aconsejar abiertamente a sus oyentes, sin más, "creer... [en] lo que diere gusto," reside en el hecho de que la novela "no es más que para dar.ejemplo y prevenir que se guarden las ocasiones." Mediante la explícita advertencia de Laura, el foco de verosimilitud de la novela se desplaza desde su credibilidad histórica, desde la posibilidad de que este hecho suceda en la realidad, hacia una concepción de la literatura por la cual lo que importa es sólo "dar ejemplo y prevenir." Por la misma regla de tres, a un personaje-narrador de "De la mala y buena fortuna" (*El filósofo del aldea*, 1626) del alférez Baltasar Mateo Velázquez, quienes le escuchan le otorgan credibilidad plena "estimando en mucho, demás de su agudo ingenio, su buen celo, pues todo lo que decía y contaba, ora fuese histórico, ora fabuloso, procuraba dirigirlo a que se sacase doctrina moral de ello y provecho para los que oían" (291). Independientemente de que la materia tratada sea histórica o fingida, la verdad poética está asegurada por la "doctrina moral" y el "provecho" subyacentes a la narración.

Ahora bien: reducido el objetivo de la ficción a "dar ejemplo y prevenir," ¿cómo se explica la "doctrina moral," especialmente en el caso de Zayas, sea en extremo equívoca? La única respuesta que tiene sentido en este laberinto cultural, como ha llamado Brownlee al mundo literario de Zayas, es que la autora está deconstruyendo las estrategias tradicionales de la verosimilitud de la forma más abierta y directa posible: la base histórica de los hechos es tan incierta como la ejemplaridad que se deduce de ellos. Al exponer unos objetivos ejemplares contundentes y presentar después casos contradictorios y abiertos, las novelas de Zayas se convierten en "desengaños" a más de un nivel, forzando al lector a pensar por sí mismo, a cuestionar los sistemas ideológicos dominantes. En esa sistemática labor de deconstrucción quedan claros al menos dos puntos: uno, ni la Historia ni la ejemplaridad son imprescindibles para lo verosímil; y dos, nuestra interpretación de la novela está siendo mediatizada por un personaje narrador(a) a quien, supuestamente, debemos admirar y reverenciar como guía moral. En último término, cuando los pilares historicistas y morales de la verosimilitud se derrumban, sólo queda en pie ese(a) narrador(a) que no sólo transmite una historia, sino que la manipula en su beneficio. En "El jardín engañoso" Laura nos sitúa ante un laberinto moral que no sabemos resolver; en "De la buena y mala fortuna" todos admiran el "ingenio [y] buen celo" del narrador. La literatura nos guía, en efecto, pero partiendo del dogma cristiano nos conduce a un sentimiento moderno de incertidumbre y relatividad. El novelista no sólo salva la barrera inquisitorial con su declaración de intenciones ("dar ejemplo y prevenir"), sino que cuestiona el sistema ideológico de la forma más hábil, más peligrosa posible: se expone ante la sociedad y reclama que le alaben por su labor adoctrinadora.

Concluyendo, lo verosímil ejemplar es probablemente el aspecto de la verosimilitud áurea que más obstáculos presenta al lector actual. En contrapartida, es también el más eficaz durante el Siglo de Oro a la hora de legitimar la ficción e incluir lo maravilloso. Por una parte, incluso el crítico más acérrimo podía llegar a justificar la ficción siempre que, tras una envoltura fingida, se transmitiese al vulgo una verdadera medicina moral. Por otra, Tasso establece que para dotar de verosimilitud a la maravilla hay que atribuirla al poder infinito de la divinidad. Mediante este recurso, no sólo se hacían verosímiles acciones que escapaban a la lógica humana, sino que además se reforzaba la enseñanza ejemplar al demostrar la capacidad de intervención, recompensa y castigo por parte de Dios.

En medio del ambiente ultracatólico y absolutista que se vive en la España del Siglo de Oro, agudizado por la Contrarreforma, parece lógico que lo verosímil ejemplar fuera la salida idónea a multitud de problemas acuciantes para la ficción: acallar las acusaciones de los moralistas, salvar el cerco inquisitorial, difundir la ideología dominante, ejemplificar la doctrina cristiana. No obstante, la inventiva del escritor se desborda hasta degenerar en ocasiones en personajes planos que son premiados o castigados según su comportamiento, y en argumentos truculentos cuyas atrocidades se admiten como mal inevitable en el arduo proceso de formación moral. Como el pez que se muerde la cola, la novela barroca parece entrar en un proceso imparable de hiperbolización, como demuestra la abundancia de resurrecciones y apariciones que jalonan la obra de autores tan importantes como Céspedes y Meneses, Castillo Solórzano y Zayas. A mayor afán ejemplarizante le corresponde un mayor estiramiento de los límites de la verosimilitud y, paradójicamente, de la misma moralidad. Asesinatos macabros, engaños fatales, morbosas formas de sexualidad y maravillas de ultratumba terminan por no convencer ni siquiera a quienes las escriben. No son gratuitas las advertencias de Céspedes, Velázquez y Zayas a sus respectivos receptores: aunque insisten en la historicidad de muchas de sus novelas, en otras apoyan su credibilidad sólo en el "dar ejemplo y prevenir" que Zayas toma como *leiv-motif* para "El jardín engañoso." Ese objetivo aparentemente moralizante, reaccionario, se deforma en un sistema de castigo y recompensa equívoco, cuestionable, por el cual más que una lección ejemplar se plantea la falta de criterios morales. Desde dentro del sistema, novelistas como Zayas utilizan los recursos del poder (en este caso la ejemplaridad) para exponer las miserias de la sociedad.

Como guía a medio camino entre la doctrina moral y la apocalíptica, el narrador se erige en una figura enigmática pero, en todo caso, poderosa. Parece manipularnos, dirigir nuestras interpretaciones hacia un fin ejemplar, pero en verdad aprovecha en beneficio propio la morbosidad del público, explota el sensacionalismo de sus historias y termina por plantear casos equívocos. En último término, cumple con un papel tan peligroso como esencial al pensamiento moderno: nos adoctrina en la multiplicidad de criterios, nos señala las contradicciones de la moral cristiana, abre espacios en los que no existen juicios absolutos ni siquiera respecto a los crímenes más depravados. Lo verosímil ejemplar ha dado un giro de trescientos sesenta grados para defender no las leyes cristianas, sino las de la ficción. Las mentiras literarias reflejan con más veracidad las incertidumbres morales de la vida que la religión misma. El novelista, como un nuevo Moisés, reescribe las leyes de Dios situándose por encima de la depravación de su pueblo.

3
Lo verosímil posible

3.1 ADMIRACIÓN Y MARAVILLA

EN EL PALACIO DE LA Marquesa de Cañete en Madrid se escuchan ruido de cadenas y aullidos que obligan a los ocupantes a cambiar de residencia. Unas semanas antes, en Sanlúcar, dos ejércitos pelearon furiosamente sobre el mar, suspendidos en el aire, siendo el ruido de mosquetería y artillería audible hasta el amanecer. En Madrid de nuevo, un eunuco enseña a la gente los genitales que le han vuelto a nacer, lo cual ha sembrado cierto optimismo entre los castrados de la Corte. Casi al mismo tiempo que la Muerte se le aparece a un hombre en el Retiro pocas horas antes de morir inesperadamente, un pordiosero enfermo al que cierto Conde intentó curar se convierte en un crucifijo con un Cristo llagado que obra milagros; el propio Papa reclama para el Vaticano la prodigiosa reliquia. Desafortunadamente, los signos negativos abundan más que los positivos: un cáliz en Huesca, una Virgen en la isla de Temedos, y un Ecce Homo en Toledo sudan o lloran sangre. Además de otros agüeros semejantes, un joven endemoniado en Roma es capaz de hablar todas las lenguas y dos demonios íncubos han mantenido relaciones sexuales con sendas mujeres en el Prado, a resultas de las cuales ambas muchachas han muerto en cuestión de horas; su dinero se había vuelto carbón. Entre las múltiples hechicerías que salen a la luz pública en Madrid, el hechizo sobre el propio Rey es el que más preocupa a la nación, aunque su vida no ha corrido peligro por el momento.

No cabe duda de que lo expuesto arriba habrá de ser juzgado por un lector del siglo XXI como materia idónea de novelas barrocas inverosímiles. Esta vez, sin embargo, los hechos enumerados no provienen de ningún argumento de dudosa verosimilitud, sino de quien ha sido llamado por Paz y Meliá "el mejor representante del periodista del siglo XVII," don Jerónimo de Barrionuevo (3). En efecto, la obra más conocida de este tesorero de diferentes iglesias españolas es una serie de cartas personales en las que informa al deán de Zaragoza sobre noticias de España y Europa, cartas que van desde 1654 á 1658. En los *Avisos*, como se tituló esta colección epistolar, se incluyen noticias políticas, económicas y sociales de diverso orden, muchas de las cuales están documentadas, han sido vividas por el autor o terminan con coletillas como "Es cierto" o "Es cosa cierta." Si bien en referencia a unos ruidos de estoques que se oyen en el Retiro madrileño el "periodista" Barrionuevo afirma que los tiene por mentira (II: 186), cuando le cuenta al deán de Zaragoza los prodigios enumerados arriba lo hace convencido de la veracidad de los mismos. No sólo, por tanto, le parecen hechos verosímilmente posibles, sino hechos que han sucedido verdaderamente en la realidad.

Con estos ejemplos se demuestra que el Siglo de Oro entiende por lo "posible" (lo que puede suceder en la realidad) algo muy distinto a lo que entiende el siglo XXI. Barrionuevo no cuestiona en absoluto muchos de los prodigios, milagros y hechos sobrenaturales que relata como verdaderos, con lo cual, ¿sería necesario para un escritor de ficción esforzarse por hacer verosímil, por ejemplo, la aparición del diablo? Aunque para un receptor del siglo XXI dos ejércitos peleando en el aire o un rey de España hechizado seguramente no son historias verosímiles, para el propio Barrionuevo, tan cercano a la represiva institución eclesiástica, no existe duda acerca de la historicidad de los mismos, y así se lo relata al deán de Zaragoza. Ciertamente, se posee abundante documentación histórica sobre mujeres vestidas de hombres (Cull), milagros, encantamientos, asesinatos múltiples y otros sucesos del Siglo de Oro que, paradójicamente, cuando aparecen en la novela corta tienden a ser considerados inverosímiles. A ojos del lector renacentista y barroco, esos mismos hechos no sólo podían ser verosímiles, sino que muchos de ellos eran considerados históricos (Menéndez y Pelayo, *Orígenes* II: 28). La existencia de animales mágicos tales como el dragón o el unicornio, y de hechos desde el punto de vista actual inverosímiles y sin duda imposibles, como el alumbramiento de pájaros por una mujer, encontraban cabida en manuales de conocimiento de amplia difusión como la *Silva de varia lección* de Pero Mejía o la *Floresta española* de Melchor de Santa Cruz. El apartado 141 de la *Miscelánea* de Luis de Zapata se dedica a "De cosas maravillosas muy verdaderas que no parecen verdad"; el 44, "En cosas que parecen mentira y son verdad"; el 186, "De que no hay tal engañar como con la verdad"; el 197, "De cosas que parecen mentira y son verdad"; y el 200, "De la libre cara de la verdad." A lo largo de toda su obra, fuente de saberes y argumentos para los escritores de la época, Zapata insiste en allanar la credibilidad de los hechos más increíbles, remarcando esa "libre cara de la verdad" con que titula uno de los apartados. Como ejemplo de la otra cara de la moneda, en su *Discurso sobre las brujas y cosas tocantes a magia* (1610) Pedro de Valencia advierte a los propios tribunales inquisitoriales contra el exceso de credulidad, pues en ocasiones intervenciones demoníacas "probadas" se pueden explicar porque fueron confesadas mediante tortura, porque son atribuibles a fenómenos naturales o simplemente porque alguien miente (Deleito y Piñuela, *La vida religiosa* 244).

Este ambiente cultural y científico en que la noción de lo posible es tan diferente de la actual, sólo se puede explicar si como dice Seymour Chatman

Lo que constituye la "realidad" o la "posibilidad" es un fenómeno estrictamente cultural aunque los autores de ficción narrativa lo hagan "natural." Pero, por supuesto, lo "natural" varía de una sociedad a otra y de una era a otra dentro de la misma sociedad. (*Historia y discurso* 52)

Lo verosímil posible presenta por lo tanto una serie de dificultades añadidas que pueden enturbiar nuestra lectura actual de la novela áurea. Desde nuestros propios criterios de realidad no vamos a ser capaces de captar en toda su dimensión las implicaciones de ciertos prodigios y maravillas sobre la verosimilitud de un texto ficcional. Si, como Chatman reconoce, la realidad es un fenómeno cultural y en consecuencia inestable, el crítico deberá leer la ficción del XVII respetando tanto su concepto de realidad como el de género literario, que determina la forma y contenido de las obras literarias.[1]

Ya para las retóricas clásicas, lo verosímil posible pasa por conocer a fondo la mentalidad del receptor: qué es para él posible y ante qué hechos y forma de expresión reaccionará con mayor pasión. Se trata de que el orador consiga, como recomienda el anónimo autor de la *Retórica a Alejandro* (7.4) "que los oyentes se identifiquen con el tema que tratamos; pues si es así es probable que nos presten mayor crédito" (59). Desde esta perspectiva, la verosimilitud (el "mayor crédito") queda sujeta en gran medida a la "mente" del receptor, desplazando el problema de lo que es "posible" en la realidad hacia un terreno no menos movedizo: lo que es "posible" en la ficción.

En ese territorio es en el que se mueve Juan Luis Vives en el capítulo IV del libro III de su *Arte de hablar*, que trata sobre la "Narración probable." Tras reconocer en la línea aristotélica que "determinadas falsedades tienen más visos de probabilidad que ciertas verdades," el gran humanista valenciano pretende establecer un método para la identificación de lo posible en los ejemplos fingidos de un discurso retórico. Como recomendaba el anónimo autor de la *Retórica a Alejandro*, Vives afirma que "lo primero que hemos de inquirir es qué cosa sea la probable y qué merece crédito al oyente." Según esto, lo probable responde no a lo que sucede en la realidad sino a lo que el público puede conceder credibilidad. Además de aquellos argumentos que concuerdan con la opinión común de la audiencia, la posibilidad de los

---

[1] Habría que preguntarse en consecuencia si un hecho generalmente aceptado como verdadero por la masa lectora coetánea a un determinado escritor se puede acusar de inverosímil. No cabe duda que las opiniones sobre lo verosímil posible tienden a ser anacrónicas, como denunciara José Ortega y Gasset en un estudio sobre Pío Baroja. Según Ortega, lo "posible" puede actuar como una "policía" anacrónica que acusa a los textos de inverosimilitud (*Meditaciones sobre la literatura* 235). Por ejemplo, y siguiendo a Ortega y Gasset, "para Aristóteles y la Edad Media es posible lo que no envuelve en sí contradicción… Para Aristóteles es posible el Centauro; para un moderno no, porque no lo tolera la biología, la ciencia natural" (*Meditaciones* 215, nota 12).

hechos depende también de factores adyacentes como el de la coherencia. En el capítulo VII del *Arte de hablar*, titulado "De las ficciones poéticas," se asocia la idea de lo probable a aquello que no encierra contradicciones en sí mismo:

> Empero no conviene que esas fábulas sean falsas hasta tal punto que no retengan sombra de semejanza con la verdad y que no se diga de ellas que son imposibles, que son increíbles, quiero decir todo lo que de suyo pugna consigo mismo, como que uno esté a la vez de pie y sentado, ni contrarias a todo lo que es verdad evidente acerca de la cual exista la más firme persuasión. (Vives II: 790-91)

Para la verosimilitud de una fábula se requiere acordar lo posible a la credibilidad del público, respetando siempre criterios de coherencia interna que eviten la destrucción del efecto persuasor deseado. En ese sentido, "todo lo que de suyo pugna consigo mismo" es inaceptable, probado el hecho de que la coherencia y la lógica internas conceden verosimilitud a lo fingido. En el capítulo III, Vives conecta de nuevo el sentido de lo posible y lo verosímil a la noción aristotélica de necesidad o sucesión lógica de los acontecimientos: "El conducir así las cosas [a partir de "un cierto desarrollo natural"] tiene una gran verosimilitud, porque todas las cosas manan con cierta dependencia y nexo, no solamente según la naturaleza, sino según arte" (*Obras* II: 788). Al procurar un "desarrollo natural" de los hechos, se está consiguiendo un efecto de posibilidad que concuerda con la credibilidad del público por cuanto es coherente consigo mismo, y no por su similitud respecto a lo real. Así, Vives consigue separar netamente la realidad y el arte: el arte no necesita reflejar lo real, pues a lo posible le basta con participar de la credibilidad general y con mantener un "cierto desarrollo natural" dictado por reglas retóricas, artísticas. En consecuencia, lo verosímil (lo posible en la ficción) es descrito por Vives como la ponderada combinación de probabilidad, de crédito y de "cierta dependencia o nexo" de las acciones narradas, combinación que se resuelve en cualquier caso en las circunstancias de cada receptor: su preparación intelectual y estética, su gusto personal, su más o menos consciente voluntad de suspender la incredulidad.[2]

Esta naturaleza efímera e inestable de la verosimilitud se complica aún más con la distancia temporal y cultural que impone el paso de los siglos, por lo que la reconstrucción de lo verosímil sólo se puede realizar de forma peligrosamente generalizadora, aproximada. Ciertamente, el análisis de lo verosímil posible exige al estudioso un doble esfuerzo. De un lado, se deben considerar los modelos de realidad

---

[2] Esta es la ideología de fondo que según Pozuelo Yvancos sustenta la obra cervantina, en la cual se sitúa "la verdad en el entendimiento del lector y en el consenso sobre su verdad estética: el verdadero libro, quien dice la verdadera historia es aquel que ha obtenido el favor del público por ajustarse su invención a los términos necesarios y convenientes a la dignidad de su héroe" (*Poética de la ficción* 34).

establecidos a partir de las fuentes históricas y científicas de la época. A la hora de juzgar su verosimilitud no se puede pasar por alto el hecho de que Cervantes, por ejemplo, usara a Olao Magno como modelo autorizado para escribir las aventuras nórdicas de su *Persiles*. De otro lado, habrá que analizar lo verosímil según los preceptos genéricos en particular y literarios en general. Como en nuestros días no es lo mismo leer una obra de ciencia ficción, una romántica y una naturalista, tampoco debió ser lo mismo para la época una ficción caballeresca, una bizantina y una picaresca. Cada una hacía corresponder su verosimilitud a una serie de convenciones culturales y genéricas que, en el caso de la novela corta, aún son hoy parcialmente desconocidas.

    Junto a las diferentes nociones de posibilidad y realidad de cada época y lugar, por lo tanto, se deben tomar en cuenta también las diferentes nociones de verosimilitud y de género literario. Durante el período áureo, las doctrinas teórico-literarias se basan principalmente en Aristóteles, para quien es preferible lo imposible verosímil a lo posible inverosímil (*Poética* 1460a, 88-89). Si lo imposible puede ser verosímil y lo posible puede ser inverosímil, se deduce que las reglas que determinan lo que es posible en la Historia—en la realidad—son diferentes a las de la ficción. Esta aportación aristotélica, obvia desde nuestra perspectiva, fue esencial para el Siglo de Oro porque dotaba a la ficción de una autonomía respecto a la realidad que muchos le negaban. Reconocer que lo imposible puede ser verosímil implica distanciar la verdad poética de otros tipos de verdad que algunos consideraban muy superiores, como la histórica y la religiosa. Ante una ficción cuya "realidad" se genera mediante reglas internas de verosimilitud, los críticos más acérrimos reaccionaron con acusaciones y polémicas puntuales en las que, por encima de todo, se pretendía menguar la autonomía de los artistas.[3]

    Uno de los ejemplos más curiosos en este sentido se da respecto al lugar de la *Eneida* en donde Virgilio refiere la presencia de unos ciervos en África. Este pasaje despertó las iras de algunos comentaristas, pues se afirmaba con todo rigor histórico que en África, muy a pesar de Virgilio, nunca hubo ciervos. La protesta permaneció viva al menos hasta 1625, en el "Epílogo de los proyectos del poema heroico" de Pellicer de Tovar, para quien se debía respetar "la naturaleza de los sitios no fingiendo cosas donde no las hay, como el propio Virgilio ciervos en África" (*TeMB* 168). El debate interesa por un doble motivo: a la par que demuestra lo fino que se hiló en el combate aurisecular por la verosimilitud, recoge algunos de los criterios hábilmente esgrimidos por los defensores de lo verosímil, especialmente por lo que se refiere a la cuestión de la posibilidad.

    Entre las muchas manifestaciones teóricas destacan las de López Pinciano y González de Salas. El primero elude el maniqueísmo de esta polémica con el argu-

---

[3] Para el caso italiano, puede consultarse B. Weinberg, *A History* 175, 182-183 y 893 o en general la segunda parte de su estudio, que dedica a conocidas polémicas literarias.

mento más sencillo e inmediato, pero no por ello menos efectivo. En la epístola V de la *Philosophia* (1596), López Pinciano responde a los críticos de la *Eneida* por boca de Fadrique: "aunque lo parece, no está contradicha la verisimilitud, porque pudo haber... ciervos en África, que pudo ser en algún navío llevado algunos y haber producido y criado al tiempo que fue Eneas en aquellas riberas. Y como quiera que sea, queda el precepto de verisimilitud inviolable" (II: 8).[4] Ciertamente, probar que no hubo ciervos en algún momento de la historia africana es casi imposible, y de ello saca provecho Fadrique para justificar a Virgilio con la misma moneda con que otros le acusan: lo que "en realidad" ocurrió (o no).

Francisco Trillo de Figueroa, por su parte, afronta la cuestión con brevedad pero apuntando una solución aún más contundente que la esgrimida por Pinciano. En el prólogo a su *Neapolisea* (1651), Trillo comenta dos errores de similar índole, uno cometido por Lucano (quien se equivoca en la ubicación de un río) y otro por Virgilio (los controvertidos ciervos africanos). La argumentación de Trillo se basa en que los "errores" de Lucano y Virgilio "se pueden tolerar, como no sean muchos," mientras que los que "son en el arte del poema" resultan inadmisibles (Porqueras Mayo, *El prólogo* 210). Para el concepto de verisimilitud de Trillo, los errores puntuales que se desvían de la exactitud histórica se pueden admitir siempre que no sean excesivos hasta el punto de dar la impresión de una voluntad deliberada de tergiversar y confundir al receptor. Por el contrario, los errores "en el arte del poema" sí atentan directamente contra lo verosímil, y aunque no se especifica cuáles son esas equivocaciones artísticas, parece obvio que poco tienen que ver con la posibilidad histórica de un hecho. En la tradición aristotélica, para Trillo la imposibilidad puede ser verosímil porque la Historia y la poesía no comparten una misma verdad.

---

[4] Similar argumento reaparece en la epístola XI cuando Fadrique elude la acusación lanzada por el "Pinciano" contra Heliodoro, cuya obra carecería de "fundamento en historia." Fadrique interroga a "Pinciano" sobre si él puede en verdad demostrar que los hechos contados no son reales, pues "fue prudentísimo Heliodoro, que puso reyes de tierra incógnita, y de quienes se puede mal averiguar la verdad o falsedad... de su argumento" (III: 194-95). Si los acontecimientos se sitúan en reinos ignotos y en tiempos remotos, ¿cómo se puede probar que están basados en mera fantasía y que no se inspiran en algún modelo histórico?

A pesar de que diversos teóricos comparten la misma opinión de Pinciano, Trillo y otros,[5] la confusión terminológica respecto a "lo (im)posible" y "lo (in)verosímil" es patente incluso en el caso de Cervantes. En el libro VI del *Viaje del Parnaso*, por ejemplo, Cervantes afirma: "que a las cosas que tienen de imposibles / siempre mi pluma se ha mostrado esquiva. / Las que tienen vislumbres de posibles, / de dulces, de süaves y de ciertas, / explican mis borrones apacibles" (vv. 50-54; 138). ¿Se está refiriendo Cervantes mediante esas "cosas imposibles" a los hechos que no pueden suceder en la realidad? ¿Está eludiendo así la categoría aristotélica de lo imposible verosímil desde un planteamiento más bien historicista? La respuesta a estas preguntas se puede encontrar al analizar en más detalle cómo se describen "las [cosas] que tienen vislumbres de posibles… y de ciertas." Los hechos que utiliza Cervantes han de ser "dulces" y "suaves," pues como se reconoce apenas unos versos más adelante, en último término sólo "la mentira satisface / cuando verdad parece y está escrita / con gracia, que al discreto y simple aplace" (vv. 61-63; 138). Las cosas posibles son descritas ahora directamente como "mentira," y su verosimilitud se subyuga no a la fidelidad histórica, sino a estar escritas "con gracia," con suavidad y dulzura. La (im)posibilidad a la que se refiere Cervantes no se mide por lo tanto por su ajuste a la realidad histórica, sino por su grado de verosimilitud. Por encima de cualquier confusión terminológica, el alcalaíno se sitúa en la tradición aristotélica que reclama autonomía para la ficción, punto fundamental en el que los glosadores de la *Poética* habían de incidir con frecuencia.

Es con esa voluntad de evitar confusiones con la que González de Salas aboga por disociar lo posible y lo verosímil como dos términos radicalmente distintos. En un interesante fragmento de su *Nueva idea de la tragedia antigua* intenta desentrañar la paradoja implícita en la fórmula aristotélica de preferir lo imposible verosímil a lo posible inverosímil:

> Extraño se hará esto a la primera vista, y más aún con lo que enseña el mismo Filósofo en otra parte, que hace mucho a este propósito. Dice, pues, que es más propio del poeta cantar cosas falsas y mentirosas, como sean verisímiles, que aquellas que, no siéndolo, fuesen verdaderas y necesarias. Esto me parece queda entendido con sólo considerar cuánto más distantes y dilatados términos son los de la posibilidad que los de la verisimilitud, y cuánto más familiares al

---

[5] En su *Cursus Theologici* (1663), Fray Juan de Santo Tomás afirma similarmente que "la prudencia y el arte no versan sobre la verdad necesaria e infalible de un modo especulativo y que se mide por el ser o no ser de la cosa, sino de un modo práctico y en conformidad a sus reglas, y por eso su verdad no consiste en el ser, sino en lo que debiera ser" (*Preceptiva* 287). La verdad artística no es única ni responde al "ser o no ser de la cosa." Frente a la Historia, no se mide por el criterio de "verdadero/falso," sino que lo verosímil responde sólo a la "conformidad a sus reglas."

hombre las unas acciones que las otras; pues las posibles repugnan a la credulidad muchas veces, y esto no puede suceder a las verisímiles. (*Preceptiva* 257)

Para González de Salas, la clave de la verosimilitud no es la posibilidad histórica, lo que puede suceder en la realidad o lo que de hecho sucedió, sino aquello que es creíble. En otras palabras, lo posible (histórico) no garantiza *per se* lo verosímil si no se da la condición inexcusable de la credibilidad. Por si esta afirmación teórica resulta todavía árida y difícil de entender, López Pinciano ilustra el caso con ejemplos clarificadores. En la epístola V de su *Philosophia* discute el personaje del "Pinciano," como casi siempre en la obra, con Hugo y con Fadrique. En esta ocasión inquiere "Pinciano" sobre la "algaravía" que para él supone la máxima aristotélica de preferir lo imposible verosímil a lo posible inverosímil. Fadrique le devuelve hábilmente la pregunta:

> ¿El sol es possible que sea mayor que la tierra?
> PINCIANO: Y aun necessario, si los mathemáticos enseñan verdad.
> FADRIQUE: Pues haced un poema activo o común deso; veréys cómo se ryen las gentes llevadas de la incredulidad y falta de verisimilitud para con ellas. ¿Veys cómo ay cosa possible y no verisímil? Y que sea una cosa impossible y verisímil, podéys ver en la tragedia de Edipo, el qual habla como que Edipo no supiesse quién hubiesse muerto a su padre, y, por lo que antes de la tragedia se sabía, era impossible que no supiese haberle él muerto. (*Philosophia* II: 68-69; ver también Vilanova 612)[6]

Aunque los hombres educados de la época sabían ya que el sol es más grande que la tierra, para el vulgo tal noticia sería un disparate increíble y del todo inverosímil, aun siendo una posibilidad histórica y una realidad científica. Por el contrario, y aunque Edipo debía ser consciente de haber asesinado a su padre, en la obra es perfectamente verosímil según Fadrique su trágica ignorancia. De nuevo, pues, la credibilidad de la materia poética se revela como el factor determinante de lo verosímil, y no su más o menos exacta correspondencia con lo real. López Pinciano no exige del autor la adecuación a lo posible histórico, a lo que es real, sino a lo verosímil posible.

Con todo, la verosimilitud y la posibilidad comparten una amplia zona de intersección en la cual lo posible en la realidad puede ser a la vez creíble y ayudar a

---

[6] Este mismo ejemplo del sol como objeto cósmico mayor que la tierra aparece también en el capítulo once del libro III del *Persiles* cervantino (351 ss.); Riley encuentra en el comentario de Piccolomini a la *Poética* aristotélica la posible fuente de ambos (*Teoría de la novela* 292).

la construcción de lo verosímil. Es por esto necesario partir de las reglas culturales y genéricas que dominaban en el momento de la recepción de una obra. El peligro de una lectura anacrónica aumenta si se tiene en cuenta que dentro de una misma noción cultural de la posibilidad se pueden hallar discrepancias notables en torno a casi cualquier cuestión. Cristóbal Suárez de Figueroa, en el alivio VIII de su *El pasagero* (1617), ejemplifica la complejidad de lo posible en referencia a una situación que abunda en la novela del XVII. Conversan el Doctor y el Maestro, quien afirma: "Siempre tuve por hipérboles amorosos esto de morirse los amantes, ya que en cuantas poesías he leído hallo a los más difuntos, no obstante que de contino ninguno pierda la vida." El Maestro cuestiona la verosimilitud de aquellos amantes quienes afirman morirse de amor, pero que nunca llegan a perder la vida. Un lector del siglo XXI, casi con toda seguridad, compartiría esta opinión, por cuanto el lenguaje amoroso del XVII resulta hiperbólico en extremo. En ese sentido, plantear la muerte por amor de forma tan reiterada y enfática escapa a una noción moderna de lo posible.

Sin embargo, en el Siglo de Oro—¿también hoy en día?—hay quien no tiene inconveniente en hacer verosímil la muerte por amor. Responde el Doctor a su contertulio: "Ninguno ignora la posibilidad de reducirse el que de veras ama a punto de morir, por negársele, o por perder del todo lo que desea, sino que, con efeto, han llegado a morirse muchos" (268-69). Si para el Doctor la muerte por amor es posible y un peligro real para el amante, la verosimilitud está asegurada por la credibilidad de un hecho que ya ha sucedido en múltiples ocasiones a lo largo de la Historia. Con una prolija lista de personajes tanto históricos como ficticios, el Doctor fundamenta lo verosímil de una muerte por amor al defenderla como posible y autorizarla mediante famosos ejemplos del pasado. Según el Doctor, en este caso lo posible histórico y las autoridades con que se documenta el caso convierten un hecho hiperbólico y que roza la inverosimilitud, en un recurso poético y novelístico perfectamente verosímil.

Recapitulando, la verosimilitud presenta en este aspecto de la posibilidad una doble vertiente que hay que tomar en cuenta. Primero, lo verosímil posible no es según Aristóteles lo mismo que lo posible en la realidad, pues lo posible puede ser inverosímil y lo imposible verosímil. Y segundo, lo posible (lo "real") varía de una época a otra, de una sociedad a otra, e incluso de unos individuos a otros en una misma época y sociedad.[7] Dada la complejidad del tema, ¿por qué los autores de novela corta y los escritores en general del Siglo de Oro recurren con tanta frecuencia a materias tan peliagudas como la magia, la mitología, la astrología, las resurrec-

---

[7] Según Víctor Frankl, "puede haber diversas concepciones de la 'verdad histórica,' y hasta tales que se excluyen mutuamente, [pues] detrás de ellas se encuentran diferentes corrientes ideológicas, entrañando cada una de éstas sus propia interpretación de la 'verdad'" (33).

ciones de muertos, la hipérbole expresiva de los personajes, los caracteres planos, y otros temas y técnicas literarias de dudosa verosimilitud a nuestros ojos?

Si se toma en cuenta la complejidad de lo verosímil esbozada en las páginas precedentes la respuesta ha de ser múltiple. Las reglas retóricas de la época exigirían el amaneramiento expresivo de personajes nobles (incluidos los fingidos pastores de la Arcadia); la ejemplaridad y el ansia por adoctrinar podrían justificar ciertos argumentos demagógicos al límite de la verosimilitud; y, además, la magia y la maravilla en general, como se verá posteriormente más en profundidad, caben en la noción de lo posible histórico del público áureo. Pero la razón por la cual se tiende a tensar lo verosímil al máximo se esconde también tras ciertas necesidades prácticas y estéticas insoslayables. Si el fin que puede legitimar la ficción con más peso es el de la persuasión y la ejemplaridad, lo verosímil debe llevarse al límite con el objeto de impresionar al receptor al máximo. Utilizando dos de las palabras clave de la teoría literaria áurea en una misma fórmula, la verosimilitud debe convivir con la admiración, de forma que el universo hiperbólico capaz de persuadir e impresionar al receptor se mantenga dentro de los límites de la credibilidad. Si lo admirable sin verosimilitud pierde efectividad y falla en su misión de persuadir, también lo verosímil sin admiración pone en peligro el fin ejemplar y de entretenimiento de la ficción. Ambos términos deben por lo tanto andar de la mano, cumpliendo con la persuasión ejemplarizante al mismo tiempo que con el gusto de un público acostumbrado a lo raro y al exceso estético.

En efecto, prácticamente toda novela corta se caracteriza, en general, por el uso abundante de la hipérbole, del ornato, por la mezcla de poesía y prosa, los personajes arquetípicos (galán, dama, etc.), la magia, los asesinatos múltiples, el engaño, el disfraz y otros elementos poco gratos al sentido moderno de la verosimilitud. La consideración de este universo hiperbólico de la novela corta no se puede desligar durante el Siglo de Oro del concepto de "admiración," analizado brillantemente por Edward C. Riley. Además de los testimonios citados por Riley ("El concepto"), deben tenerse en cuenta para la novela corta en particular las aportaciones al tema de, en especial, Bernardo de Balbuena, Francisco Lugo y Dávila y el Pinciano. El primero, en el prólogo a su poema épico *El Bernardo* (1624), afirma haber pretendido seguir las reglas de "una apurada tragedia" de tal forma que

> lo principal de su deleite le naciese de la compasión de tantas muertes lastimosas, sucesos trágicos, destrozos de gentes, truecos de reinos y caídas de príncipes...; con que no sólo se deleita el gusto, se mueve el ánimo y sus pasiones, mas aun con su encubierta moralidad y alegoría le deja instruido en las virtudes y saboreado en ellas. (en Porqueras Mayo, *TeMB* 124)

Lo truculento y las peripecias o cambios bruscos de fortuna son deseables a fin de deleitar e instruir un provecho moral a través de la admiración. Así, lo admirable sirve en la tragedia, la épica y por ende en la novelística, considerada por algunos como una evolución de la epopeya, de instrumento con que potenciar todos los fines de la ficción: persuadir, deleitar, mover el ánimo e instruir en las virtudes. En similar dirección se orienta el prólogo de Lugo y Dávila a su *Teatro popular*, en que establece las bases de la novela corta: "La mayor valentía y primor en la fábula que compone la novela es mover a la admiración con un suceso dependiente del caso y la fortuna; mas esto tan próximo a lo verosímil, que no haya nada que repugne al crédito" (*Teatro popular* 23; cfr. también 14, 15). Si la admiración es "la mayor valentía" de la novela, su peligro es, en efecto, caer fuera de lo verosímil. Al mismo tiempo que la fábula debe llevar su condición de admirable y peregrina (extraordinaria) al extremo, su credibilidad debe no obstante mantenerse intacta. Ambos preceptos se dirigen según Lugo y Dávila advierte a su lector a "tu aprovechamiento..., [a] inducirte y moverte a desterrar el vicio y amar la virtud" (15). Con un fin ejemplar como éste, el casamiento entre admiración y verosimilitud se convirtió en una necesidad estética con que afirmar la legitimidad de la ficción, pues lícito era que el receptor fuera adoctrinado en la moral por hechos espectaculares que se mantuviesen sin embargo dentro de lo creíble.

De nuevo, pues, la dificultad para el lector actual consiste en reconocer aquellos hechos que para un receptor áureo pudieran ser admirables y verosímiles a la vez, hechos que en muchos casos se ven inverosímiles desde el siglo XXI. Volviendo al prólogo de *El Bernardo*, por ejemplo, Balbuena afirma que "las hadas y los encantamentos de los magos" son condición necesaria no sólo para la admiración sino también para lo verosímil:

> Y porque a la majestad heroica, conforme a nuestra religión, hacen falta para lo verosímil las deidades y semideos con que los antiguos hacían tan admirables y pomposos sus poemas, el Boyardo y los que le han seguido inventaron en su lugar las hadas y encantamientos de los magos que, siendo potestades superiores, sirven de levantar la fábula, y hacerla en el deleite y alegoría más vistosa y admirable. (en Porqueras Mayo, *TeMB* 123 y en *El prólogo* 181)

El razonamiento de Balbuena probablemente sorprenda a un receptor del siglo XXI, pero se ajusta a lo exigido por la teoría literaria del momento. Si la épica se ocupa de temas y personajes heroicos, la intervención de los dioses es necesaria porque así lo exige el género que fundan Homero y Virgilio con poemas en los que convive lo humano y lo divino. Balbuena se ve en la necesidad de cubrir las exigencias del género literario y de salvar por lo tanto la verosimilitud mediante la cristianización de los dioses mitológicos paganos que pueblan la *Odisea*, la *Ilíada* y la *Eneida*. Por seguir el modelo de Boyardo, Balbuena sustituye lo paranormal de los dioses paganos por los hechizos de hadas y magos, con lo cual no sólo no fractura su noción de verosimilitud, sino que la refuerza al potenciar el deleite y hacer la "alegoría más vistosa y admirable."[8]

En consecuencia, lo que para un receptor del siglo XXI puede resultar en perjuicio de lo verosímil, es según Balbuena pieza esencial para la épica. De todos modos, el autor mexicano todavía plantea dos argumentos sólidos en defensa de una posible acusación de inverosimilitud. Primero, Balbuena afirma que si el narrador no cuenta en primera persona un hecho maravilloso, sinó en tercera, éste preserva su credibilidad: "si la persona del poeta contara los monstruos de Creta o el origen de la ciudad de Granada, careciera lo uno y lo otro de aparencia [sic] de verdad; mas referidos estos casos por tercera persona, queda con todo lo admirable, y el autor no fuera de lo verisímil" (*TeMB* 124).[9] Si, por otra parte, lo que se cuenta fue posible para la opinión común de otras épocas, es lícito recuperar esas maravillas, como en el caso de la conversión de Gravinia en árbol y de Estordián en gusano de seda: "que aquellos cuentos por entonces anduviesen en las bocas de los hombres de aquel mundo, y los unos los contasen a los otros debajo de aquella misma opinión que los oían" (124). Balbuena deja la puerta abierta a hechos maravillosos que gozaron de cierta credibilidad "debajo de aquella misma opinión que los oían." Si como notó Riley, la admiración se consigue a través de lo inesperado, lo excelso y lo extremado (" El concepto de *admiratio*" 183), la inclusión de magia y otras maravillas no daña necesariamente lo verosímil, sino que en casos como los presentados por Balbuena lo refuerza. La verosimilitud y lo admirable deben aunarse a ojos de la teoría áurea con el objetivo de alcanzar la máximo efectividad posible en el entretenimiento e instrucción del receptor.

Por supuesto que los límites de lo admirable, el universo hiperbólico al que aludía Balbuena, pueden también entrar en conflicto con lo verosímil: El concepto de lo admirable provocó en su momento polémicas y divergencia de opiniones incluso en las manifestaciones teóricas de un mismo autor. Por ejemplo, en "La Filomena" Lope sentencia que "es la admiración, cual siempre ha sido, Hija de la ignorancia" (Brownlee, *The Poetics* 168); y en el *Laurel de Apolo* se contradice al aseverar:

> El admirarse tienen algunos hombres por corto caudal de entendimiento: yo no fiara mucho del suyo; porque, siendo opinión de Aristóteles que del admiración nació la filosofía... ¿cómo puede ser la admiración ignorancia si el deseo de saber es natural, y la admiración el principio de haber sabido? (Brownlee, *The Poetics* 168)

---

[8] En el caso de Francia, sin embargo, Philippe Sellier y Jean Pierre Dens coinciden en señalar que lo mitológico abunda más que lo cristiano hasta al menos 1670.

[9] El recurso de resguardar la credibilidad mediante un narrador en tercera persona lo recomiendan ya entre otros Horacio, Luciano y Robortelli (Riley, *Teoría de la novela* 297).

Lope se debate entre una *admiratio* nacida de la crédula ignorancia de la gente y otra surgida del deseo de aprender, de alcanzar el conocimiento de fenómenos fuera de lo normal. Esa contradicción implícita en lo admirable, que como un *pharmakon* puede remediar y enfermar a la vez el espíritu del receptor, es también puesta de relieve por autores como Fray Luis de Granada en su *Introducción del símbolo de la fe*. Según el prestigioso asceta, la admiración es congénita al deseo humano de vencer obstáculos insalvables como la muerte. No obstante, el efecto terapéutico de lo admirable se enturbia cuando éste viene provocado por la lectura de insanas fantasías como las caballerescas: "Pues esta admiración es tan común a todos y tan grande, que viene a tener lugar no sólo en las cosas verdaderas, sino también en las fabulosas y mentirosas. Y de aquí nace el gusto que muchos tienen de leer estos libros de cauallerías fingidas" (Ife, *Reading* 182, n. 36). A fin de mantenerse dentro de los límites de lo creíble, lo más razonable parece ser para Fray Luis que la admiración se restrinja a sucesos históricos o, cuando menos, verosímiles, evitando la fantasía excesiva de los caballeros andantes.

También Pinciano advierte sobre el peligro de segregación entre lo admirable y lo verosímil en su *Filosofía antigua poética*, como ya lo hiciera Robortelli en su comentario a la *Poética* aristotélica, de 1548 (Riley, "El concepto de *admiratio*" 174). El personaje "Pinciano" plantea directamente el problema: "parece que tienen contradicción lo admirable y lo verisímil." Uno de sus interlocutores, Hugo, reconoce la complejidad del tema y acepta el debate: "Sí, esta cosa de fábula tiene mucho que considerar, y en ella se ven muchos ñudos, porque ha de ser la fábula admirable, como está dicho, y verisímil, como se dirá ahora" (II: 61). El "Pinciano" acusa a Homero, a Virgilio y a otros de inverosimilitud por pasajes de la *Odisea* como este: "los bueyes del sol hechos pedazos y en los asadores bramaban al fuego"; y de la *Eneida*: las naves quemadas de Eneas "se convirtieron en ninfas" (López Pinciano II: 64-65).[10] Hugo responde escuetamente a Pinciano que Plutarco y Aristóteles justifican estas licencias poéticas por "la alegoría," esto es: la alegoría implica sustituir la interpretación literal de las palabras por un sentido oculto que hay que descifrar. El tercer interlocutor, Fadrique, se extiende algo más en su intento de reconciliar lo admirable con lo verosímil. Según él,

> supuesto que el poeta debe guardar verisimilitud en todo, la debe guardar también en la religión, ley y seta que en aquel tiempo y en aquella región se usaba. Digo que Homero, Virgilio y los demás no hicieron agravio a la imitación, mas fuéronla conservando con mucha perfección en general, porque en el tiempo que ellos escribieron el Sol era tenido por dios y Cibeles por diosa, y los ríos y fuentes dioses juzgados por su perpetuidad… Así que, conforme a aquellos

---

[10] Para el debate sobre esta cuestión en el panorama italiano, ver el apartado "Ships Turned into Nymphs" del libro *Marvels and Commonplaces* de Baxter Hathaway (109-32).

tiempos, Homero, Virgilio y los demás prosiguieron muy bien su imitación, y en ella la verisimilitud, la cual ahora en nuestros tiempos se guardará siguiendo nuestra religión. (II: 65-66)

Fadrique reclama un esfuerzo, como lo haría unos años después Balbuena, por evitar el juicio anacrónico contra la verosimilitud de una obra, especialmente peligroso en referencia a lo admirable. Por incluir fábulas mitológicas, el escritor clásico no cruzaba el límite de lo verosímil, sino que se mantenía en él al incorporar al texto las creencias religiosas, sobrehumanas, de su momento. Algo similar recomienda Fadrique, en un claro eco de las teorías de Tasso, al escritor de su época: justificar la maravilla y lo admirable con algún tipo de intervención divina, acorde a "nuestra religión," que concilie lo peregrino con la credibilidad moral de los receptores. Lo admirable debe ser verosímil, dice el Pinciano, pero también lo verosímil debe ser tan admirable como permita la historia.

Lo peregrino, lo extremo, lo maravilloso, lo raro, lo excelso, son en consecuencia los aspectos de las historias que plantean al escritor áureo no sólo el reto de presentarlos verosímilmente, sino también la oportunidad de provocar el máximo impacto, tanto estético como moral, en su receptor. Lo admirable está en el Siglo de Oro, por lo tanto, en el centro mismo de la ficción, por lo que el universo hiperbólico de la novela corta debió ser, más que un exceso gratuito, una respuesta a la necesidad estética de la admiración y la verosimilitud.[11]

En efecto, hacia 1617, año de publicación de las *Tablas poéticas* de Cascales, "el argumento de la *maravilla* o de la admiración era una pieza central en [el gusto barroco]" (García Berrio, *Introducción* 324). Para lograr la deseada admiración por parte del receptor, el mejor recurso era el empleo—verosímil, por supuesto—de la maravilla, de lo que se sale de los márgenes de la cotidianeidad.[12] Ya en la *Poética* aristotélica se pide que lo maravilloso no se excluya de la ficción, sino que se incluya preferentemente en los versos del poema épico, donde es más fácil de hacer verosímil que ante los ojos del espectador en una representación escénica, visual (1460a, 88-89). Además, el mismo Aristóteles ya había establecido que lo imposible verosímil

---

[11] Otros autores, no obstante, reclaman el mayor acercamiento posible de la ficción a la realidad en nombre igualmente de la verosimilitud. Son, por ejemplo, los italianos Vida, en 1527, y Paolo Beni en 1600 (Weinberg, *A History* 244, 717, 833). Esta necesidad de mantener la cercanía entre ficción y realidad es casi obsesiva para autores como Céspedes o Zayas, a tenor de los reclamos de historicidad que insertan continuamente en sus novelas cortas. Paradójico es que, al mismo tiempo, ambos sean tan propensos a las maravillas, especialmente en el caso de Zayas. También en Francia, según Elwin F. Sterling, el concepto de lo verosímil se hace más dependiente después de 1670 del reclamo de que los hechos narrados han sucedido, son históricos (613-15).

[12] Sobre lo imprescindible de la maravilla en la ficción verosímil según teóricos italianos como Muzio, Minturno y Tasso, ver Riley, *Teoría de la novela* 279.

no sólo era materia poética válida, sino que era preferible a lo posible inverosímil. En esa línea, los teóricos del Siglo de Oro defienden que la maravilla no debe ser eliminada de la literatura mientras se consiga presentarla con verosimilitud. La cuestión que se plantea al escritor áureo es, en definitiva, la siguiente: si lo imposible puede ser verosímil y la maravilla es recomendable para lograr la admiración del receptor, ¿qué recursos necesita el poeta para dotar de verosimilitud unos hechos que no pueden suceder en la realidad? ¿Cómo se hace creíble un suceso que probablemente el receptor nunca ha presenciado ni presenciará? ¿Cómo se puede tratar la maravilla dentro de los límites de lo verosímil?

Entre los teóricos del período áureo, fue Torquato Tasso quien más contribuyó a sentar las bases para el uso verosímil de lo admirable.[13] Como se hacen eco algunos de los teóricos ya citados—Pinciano o Balbuena, entre otros—es regla fundamental atribuir lo maravilloso a una intervención divina. De ese modo, según Tasso, se consigue dar credibilidad a lo paranormal mediante un efecto doble: de una parte, se constata que el poder divino es infinito; por otra, se logra adoctrinar al receptor en el necesario temor y admiración a Dios. Así pues, al considerar al Cielo como la causa primera de una acción maravillosa, admirable, se está respetando la verosimilitud. Además de esta regla de oro, sin embargo, Tasso propone otras estrategias para hacer verosímil lo extraordinario. Primero, es necesario, como ya se vio en el capítulo dedicado a lo verosímil retórico, adecuar el lenguaje, el estilo del texto al tema tratado. Unos personajes nobles y una materia grave, como por ejemplo la intervención divina que causa la maravilla, requieren un estilo elevado y retórico sin el cual la verosimilitud quedaría seriamente dañada. Segundo, y respecto al tema elegido, se pueden aprovechar sucesos históricos extraordinarios que, siendo conocidos por el receptor común, contarían implícitamente con una fuerte carga de credibilidad. Además, conviene también recurrir a fenómenos naturales extraños, especialmente si son situados en una geografía lejana e ignota. En este último caso, el receptor no tendría motivo alguno para cuestionarse la credibilidad de los hechos, sobre todo si la información viene autorizada por algún texto prestigioso. Por la misma regla de tres, la imprecisión temporal o la simple lejanía en el tiempo ayudan a que la verosimilitud sea preservada ante el desconocimiento del momento en que supuestamente se desarrollaron los hechos, pues ¿por qué dudar

---

[13] Riley enumera algunos de los textos fundamentales para la formulación de esta teoría: de Tasso como fuente original, a Carvallo, Balbuena y Cascales en el caso español (*Teoría de la novela* 295). Para un comentario general sobre los preceptos de Tasso y su influencia en la literatura española, ver Riley, *Teoría de la novela* 180; y Forcione, *Cervantes, Aristotle* 30-43 ("The legitimation of the Marvelous"). Sobre Tasso en el contexto de la literatura italiana, cfr. Hathaway, capítulos II ("The Realism and the Marvelous" 43-87) y IV ("Religion and Art: Form and Content" 133-66); Greenblatt 79-80; y Weinberg, *A History* 630, 1036; para lo maravilloso en otros autores italianos de la época como Riccoboni, Campanella, Pescetti..., ver 173, 196, 238, 281, 319, 493, 587, 775, 779, 864, 1067 y 1101.

de las maravillas que se producen en lugares y épocas desconocidas?[14] Por último, Tasso recomienda también recurrir a la variedad temática, de forma que ni todo sean maravillas, ni, al menos en el poema épico, falte por completo lo admirable (Forcione, *Cervantes, Aristotle* 30-43).

La noción de lo maravilloso en el Siglo de Oro es en consecuencia enormemente compleja. Así lo demostró ya James V. Mirollo en *The Poet of Marvelous: Giambattista Marino*, donde distingue tres tipos de maravilla en el siglo XVII: lo *favoloso* o sobrenatural, los *concetti* o estilo del poeta, y la *arguzia* o efectos conseguidos mediante el ingenio y la agudeza (Foa 104, nota 4). Según Mirollo, la maravilla no se limita en la época a lo sobrenatural, sino que incluye también aspectos como el estilo y el ingenio del escritor. En concordancia con las teorías de Tasso y lo que se vio arriba sobre lo verosímil retórico, el lenguaje es una parte fundamental de la *admiratio* y de lo maravilloso, por lo que un estilo elevado y la agudeza de ingenio, en la expresión de Gracián, aseguran la verosimilitud al tiempo que admiran. Así, para lo maravilloso no basta con atender a fenómenos paranormales según Mirollo; también hay que tomar en cuenta factores como el estilo y el ingenio.

Esta doble faceta de la maravilla es particularmente visible y hasta sorprendente en el escrutinio de la librería del *Quijote*, pues los libros de caballería de Quijano se salvan o condenan al fuego por la calidad del estilo y no por su contenido, como se comentó en el capítulo dedicado a lo verosímil retórico. Además, para dar verosimilitud a las maravillas narradas en estos libros hubiera bastado según algunos autores con reconocer a Dios como la causa primera de lo sobrenatural. Así lo afirma por ejemplo el autor del *Florisando*, Páez de Ribera, quien dedica los seis capítulos iniciales de su libro a criticar la presencia de la magia en las *Sergas de Esplandián*. Pero no nos debemos llevar a engaño; Páez de Ribera no recrimina a Montalvo los encantamientos de la Ínsula Firme porque sean imposibles ni porque su estilo sea inapropiado, sino que condena la atribución de esa hechicería a la maga Urganda, cuando tuvo que ser Dios quien realizó aquellos milagros en castigo a los pecados de los reyes o de su pueblo.[15] La infracción a la verosimilitud se produce en consecuencia porque la maravilla no se ha justificado en el modo correcto, pues para Páez de Ribera, siguiendo a Tasso, lo verosímil hubiera sido atribuir lo maravilloso al poder de Dios. Esta actitud la ejemplifica paradigmáticamente el anónimo autor del

---

[14] Aunque muchas novelas cortas—o la mayoría de las ficciones caballerescas, por ejemplo—se sitúan en tiempos y lugares remotos, también abundan las historias que suceden en una geografía conocida o incluso cercana, y en un tiempo más o menos reciente. Las *Historias peregrinas y ejemplares* (1623) de Gonzalo Céspedes y Meneses son un claro ejemplo de esto, pues cada una ocurre en una ciudad peninsular diferente y se remontan a los tiempos no tan remotos del Emperador y de Felipe II.

[15] Ver la interesante aunque inédita tesis doctoral de Emilio Sales Dasí, "La figura del caballero en *Las Sergas de Esplandián*," 91, nota 34 y 631, nota 27.

Oliveros de Castilla con la pretensión de evitar toda sombra de inverosimilitud sobre su relato caballeresco:

> Y pues que a Dios no hay cosa imposible, ninguno debe tener en mucho lo contenido en este presente libro, ca Dios permite muchas maravillosas cosas, y por nuestra doctrina hace muchos milagros por confirmarnos en la fe y ponernos en el verdadero camino de la salvación... Amén. (Riley, *Teoría de la novela* 261)

Bajo la forma de una oración piadosa, el autor justifica su uso de la maravilla recurriendo al poder infinito de Dios. Además, insinúa que la abundancia de "milagros" en su historia de caballerías puede ayudar a la hora de "confirmarnos en la fe y ponernos en el verdadero camino de la salvación." Así, frente a una plausible acusación de mentir y de incluir disparates en la trama, el anónimo escritor opone una misión apostólica por la cual lo admirable pretende más que entretener al receptor, instruirlo en la fe católica y allanar así su "camino de la salvación."

Si, por un lado, la maravilla puede hacerse verosímil con un procedimiento tan simple como la mera atribución a causa divina, por otro ya se ha advertido que la noción de lo extraordinario y de lo que es posible varía según las épocas y las sociedades. Por ello, cada aparente inverosimilitud debe de ser revisada en su contexto, atendiendo a las reglas de estilo y de género en que se enmarca y a la noción de lo posible que existe en ese momento dado. En este sentido, C.S. Lewis ha distinguido dos categorías de maravilla: "lo maravilloso tomado como fáctico" y "lo maravilloso que se sabe ficción" (*La alegoría del amor* 70). En efecto, para Lewis coexiste junto a una maravilla literaria que se sabe ficción y que debe ser verosímil, una noción de lo maravilloso que consiste en hechos posibles que suceden o han sucedido en algún momento en la realidad. Para un lector del siglo XXI, por ejemplo, la descripción de las tierras septentrionales de Europa en el *Persiles* cervantino puede contener inverosimilitudes—como la licantropía, por ejemplo—que en los siglos XVI y XVII podían ser, sin embargo, hechos aceptados como posibles siguiendo a autoridades como Olao Magno.

En *El pensamiento de Cervantes*, Américo Castro plantea el mismo problema desde un punto de vista ligeramente distinto. Castro reconoce, como Lewis, dos tipos de milagro: el de verdad y el de apariencia. La cuestión más espinosa, dado que Tasso y otros habían propuesto varias estrategias para hacer verosímil lo maravilloso y lo imposible, era la siguiente: "¿dónde trazar la raya entre milagros de verdad y milagros de apariencia en la España del 1600? ¿No convienen ambos en ser raros acaecimientos, fuera de las leyes conocidas de la naturaleza?" (55). De esta dificultad que señala Castro a la hora de distinguir entre el milagro y la "apariencia" sacan partido muchos escritores del Siglo de Oro al proponer una maravilla verosímil no porque se atribuya a Dios, sino porque se explica en último término por causas lógicas, naturales. La actitud humanista que subyace a esta voluntad de racionalizar exige que se distinga entre el milagro divino, más bien escaso, y la maravilla natural, mucho más frecuente. En su *Tratado muy sotíl y bien fundado de las supersticiones y hechicerías*, Fray Martín de Castañega, máxima autoridad aurisecular en la materia, advierte contra el exceso de credulidad:

> Las virtudes naturales son tan ocultas en la vida presente a los entendimientos humanos, que muchas veces vemos la experiencia y obras maravillosas y no sabemos dar la razón dellas, salvo que es tal la propiedad de las cosas naturales y que a nosotros es oculta, como es la propiedad natural y virtud oculta de la piedra ymán. (Castro, *El pensamiento* 55)

Por una parte, Fray Martín combate el perjudicial exceso de credulidad y la tendencia a ver en los fenómenos naturales causas paranormales, magia e intervenciones demoníacas o divinas. Por otra, abre una vía para la racionalización de la maravilla que deja a lo admirable y la verosimilitud en una posición privilegiada: una causa razonada y lógica asegura la credibilidad de lo extraordinario, haciendo verosímiles hechos que con toda seguridad admirarán al receptor. Como apunta Fray Martín, la dificultad estriba en desentrañar esas fuerzas naturales que explican lo peregrino, eliminando supersticiones y atribuciones milagreras a lo divino. Precisamente, la explicación racional de un hecho que se cree en principio maravilloso se encuentra en la base de múltiples tramas y enredos planteados por la novela corta del setecientos, como se analizará en el próximo apartado.

En resumen, lo verosímil posible se presenta como un aspecto complejo que requiere un esfuerzo múltiple por parte del crítico. Primero, el concepto de lo posible difiere de unas épocas a otras, de unas sociedades a otras en un mismo período histórico, e incluso de unos individuos a otros en una misma sociedad y época. Conceder que un hecho o personaje sea posible históricamente, que pueda ocurrir en la realidad, depende de una noción inestable y personal por la cual un mismo suceso puede verse como imposible hoy y posible mañana. Pero además, para el caso específico de la ficción, lo verosímil no concuerda con lo posible histórico, según establece Aristóteles. Existe un imposible verosímil, como iban a glosar múltiples teóricos españoles del Siglo de Oro, que es preferible a lo posible inverosímil. Hacia el primero de estos conceptos, lo imposible verosímil, tendía una de las mayores necesidades estéticas del período: la admiración y la maravilla. A fin de conseguir el mayor efecto persuasor, los límites de lo posible debían estirarse al máximo hasta alcanzar el terreno de las imposibilidades verosímiles. Para Torquato Tasso, quizás el autor más influyente en su época, la maravilla debe justificarse amparándose en el poder divino, poder sobrenatural capaz de hacer verosímiles las mayores imposibilidades y, al mismo tiempo, capaz de adoctrinar en el temor a Dios a un receptor admirado, sobrecogido, maravillado. Según el propio Tasso, otros recursos sirven también para conceder verosimilitud a pasajes que exceden los límites de lo posible histórico: situar la acción en un tiempo remoto y una geografía ignota, servirse de fenómenos naturales y sucesos históricos extraordinarios, adecuar el estilo al tema tratado, y recurrir a una compleja red de *auctoritas* con la que otorgar credibilidad a hechos o personajes de dudosa verosimilitud. Además, y junto a la tendencia a lograr lo verosímil posible mediante la ejemplarizante atribución al poder de Dios, se percibe también la tendencia de racionalizar la maravilla y explicarla mediante la lógica y la naturaleza. En las siguientes páginas se analizará cómo ambas tendencias principales, la cristianización y la racionalización de la maravilla, conviven en el Siglo de Oro hispánico, así como qué estrategias concretas se utilizan para construir lo verosímil posible en el universo hiperbólico de la novela corta.

3.2 ¿Milagro o industria?: Cervantes y la novela corta frente a la maravilla

En la aprobación de Juan de Jáuregui a los *Casos prodigiosos* de Juan de Piña (1628) se encarece el libro particularmente "por tocar en prodigios y maravillas que da [el autor] por verdaderas" (6). En el "Prólogo" que sigue a la aprobación, el propio Piña afirma que "echada la sonda al mar del vulgo" ha descubierto que el público "sólo admite prodigios y portentos" (10), por lo que la materia de su libro presenta casi exclusivamente casos maravillosos. Si el precepto de la *admiratio* era ciertamente una imposición para el novelista barroco,[16] lo posible y lo imposible cabían en las tramas de los escritores mientras se consiguiera maravillar dentro de los límites de la verosimilitud, límites que no siempre coinciden con las reglas de la realidad y que se construyen a partir de unas estrategias determinadas.

Entre estas estrategias, como ya se repasó en el apartado previo, una de las que cosechó mayor fortuna a nivel europeo fue la propuesta por Torquato Tasso. En efecto, al recurrir al poder ilimitado de Dios como causa de la maravilla se conseguía hacer posible el fenómeno más peregrino, al tiempo que se instruía al receptor en el necesario temor a la justicia divina. Además de en géneros como la novela bizantina (González Rovira 147), los ejemplos en la novela corta respecto a esta forma de hacer verosímil la maravilla son innumerables. Edwin Williamson ha notado que Cervantes, por ejemplo, utiliza estos procedimientos en el múltiple encuentro de Cardenio, Dorotea, Luscinda y Fernando en la primera parte del *Quijote*, en donde todo se atribuye a la voluntad de "el cielo" ("Romance and Realism" 50-51). También María de Zayas, como ha apuntado Alicia Yllera (*Desengaños* 39), construye

---

[16] Además de para la novela corta, como se repasó en el apartado anterior, la *admiratio* era también una necesidad preceptiva para la novela bizantina; ver González Rovira, especialmente 148-49 y 246-47.

buena parte de su novelística sobre la tradición milagrera de la época, a pesar de su insistente afán de historicidad. En "El pronóstico cumplido" de Castillo Solórzano, por citar otro caso, el rey Fabricio arroja a su hijo Silvio al mar cuando un agüero anuncia que el joven príncipe terminará por derrocar y someter a su padre. El muchacho, buen nadador, consigue agarrarse a un cajón enmedio de una tempestad, "hasta que, apiadado el Cielo, que a nadie desampara, calmaron los vientos y sosegaron las aguas" (*Noches de placer* 280 ss.). Una vez en tierra firme, Silvio descubrirá que el arcón al que se había agarrado contenía un tesoro. Todo este cúmulo de circunstancias favorables, que permiten a Silvio cumplir finalmente el pronóstico, son atribuidas constantemente al "Cielo" tanto por el narrador como por los propios personajes. De ese modo, se persigue abrir una vía de verosimilitud para el texto, pues tanto la profecía como la consecución de la misma se atribuyen a una intervención divina cuyo poder ningún receptor áureo osaría cuestionar. En solidaridad con lo verosímil posible, además, lo verosímil ejemplar es también reforzado al presentarse a Dios como autor último de los hechos y dotar la historia de la dignidad suficiente como para merecer una intervención divina.

Junto al recurso a Dios como fuente de milagros, los escritores de la época se sirven también de otras estrategias para acreditar lo verosímil posible, dejando un tanto de lado el aspecto ejemplar de la verosimilitud que se estudió en el capítulo anterior. Contra excesos de credulidad y supersticiones sancionadas incluso por la propia Inquisición, los novelistas buscan otras maneras de admirar dentro de la verosimilitud sin recurrir a atribuciones divinas. Voy a comentar las dos estrategias quizás más importantes en el período: autorizar con fuentes documentales el hecho maravilloso y racionalizarlo.

Para el sistema clásico de las autoridades y la exégesis bíblica, la escritura, sobre todo cuando viene asociada a un nombre prestigioso, contiene un sello incuestionable de verdad. De este modo, citar autores o fuentes de un cierto prestigio podía convertir prodigios extraordinarios en verosímiles hechos autorizados, autentificados por la letra escrita que los precede. Por ejemplo, a medio camino entre la estrategia cristiana de Tasso y el recurso a las *auctoritates* correspondientes, Lope de Vega intercala en *El peregrino en su patria* una historia de fantasmas y apariciones que justifica mediante la teología. A fin de hacer verosímil el fantástico pasaje, el narrador ofrece la siguiente digresión informativa:

> Muchos que ignoran la calidad de los espíritus, su naturaleza y condiciones, tendrán esta historia mía por fábula, y así es bien que adviertan que hay algunos de quien se entiende que cayeron del ínfimo coro de los ángeles, los cuales, fuera de la pena esencial, que es la eterna privación de la vista de la divina esencia, llamada de los teólogos la pena del daño... (445)

Por si acaso el lector acusa a Lope de ofrecerle una "fábula," el autor provee la información necesaria para hacer del fantasma una criatura verosímil. La apelación a la autoridad de los teólogos y a la intervención divina conjurarían cualquier posibilidad de ataque contra la historia narrada, pues la verdad del razonamiento lopesco viene respaldada doblemente: de un lado, por los teólogos de la Iglesia y su letra escrita, y de otro por la esencia divina del tema en cuestión—los espíritus caídos del coro de los ángeles.

Pero el recurso a las autoridades como forma de lograr la verosimilitud de lo admirable no se limita al campo teologal y divino en el que se enfocaba la teoría de Tasso, sino que se extiende al de la ciencia y el saber en general. En manuales seculares del conocimiento como el *Jardín de flores curiosas* de Torquemada, por poner un ejemplo entre muchos otros, se da credibilidad histórica a hechos que en la novela corta se ven inverosímiles desde el siglo XXI. Estas disparidades de criterio no son, sin embargo, exclusivas de nuestro tiempo: a la vez que acusaba a Torquemada de ser tan mentiroso como el *Don Olivante de Laura*, Cervantes lo utilizaba como fuente para el episodio de la bruja Cañizares en el "Coloquio de los perros" y para amplios fragmentos del *Persiles* (González de Amezúa, *Opúsculos* I: 323). El motivo de esta paradoja podría deberse en parte a los descubrimientos científicos y geográficos de la época, pues con las noticias llegadas de los nuevos territorios (nuevos animales, vegetales, nuevas costumbres y tierras) múltiples maravillas se convertían en como mínimo plausibles, cuando no documentadas.[17] Esta sed de maravillas era reforzada por la supervivencia del sistema de autoridades, por el cual Plinio, Mejía, Manderville, Olao Magno y otras fuentes similares gozaban de, como mínimo, el beneficio de la duda. En esta parcela incierta del conocimiento, el novelista áureo encontraba un campo perfecto, admirable y fácil de hacer verosímil, del que extraer sus argumentos.

En algunos casos, así pues, la verosimilitud de casos peregrinos se alcanza a través de diferentes estrategias basadas en la *auctoritas* de fuentes clásicas y contemporáneas. En las *Noches de invierno* (1609) de Antonio Eslava, por ejemplo, Fabricio relata las bodas de Valentiniano y Serafina, a cuyo palacio acuden "ninfas, dríades, nereidas y sirenas" para amenizar con su voz la ceremonia. Leonardo, otro de los contertulios, se pregunta "si [esto] fue por encanto o si es verdad que la mar produce y cría semejantes criaturas" (Eslava 124). Ante las legítimas dudas de Leonardo acerca de la participación en la boda de ninfas y otros entes similares, Fabricio enumera una larga lista de autoridades, que incluye autores recientes y testigos visuales de los hechos, con el fin de probar la existencia real de estos seres. Y añade que si

---

[17] Para el concepto de la maravilla en el Nuevo Mundo, ver Stephen Greenblatt, *Marvelous Possessions*; para varios ejemplos de la Edad Media tardía, ver el volumen colectivo *Historias y ficciones*, editado por Rafael Beltrán y otros (especialmente el artículo de Eugenio Popeanga sobre libros de viajes).

"no hay que dudar que… [estas criaturas] las había en el mar,…. con arte mágica fácilmente se hallarían en las reales bodas de Valentiniano y Serafina" (125). Al argumento de Fabricio, Leonardo responde con una frase que da la exacta medida del espacio de lo verosímil y de su funcionamiento: "Pues lo habéis probado con tan graves autores, *en parte* quedo satisfecho" (125; énfasis mío). Aplacadas sus objeciones a la presencia de "ninfas, dríades, nereidas y sirenas" gracias a los "graves autores" que cita Fabricio, el "en parte" que añade Leonardo a su respuesta ubica lo verosímil en su preciso lugar, evitando el exceso de credulidad y la consiguiente pérdida de la consciencia ficcional. Acorde a la teoría literaria del momento, y sin implicar su historicidad, Fabricio ha hecho de su historia de magias y maravillas una historia creíble—reforzada con *auctoritas* y testigos presenciales—, admirable y verosímil. La explicación de Fabricio no convence a Leonardo de la historicidad de los hechos, pero le permite aceptar el cuento como verosímil y no rechazarlo por mentiroso y disparatado. Manteniéndolo dentro de la verosimilitud, se evita la perjudicial credulidad que convierte una trama ficcional en un suceso histórico probado, al tiempo que se logra un efecto máximo de admiración en el receptor.

Para 1621, sin embargo, Lugo y Dávila proponía ya en su *Teatro popular* el tratamiento irónico del sistema de autoridades como forma de acreditar la verosimilitud de un caso maravilloso. En la séptima novela de la colección, "Del andrógino," se cuenta la historia de la joven Laura, prometida en contra de su voluntad al maduro Solier, y de su amado Ricardo, quien en una visita clandestina a Laura se ve forzado a vestirse de mujer—Bernardina—para no ser descubierto. Solier no sospecha la treta del joven galán e intenta abusar de él engañado por sus ropas de mujer. Ante el inevitable descubrimiento de que Bernardina es en realidad un hombre, Ricardo inventa que acaba de transfomarse su sexo a fin de evitar la violación. Ante lo peregrino del caso, Salier consulta al catedrático Salt si la transformación de la muchacha en hombre es en verdad posible. El mencionado Salt utiliza doce páginas de la novela en un discurso plagado de autoridades, mencionando decenas de fuentes prestigiosas: Plinio, Aristóteles, Hipócrates, Tito Livio, Laurencio, Liberal… Al concluir la documentación del prodigio, el catedrático refiere incluso el caso contemporáneo de Magdalena Muñoz, monja que tras años de trabajo viril en el convento se convirtió en un hombre llamado Gaspar, "caso tan reciente que no tiene más antigüedad que desde cinco de octubre de mil seiscientos diez y siete" (Lugo y Dávila 263).[18] Doce páginas de esta novela sobre la supuesta conversión de una mujer en hombre se consagran, pues, a construir lo verosímil posible mediante la sola estrategia de acumular autoridades y casos "históricos," recientes y con fecha exacta, como

---

[18] Un papel similar cumple el catedrático que aparece en "El imposible vencido" de las *Novelas amorosas y ejemplares* de María de Zayas (289), quien debe resolver a partir de sus conocimientos si Leonor es en verdad legítima esposa de Ricardo, su amado, o de su marido don Alonso, con quien no ha llegado a consumar el matrimonio.

prueba documental de la maravilla.[19] Al final, no obstante, el catedrático es informado por terceros de que todo es un engaño, y en descargo de su conciencia sugiere a Solier que el caso de Bernardina es fingido. Éste, atormentado, no capta la indirecta y muere de arrepentimiento por intentar abusar de la supuesta muchacha y recibir como castigo divino el sorprendente cambio de sexo. A medio camino entre el sistema de autoridades y el engaño, pues, Lugo y Dávila construye la verosimilitud de su historia a partir de un fingimiento ingenioso que explica racionalmente el prodigio. Esto no impide, sin embargo, que el autor emplee buena parte de su historia en probar con fuentes abundantísimas que, en todo caso, la conversión de mujer en hombre es posible en la realidad.

En "De la juventud," la octava novela de la misma colección (*Teatro popular*), Lugo y Dávila recurre a la misma estrategia para hacer verosímil una maravilla que de seguro iba a admirar al receptor. En la ciudad de Sevilla, el joven Plácido es físicamente idéntico al maduro Fadrique en su juventud. Ambos se enamoran de doña Inés, quien termina decantándose por el galán pero casándose con el viejo, forzada por su familia. Incapaz de superar el dolor por el matrimonio de su amada, Plácido decide marchar a Italia. Allí conoce al médico Vitali, con quien regresa a España justo en el momento en que Fadrique agoniza. Viteli propone a su amigo una espectacular farsa: en cuanto muera Fadrique, el médico italiano anunciará que puede no sólo resucitar el cadáver, sino incluso rejuvenecerlo. Lógicamente, lo que hará Viteli es hacer desaparecer el cuerpo del viejo y vestir con sus ropas a Plácido—idéntico al moribundo Fadrique de joven—, con lo cual nadie notará la diferencia. De nuevo, esta burlesca, casi macabra farsa del rejuvenecimiento de un muerto y su vuelta a la vida será autentificada ante los ojos de Sevilla mediante la acumulación de autoridades que prueben el "milagro." Durante once páginas plagadas de fuentes científicas y casos probados, el médico Vitali justifica la aparente resurrección y rejuvenecimiento de Fadrique consiguiendo que nadie sospeche de Plácido y que todos, maravillados, acepten la verdad del prodigioso hecho.

Lugo y Dávila se sitúa en una posición ambigua respecto al uso de autoridades como forma de lograr lo verosímil posible. Por una parte, las fuentes y ejemplos aportados en ambas novelas esconden no una maravilla, sino meramente un engaño: Ricardo es en realidad la Bernardina que supuestamente cambia de sexo, y el joven Plácido sustituye al fallecido Fadrique. Por otra parte, sin embargo, el autor incluye más de veinte páginas de un discurso erudito que sólo convence a los engañados personajes de las novelas, no al receptor real, enterado de la farsa desde el

---

[19] Abundan en la novela corta ejemplos menos prolijos de esta misma estrategia basada en la *auctoritas*: en "El pronóstico cumplido" de Castillo Solórzano, por ejemplo, el humilde Silvio pretende ganar la mano de la noble Diana convenciéndola de que él "no es el hombre primero que por su valor se ha hecho monarca en el mundo, que las historias vemos llenas de ejemplos, en que muestran haber subido humildes hombres, con el valor de sus armas y virtud de sus costumbres, a tales dignidades" (*Noches* 297).

principio. Si a la trama no le era necesaria la exposición de estas autoridades porque se basa en maravillas fingidas, habrá que concluir que para Lugo y Dávila demostrar mediante fuentes y ejemplos probados cómo una mujer puede convertirse en hombre y cómo un muerto puede resucitar y rejuvenecer es parte esencial de su concepto de *admiratio*.

Como ya apunta el *Teatro popular*, la tercera estrategia fundamental para construir lo verosímil posible (junto a la atribución divina y el uso de autoridades) es el de la racionalización de un hecho admirable y prodigioso. En efecto, la maravilla se basa en algunas ocasiones en la ignorancia del funcionamiento lógico y racional que subyace a un suceso extraordinario, pero explicable por determinadas circunstancias. A veces, pues, los aparentes milagros son producto de un "ingenioso artificio" o de la "industria." En la novela corta "Pachecos y Palomeques" de Céspedes y Meneses, por ejemplo, se describe una "casa del encanto" en la que se producen desapariciones de personajes y cambios de decorado que parecen milagrosos. No obstante, el narrador termina por explicar racionalmente la causa de estos prodigios. Sin intervención divina, los peregrinos sucesos se justifican sólo por "el maravilloso y secreto artificio" de un ingeniero alemán, que diseñó el edificio con una serie de pasadizos y mecanismos secretos (*Historias peregrinas* 268-69). Algo muy similar ocurre con los hechos paranormales de "El palacio encantado" de Juan Pérez de Montalbán (*Para todos*, 1632): si bien algunos muebles se mueven solos, se escucha la voz de personas ausentes y se produce una terrible tormenta que se inicia y termina bruscamente en los jardines de palacio, estos sucesos admirables se explican mediante máquinas y artificios racionales, prescindiéndose así de cualquier alusión a lo sobrenatural.[20]

Las estrategias para racionalizar la maravilla sin recurrir al poder de Dios como causa inmediata son a su vez múltiples. En los *Casos prodigiosos* de Juan de Piña, por ejemplo, las maravillas del libro se explican mediante un complejo entramado cultural y autorreferencial. Cuando los protagonistas observan en la noche una lluvia de cometas, tal "maravilla" en palabras del narrador "imitaba a la [figura de una serpiente] que de lienzo, en grande altura, se vio en Madrid en la fiesta del divino labrador San Isidro, digna de memoria y admirable" (29). Al afirmar que un extraordinario fenómeno natural imita al lienzo realizado para las fiestas de San Isidro en Madrid, Piña consigue que el referente cultural sea no el reflejo sino el origen de la naturaleza, y que la memoria y el arte racionalicen un fenómeno estelar prodigioso. Algo similar ocurre cuando se narra la lucha entre un pastor y una "desigual cule-

---

[20] Es paradójico, sin embargo, que en el mismo libro Montalbán incluya un discurso sobre demonología en el que se acumulan múltiples testimonios de intervenciones satánicas y artes diabólicas (González de Amezúa y Mayo, *Cervantes, creador de la novela corta* 470). Aunque paradójica, la actitud de Montalbán es más bien coherente con las oscilaciones entre credulidad supersticiosa o fe religiosa y racionalización que parecen caracterizar la época, como se verá con respecto a Cervantes mismo un poco más adelante.

bra," la cual, a pesar de ser cuarteada por el pastor en repetidas ocasiones, sigue viva y combatiendo. Para justificar el prodigio, el narrador advierte que "la filosofía natural de esto es que tiene la culebra el alma dividida en todas las partes de su cuerpo" (77), y se ofrecen dos páginas de autoridades científicas que prueban el hecho. A continuación, el mismo narrador apostilla: "y quien hubiere visto las peregrinaciones de Pinto (o sean historias o fábulas) podrá admirar las maravillas de la naturaleza, prodigios y portentos temerosos" (79). Como fuente ideal de admiración, junto a la observación directa del medio natural y el acopio de autoridades, se recomienda la lectura de las peregrinaciones de Pinto sin importar si éstas son "historias o fábulas." Esa misma idea conforma la verosimilitud del libro en su conjunto: aunque el narrador insiste en que los hechos del protagonista don Juan son "sabidos con la debida certidumbre para darlos a la estampa" (32), se nos informa que

> el asunto de don Juan era peregrinar a saber, a inquirir los otros reinos, y con el ingenio darlo a conocer donde floreciese, y emprender cualquier honrosa hazaña, que letras y valor tenía para la mayor maravilla. (33)

Para la "mayor maravilla" el protagonista cuenta con "letras y valor"; a diferencia del Orlando furioso y de Suero de Quiñones, afirma el narrador (32), don Juan emprende su camino por "peregrinar a saber" y "con el ingenio darlo a conocer donde floreciese." Queda perfectamente claro, pues, que a diferencia de otros héroes don Juan es el paladín de las armas pero también, y principalmente, de las letras, del conocimiento. Su misión es saber, inquirir, y luego difundir "con el ingenio" las noticias que recoge.

La labor del escritor, del creador literario pasa de este modo a un primer plano, convirtiéndose don Juan más que en un caballero andante, en un intelectual que peregrina por saber y por el placer de contar ingeniosamente.[21] De hecho, el narra-

---

[21] Una similar alusión al conocimiento (aunque sin la autorreferencialidad del escritor describiéndose a sí mismo) es la que afianza lo verosímil posible en "El pronóstico cumplido" de Castillo Solórzano. Para consultar el porvenir de Silvio, hijo del rey Fabricio, éste acude al "mágico Navateo," a quien se presenta no como un mago de poderes sobrenaturales, sino como un docto y anciano sabio. Fabricio quedó admirado por la "cantidad de libros que en ella [la estancia de Navateo] tenía, con tan curiosa orden puestos." Además, en lugar de aludir a poderes paranormales, se insiste constantemente en el "gran saber" y la "ciencia" del "doctísimo" anciano. Por último, las predicciones mismas sobre el futuro de Silvio no proceden de iluminación o milagro algunos, sino que, por el contrario, el mago pide tiempo "en tanto que acabo de ver un libro sobre lo que me pides" (*Noches* 278). Más que una predicción astrológica basada en la hechicería, pues, Castillo Solórzano se encarga de dar a los hechos un carácter lo más científico y docto posible, reforzando así la verosimilitud de la historia y evitando, igualmente, cualquier sospecha de prácticas demoníacas en la novela.

dor reclama a su receptor desde el principio que acepte la posibilidad y verosimilitud de los hechos en virtud del pacto por la *admiratio* sellado en el prólogo, donde se reconoce que el público "sólo admite prodigios y portentos" (10). Cuando se describe el inmenso saber del joven protagonista de la obra, don Juan, el narrador se apresura a decir: "Si el que lee dice que es fábula saber un hombre en pocos años tantas ciencias, se responde que, como primera aventura prodigiosa, no dirá que desdice del asunto" (19). Aunque sea imposible a juicio de un receptor cabal que un joven posea tantos y tan vastos conocimientos como el protagonista don Juan, Piña pretende construir lo verosímil posible al hacer explícitas las reglas estéticas que le obligan a ofrecer sólo historias admirables, prodigiosas. Autorreferencialmente, en consecuencia, la obra se dota a sí misma de verosimilitud en virtud de la *admiratio* que rige la escritura del momento.[22]

Además de las convenciones estéticas, también otras tales como la fuerza del amor logran explicar racionalmente hechos maravillosos y admirables. En "El desdén del Alameda," de las *Historias peregrinas y ejemplares* de Céspedes y Meneses, el galán don Sancho entra en un aposento donde es "ofuscado y casi sumergido entre los blandos rayos de unos divinos ojos." Tan sólo después de unos momentos se da cuenta de que la deslumbrante luz proviene en realidad de "una blanca vela" que alumbra a una bellísima dama que reacciona asustada por la presencia de don Sancho, quien "hasta entonces aún dudaba fuese mujer mortal" (127). El momento del encuentro visual es transformado por el amor instantáneo y poderoso que siente el galán en un cúmulo de maravillas, por el cual los ojos de la dama le deslumbran con sus rayos de luz y le hacen dudar de que ella sea humana. A la misma y más o menos racional causa del amor se remite María de Zayas para explicar la aparición de un fantasma en "El imposible vencido." En realidad, el espíritu que visita periódicamente la casa de doña Blanca es un caballero flamenco vecino suyo, quien la pretende a pesar del continuo rechazo de ella. Tras ser descubierto por el caballero don Rodrigo, el fingido fantasma, don Arnesto, exlama: "¡Ay, señor don Rodrigo!, si sabéis qué es amor, no os maravilléis desto que hago, sino de lo que dejo de hacer" (*Novelas amorosas* 266). De este modo, la admirable aparición de un espíritu queda racionalmente reducida a las acciones del persistente Arnesto. Sin intervenciones de lo sobrenatural, el receptor quedaría en último término admirado por la fuerza del amor, capaz de obligar al fracasado amante a escenificar una farsa burda que termina de forma humillante para él.

---

[22] Un ejemplo similar en *El peregrino en su patria* de Lope: "¡Quién creerá que en el espacio de una tarde y la distancia de una noche tantas desdichas pudiesen suceder a un hombre si no llevase advertido que las cosas se escriben por notables…!" (95). También un narrador de "Tarde llega el desengaño" sitúa a sus oyentes en un marco cultural y mítico en que las maravillas son posibles: "no os pesará de oír el mío [suceso], y la causa de los extremos que véis, que los juzgaréis encantamientos de los que se cuentan había en la primera edad del mundo" (Zayas, *Desengaños* 238).

Por último, la racionalización de la maravilla puede también adquirir un tono jocoso contra el exceso de supersticiones y credulidad. En una de las "Conversaciones" de *El filósofo del aldea* (1626) del alférez Mateo Baltasar Velázquez, se cuenta la historia de un duende que habita la casa en donde viven el anciano don Fernando y la joven doña Leonarda. El criado más bravucón e incrédulo se decide a buscar él solo al prodigioso ser, pero cuando se lo encuentra verdaderamente ante sí, huye acobardado. En realidad, el duende es un niño que se viste de frailecillo y que obedece las órdenes de don Carlos, un galán enamorado de doña Leonarda que pretende aprovechar el "milagro" para estar más cerca de su amada (324-25). También en "Los dos Mendozas" de Céspedes y Meneses se parodia el exceso de credulidad de don Fadrique, a quien en una angosta calleja se le aparece de repente "un vestigio espantoso, tan alto y tan disforme que tomaba su espacio desde un alto balcón." El caballero cree que el "vestigio espantoso" es en verdad "alguna aparición o alma en pena" y, tras retar al misterioso ente sin respuesta, se pone a lanzarle estocadas y pelear fieramente. Con el fragor de la lucha, el barrio entero se despierta para comprobar con la luz de las antorchas que "la horrible fantasma" contra la cual luchaba don Fadrique era en realidad un "crecido venado" que, a medio desollar, había sido colgado del balcón por los cuernos. El narrador termina el relato del suceso con el siguiente irónico comentario: "aparte de lo jocoso del caso... nadie puede negar el audaz y valentísimo ánimo de este caballero" (*Historias peregrinas* 388-89). Lo que pudo ser una horrible aparición sobrenatural queda así reducida a la presencia de un animal muerto en el balcón de una calleja estrecha y oscura, presencia nada milagrosa que más bien deja en ridículo al héroe.

El ejemplo más famoso sobre la racionalización del milagro es sin duda el de las bodas de Camacho en la segunda parte *Quijote*. En medio de la celebración, Basilio el pobre se suicida porque su amada Quiteria está a punto de casarse, forzada por su familia, con el rico Camacho. Como último deseo, el moribundo Basilio pide a Quiteria que contraiga matrimonio con él para inmediatamente enviudar y proseguir la ceremonia con Camacho; sin embargo, tras lograr la mano de su amada el pastor pobre sana prodigiosamente. Ante los gritos de "¡Milagro, milagro!" que los crédulos lanzan admirados por su resurrección, el propio Basilio replica: "¡No 'milagro, milagro,' sino industria, industria!" (*Quijote* II: 186). En realidad, el falso suicida ha fingido el apuñalamiento simplemente para casarse con Quiteria. Una vez conseguido su objetivo, la farsa termina sin milagro alguno, con una racional "industria"—un caño bajo la axila lleno de sangre en donde insertar el puñal—que ha engañado ante sus ojos incluso al poderoso Camacho. Por las tretas y la industria de Basilio, pues, y no por intervención sobrenatural alguna, el receptor quedaría admirado de esta fingida resurrección que conduce a un final feliz a los jóvenes enamorados.[23]

---

[23] También, en "El socorro en el peligro" se racionaliza la supuesta resurrección de doña Dorotea, esta vez mediante una causa fisiológica: la dama sufría periódicamente

Si bien Cervantes es probablemente el autor que más recurre a la estrategia de racionalizar la maravilla, la necesidad de adoctrinar tanto como de admirar le sitúa en muchos momentos de su obra en una postura intermedia entre la explicación del milagro y la atribución divina. En efecto, el autor del *Quijote* nunca renuncia al género más idealista—más inverosímil para algunos—del *romance* (Dudley 26-27; Williamson, "Romance and Realism" 67), sino que lo subvierte, juega con él, lo lleva bien hacia la ejemplaridad, bien hacia la racionalización. Respecto a "La fuerza de la sangre," Alban Forcione ha demostrado cómo Cervantes sigue en esta narración milagrera "a tendency towards desacralization" (*Cervantes and the Humanist Vision* 380), dado que "the narration emphasizes the *industria* of its agents, most strinkingly in its most miraculous moments" (383). Para González de Amezúa y Mayo, igualmente, Cervantes hace gala de un "prudente eclecticismo," de una "actitud vacilante" (*Opúsculos* I: 323) a la hora de racionalizar los milagros. Muchos críticos, sin embargo, piensan que en la obra cervantina se ofrece siempre una explicación lógica a lo sobrenatural: Riley (*Teoría de la novela* 291), de Armas Wilson (32) y Navarro González (58-61) en el caso del *Persiles*, y Castro en el conjunto de la obra cervantina (*El pensamiento de Cervantes* 169).

Siendo el *Persiles* la novela que acumula mayor cantidad de prodigios y fenómenos admirables, todos estos críticos han concentrado en esta obra sus esfuerzos por demostrar la actitud racionalista de Cervantes. Riley estudia con lucidez las técnicas narrativas que permiten hacer verosímiles las maravillas de la última obra cervantina. Tres son las estrategias fundamentales en ese sentido: los prodigios se sitúan en lugares remotos, o se ajustan a creencias populares, o son narrados por personajes cuya credibilidad no afecta a la del narrador de la obra (Riley, *Teoría de la novela* 300). Aunque se intenta evitar la identificación entre lo admirable o maravilloso y lo milagroso, "racionalizarlo todo" en la expresión de Riley no es la única estrategia en la obra: junto a lo verosímil posible, el autor recurre en algunas ocasiones al énfasis en lo verosímil ejemplar mediante la atribución de las maravillas al poder divino. Este es el caso, especialmente, del problema de la hechicería. Cuando Rutilio sufre los poderes mágicos de una hechicera que le transporta en un manto volador y que se convierte en lobo, su desconcierto no puede ser mayor. En el camino encuentra a un hombre que, ante la prodigiosa historia de Rutilio, responde que como católico no puede creer en hechicerías y licantropía, pero que la experiencia le muestra lo contrario. Ante el dilema de creer o no en estas maravillas, el hombre adopta una actitud intermedia, hábil: "Lo que puedo alcanzar es, que todas estas

---

desmayos que la dejaban sin pulso (*Tardes entretenidas* 280 ss.). Cuando, tras uno de los desmayos, es enterrada viva y más tarde "resucita," el narrador recurre a una doble estrategia en apoyo de lo verosímil posible: por una parte interviene la voluntad divina, pues estaba "determinado del Cielo que aquella señora por entonces no pagase el feudo que los mortales pagan" (284); y por otra, todos los personajes de la historia se admiran y suspenden repetidamente con "la prodigiosa nueva" (291).

transformaciones son ilusiones del demonio, y permisión de Dios, y castigo de los abominables pecados de este género de gentes" (92). En realidad, los sucesos maravillosos que ocurren a Rutilio no son actos del demonio, sino ilusiones, fantasías con que Lucifer engaña a los hombres.[24] Pero hay más, según Cervantes: en último término, es Dios quien permite estas alucinaciones para castigar a quienes practican la hechicería mediante la visualización de sus pecados. Por ejemplo, Rutilio hinca un cuchillo en el pecho de la hechicera porque a sus ojos ella se ha convertido en un lobo. Gracias a la ilusión de la licantropía, la pecadora recibe su castigo y muere en su verdadera figura de mujer. Esta explicación de la magia satánica se repite cuando Rutilio discute con Mauricio, Arnaldo y Clodio su encuentro con la hechicera licántropa: para Mauricio, "todo esto se ha de tener por mentira, y si algo hay, pasa en la imaginación, y no realmente" (134).

De similar modo se explican las maravillas que ocurren en el caso de Hipólita, quien pide a una judía que hechice a Auristela-Segismunda y le cause así la muerte. La muchacha, en efecto, contrae una inexplicable enfermedad que le quita lentamente la vida, lo cual hace que Periandro también agonice de dolor por Auristela. Al ver que su amado está al borde de la muerte, la malvada Hipólita pide a la judía que ponga fin al hechizo, lo cual resulta en la recuperación de la salud de Auristela y, en consecuencia, de la de Periandro. Si la efectividad del hechizo es indudable, apropiada en términos narrativos para admirar al receptor por la maldad de Hipólita y por la fidelidad de Periandro hacia su amada, el problema se le presenta a Cervantes a la hora de hacer verosímil el suceso. Como en el caso de Rutilio, la hechicería se presenta como una ilusión que Dios permite para castigar los pecados de quienes creen en el poder del demonio:

> Hízolo así la judía [romper el hechizo], como si estuviera en su mano la salud o la enfermedad ajena, o como si no dependieran todos los males que llaman de pena, de la voluntad de Dios, como no dependen los males de culpa; pero Dios, obligándole, si así se puede decir, por nuestros mismos pecados, para castigo dellos, permite que pueda quitar la salud ajena esta que llaman hechicería. (457)

Con este argumento, Cervantes consigue hacer verosímil el hechizo con un hábil argumento: los hechizos son de hecho posibles, pueden ocurrir en la realidad, si Dios lo cree conveniente como castigo ejemplar. Así, no es Satanás quien se impone a la voluntad divina y actúa al margen de ella, sino que es Dios mismo quien en

---

[24] Idéntica interpretación de la hechicería ofrece Cervantes en diversos momentos de "El coloquio de los perros": 340-43, 346. Para un análisis detallado de las complejas estrategias de verosimilitud en esta novela corta, ver la conclusión.

último término da su consentimiento para que la hechicería sea efectiva y termine volviéndose en contra de sus propios practicantes.

Además de esta combinación entre ejemplaridad y racionalismo, Cervantes recurre probablemente más que cualquier otro escritor de su tiempo a una verosimilitud conseguida mediante la explicación lógica, racional, casi científica. Ejemplos de esta actitud abundan en el *Persiles*, y por ello han sido citados en múltiples ocasiones y comentados por numerosos críticos, por lo que a continuación apenas se enumeran los más significativos. Cuando una mujer es arrojada desde una torre y sale ilesa del accidente, no se ha producido un milagro, sino que su traje ha actuado como paracaídas: "Cosa posible sin ser milagro" (373). Una Iglesia no se quema a pesar de los intentos de unos piratas moros simplemente porque su puerta es de hierro y se le aplicó poco fuego, "no por milagro" (358). Soldino construyó con sus propias manos y a lo largo de los años una cueva que parece obra de encantadores: "esto no es encantamiento," afirma el viejo sabio (395). Constanza no adivina la vida pasada de Luisa, sino que se la contó con anterioridad el marido de Luisa sin ella saberlo (382-83). El anciano Soldino no es un mago adivino, sino un astrólogo judiciario que se sirve de la ciencia para sus predicciones (393), al igual que Cenotia no es una malvada hechicera engañada por el demonio, sino una maga o encantadora que estudia las estrellas y conoce las virtudes de las plantas en provecho de las personas (201). Por último, Isabela Castrucho finge estar endemoniada sólo con el fin de casarse con su amado Andrea: "Mis amorosos pensamientos son los demonios que me torturan" (407).

La postura intermedia de Cervantes entre la ejemplaridad y el racionalismo define lo verosímil posible en el Siglo de Oro en un doble sentido. Por una parte, hay maravillas que nos parecen hoy inverosímiles y que contaban en la época, sin embargo, no sólo con visos de ser creíbles, sino incluso con autoridades que documentaban su más o menos rigurosa veracidad. Por otra parte, existían unos ciertos presupuestos estéticos y de género literario que obligaban a los autores a utilizar maravillas de las cuales el público se iba a admirar. Las soluciones que aporta Cervantes a la hora de hacer verosímiles estos prodigios son más sofisticadas que las de otros escritores del momento. Su énfasis en la ejemplaridad es más elaborado que por ejemplo el de Zayas, a pesar de la casi postmoderna ambigüedad que presenta en último término la escritora y que se comentó en el capítulo previo. Además, y como rasgo definitorio, el alcalaíno limita al máximo la intervención divina en favor de la explicación racional y científica, como se ha comentado sobre todo respecto al *Persiles*. Cumpliendo con la exigencia de admirar, desarrolla una doble estrategia para lograr lo verosímil: recurre tanto a unas posiciones cristianas y ejemplarizantes sofisticadas para la época, como a la racionalización de la maravilla.

Cervantes consigue así admirar no sólo mediante lo milagroso, sino también mediante los hechos extraordinarios de la vida cotidiana. Volviendo al famoso ejemplo de las bodas de Camacho en el *Quijote*, y en una metáfora de la literatura ficcional misma, la ingeniosa industria de Basilio engaña a su audiencia con una maravilla fingida y verosímil que termina por convertirse en la más agradables de las verdades: su matrimonio con Quiteria. Del mismo modo, al terminar el *Persiles*, su lector debe sentir gracias a la verosimilitud de la historia que la novela transmite de manera efectiva las verdades cristianas sobre la *peregrinatio* de la vida. Sólo desde este punto de vista se justifica que Cervantes estuviera convencido de haber escrito "el mejor [libro] que en nuestra lengua se haya compuesto," el que había de "llegar al estremo de bondad posible" (*Quijote* II: 28).

4
Lo verosímil creíble

L'esprit n'est point ému de ce qu'il ne croit pas
BOILEAU, *Art Poétique* III, 50

Non satis est pulchra poemata; dulcia sunto
et, quocumque uolent, animum auditoris agunto
HORACIO, *Epistola ad Pisones* vv. 99-100

4.1. "YO SÉ QUIÉN SOY,"
O LA CONSTRUCCIÓN DE LO CREÍBLE

CUANDO ES ENCONTRADO MALTRECHO en el suelo por su vecino Pedro Alonso, tras la desgraciada aventura con los mercaderes toledanos, don Quijote empieza a recitar romances en voz alta. Como nueva prueba de su obcecación literaria, confunde a su paisano con don Rodrigo de Narváez y con el marqués de Mantua, al tiempo que se llama a sí mismo Valdovinos y Abindarráez. Al intento de Pedro Alonso de volver a su vecino a la realidad, el hidalgo responde airado: "Yo sé quién soy, y sé que puedo ser no sólo los que he dicho, sino todos los doce Pares de Francia, y aun todos los nueve de la Fama" (I: 126).

La alucinada reacción de don Quijote pretende, a nivel literal, que el labriego Pedro Alonso reconozca su personalidad múltiple, trastorno que puede interpretarse como producto del apaleamiento sufrido y de su propia locura. Pero en un nivel más profundo, la frase de don Quijote—o de Quijano, por mejor decir—es en extremo lúcida. Quijano se presenta ante su vecino como un creador literario que puede investirse de la personalidad ficcional que desee. El hidalgo, convertido en el caballero andante don Quijote, podría también inventarse a sí mismo de otro modo, como "todos los doce Pares de Francia" por ejemplo. Lo que Quijano pide es que, a partir de una consciencia ficcional que Pedro Alonso evidentemente no tiene, su poder creador sea aceptado *per se*. Liberado de las estrecheces de la realidad, el artista pide que no se le coharte su imaginación al pactar con su receptor las nuevas condiciones de un mundo ficcional, mundo en el cual uno puede ser quien desee. En la base de ese pacto de credibilidad que Quijano pide airadamente y fuera de contexto al labrador Alonso, se halla el que el autor Cervantes pide, cabal y apropiadamente, a los receptores de la historia de *Don Quijote*.[1]

Algo similar ocurre cuando Sancho relata su maravilloso viaje a lomos de Clavileño mediante una sarta de bromas y dichos graciosos traídos a propósito por el escudero. Ante las inverosimilitudes y despropósitos de la imaginación de Sancho, don Quijote aprovecha la ocasión para sellar un sorprendente pacto mutuo de credibilidad: "Sancho, pues vos queréis que crea lo que habéis visto en el cielo, yo quiero que vos me creáis a mí lo que vi en la cueva de Montesinos" (II: 335-37). Ya que los sucesos de la cueva de Montesinos fueron tan cuestionados por Sancho como el viaje sobre Clavileño por don Quijote, lo que éste último pretende es que se pacte entre ambos una suspensión voluntaria de la incredulidad (*epojé* en términos de la retórica griega) por la cual, independientemente de la verdad de los hechos, el escudero y su señor se crean el uno al otro sus respectivas historias.

En estos dos ejemplos Cervantes resume lo que en aquel momento se entiende fundamentalmente por verosimilitud: un pacto entre un emisor y un receptor con el fin de suspender la incredulidad a cambio de entretenimiento y enseñanza. Para lo verosímil, por lo tanto, es esencial no sólo el creador y su texto, sino sobre todo el receptor a quien se dirige la obra y el tipo de pacto estético que ambos estén dispuestos a secundar. En ese sentido, el *Quijote* es probablemente la creación literaria más rica de la historia en lo que respecta al tratamiento de la figura del lector y de la propia institución de la literatura ficcional: además de que su protagonista es un lector crédulo, Quijano, casi todos sus personajes principales entran de algún modo en contacto con la lectura, y muchos de ellos incluso con la creación.[2]

De hecho, también el diálogo de los distintos autores-narradores (de Cide Hamete al llamado "segundo autor") con sus lectores es permanente, e insiste de forma repetida en la credibilidad que merece la historia del hidalgo manchego.[3] Esta insistencia no implica, no obstante, que el "autor" pretenda hacer pasar su ficción

---

[1] Diferentes críticos interpretan este pasaje de muy distintos modos. Américo Castro piensa que la frase tiene raigambre bíblica y que representa para Quijano el "sentido pleno del ser," el "imitar la constancia del ser divino" (*Cervantes y los casticismos* 332 ss.); según Percas de Ponseti, Quijano se iguala a los caballeros que menciona al defender que "cada uno es hijo de sus obras" (424, nota 15). Dudley no comenta exactamente este pasaje, pero dedica una páginas brillantes a comentar los diferentes nombres que se da a Quijano, como Quesada, Quijada, etc. (122-28).

[2] Para el *Quijote* como reflexión sobre la lectura, ver Carlos Fuentes, *Cervantes o la crítica de la lectura*.

[3] Sobre este juego autorial y sus consecuencias sobre la verosimilitud de la obra se puede consultar el excelente acercamiento a la cuestión de John J. Allen, *Don Quixote*, ch. I, 9-28.

por Historia. Por el contrario, en el *Quijote* los reclamos de credibilidad y, en ocasiones, de historicidad son explícitamente subvertidos a lo largo de la novela desde múltiples puntos de vista.[4] Como ejemplo más atrevido, la primera parte del *Quijote* concluye con esta sorprendente petición "a los que la leyeren":

> que le den el mesmo crédito que suelen dar los discretos a los libros de caballerías, que tan validos andan en el mundo; que con esto se tendrá [el autor] por bien pagado y satisfecho, y se animará a sacar y buscar otras [historias sobre don Quijote], si no tan verdaderas, a lo menos de tanta invención y pasatiempo. (I: 592)

¿Por qué iba Cervantes a terminar su novela con la declaración de que su libro merece el mismo crédito entre los discretos que un libro de caballerías? Si había dedicado su esfuerzo durante toda la novela a desacreditar la literatura caballeresca, ¿por qué pide a su propio lector el mismo trato para un *Amadís*, por ejemplo, que para su *Don Quijote*? Sin duda, Cervantes pretende demostrar que lo verosímil creíble no se conjuga en pasado, en el tiempo de la Historia, sino que la credibilidad depende de una interacción, hasta cierto punto nueva para la época, entre la obra literaria y su lector inmediato.[5] Sin autenticidad histórica, la verdad poética se apoya sobre un engaño que no teme mostrarse tal cual es: una mentira en cierto sentido verdadera, y una verdad hasta cierto punto falsa. Según Cervantes, hay una cualidad que une la lectura de *Don Quijote* a la de, por ejemplo, un libro de caballerías: la consciencia de que se lee ficción, no Historia, y de que esta consciencia ficcional es el mejor camino para, paradójicamente, obtener credibilidad, verosimilitud.

---

[4] Por ejemplo, Cervantes parece burlarse de la precisión histórica que algunos moralistas exigían a la ficción en los capítulos XXVI y XXVII de la parte II del *Quijote*, con las enmiendas historicistas de don Quijote al joven narrador del retablo de maese Pedro (II: 228-29) y la duda sobre si los rebuznadores eran alcaldes o regidores, que Sancho zanja de esta forma: "no hace al caso a la verdad de la historia... porque tan a pique está de rebuznar un alcalde como un regidor" (II: 236); otros ejemplos similares en II: 473 y 477; ver también Forcione, *Cervantes, Aristotle* 131-86. Además de en estos pasajes, Cervantes explora el tema de la credibilidad en la aventura de la cueva de Montesinos (II: 197 ss., 223, 283, 304, 337, 440 y 501) y en la representación que Lotario y Camila escenifican ante Anselmo en "El curioso impertinente" (I: 421-28).

[5] A partir de su análisis del *Quijote*, J.M. Pozuelo Yvancos también distingue lo creíble de lo histórico: "el problema de 'lo verdadero' no se dirime en el territorio de lo sucedido o histórico sino en el juego de 'credibilidad' que, en favor de su propia identidad, favorecen los personajes mismos" (*Poética de la ficción* 37). Asimismo, Nicholas Spadaccini y Jenaro Talens reconocen que "the difference between fiction and non-fiction is located in the pragmatic effect on the reader and is never an inner quality of the narrative itself" (*Autobiography in Early Modern Spain* 33).

Ciertamente, la credibilidad es para los teóricos áureos el fin último de la verosimilitud: el texto creíble es un texto verosímil. A tal efecto entran en juego dos factores fundamentales: los tres aspectos de lo verosímil ya mencionados arriba, de los cuales lo creíble es suma y fin último; y la capacidad del texto para provocar en el receptor—sea lector, espectador u oyente—una suspensión voluntaria de la incredulidad (*epojé* en términos de la retórica griega). Lo verosímil creíble, por lo tanto, tiene por objeto según el teórico áureo pactar con el receptor las reglas de un mundo ficcional capaz de impactar y conmover como lo haría la realidad misma. La paradoja se produce cuando se piensa en que, por una parte, lo verosímil debe diferenciarse de la verdad histórica y, por otra, debe seguir siendo creíble para el lector. En efecto, el crédito servía a la literatura de ficción como arma de doble filo: le ayudaba a combatir la acusación de mentir, pero podía también condenarla irrevocablemente si la credulidad del receptor era excesiva hasta el punto de tomar lo verosímil por verdad histórica. Al mismo tiempo que se debía acercar la ficción a lo creíble tanto como para que no se la pudiese tachar de disparatada y mentirosa, había que distanciarla de la Historia para que no se tomase lo ficticio por real, lo verosímil por verdadero. La ficción, así, debe dejar claro que ni miente ni dice la verdad, como se comentó en el capítulo primero de este estudio.

Ciertamente, para muchos teóricos la legitimidad de la ficción se basa en su fin ejemplar, fin que se pone en peligro si, como muchos piensan, el receptor no puede reaccionar moralmente ante una historia fingida. Leonardo Bruni se queja en 1405 a Battista Malatesta de que, a pesar del genio de Virgilio al narrar la historia de Dido y Eneas, "the matter itself I know to be a fiction, and thus it leaves no moral impression" (Ife, *Reading* 40). Por eso, teóricos áureos como Pellicer de Tovar (*Nueva idea de la tragedia antigua*) recomiendan que "debe revestirse el poeta de aquellos mismos efectos que escribe, de modo que no sólo parezcan verosímiles, sino verdaderos" (Rozas, *Significado y doctrina* 118). Al parecer verdadera, el impacto de la obra ficcional sobre el receptor aumenta, y con él su poder ejemplar, su utilidad social.

En el extremo opuesto del mismo argumento, la ilusión ficcional puede ser tan intensa que lo verosímil sea efectivamente confundido por lo histórico.[6] En otras palabras, el arte más creíble es para algunos teóricos de la época el más peligroso, pues puede hacer que el receptor considere como histórico lo que sólo es verosímil. Si en el caso del pintor la no-realidad de su obra es visible, pues se puede contrastar

---

[6] Esta paradójica relación entre ficción y verdad reaparece en las formulaciones de numerosos teóricos áureos: por ejemplo, cuando Mateo Alemán informa a Luis Belmonte Bermúdez sobre los tres objetos posibles de la escritura—una verdad acreditada con verdades, la mera repetición de mentiras ajenas y una paradójica "verdad acreditada con mentiras" (*Guzmán de Alfarache* I: 25); cuando Torres Naharro reclama una historia "fingida, que tenga color de verdad aunque no lo sea"; o cuando Coluccio Salutati afirma: "Verisimilitudo… media est fabulosae ficitonis et certissimae veritatis" (Rico, *El pequeño mundo del hombre* 37).

el lienzo con su modelo, en el caso del escritor las palabras pueden confundir al receptor cuanto más se acerquen a lo histórico y lo cotidiano. Según Barry Ife, para algunos "the better the work of art is, the more dangerous it is" (*Reading* 23), pues "for sixteenth-century readers and critics, the distinction between rational and aesthetic belief was much less clear-cut than those terms imply" (49; ver también 44, 51-52). En consecuencia, una ficción demasiado "real" puede exceder su fin ejemplarizante y engañar a un receptor incapaz de distinguir lo verdadero de lo verosímil.

En verdad, el problema de la credibilidad se plantea ya desde mucho antes del Renacimiento. Para numerosos teóricos de la Edad Media, época en que la letra escrita implica en gran medida la verdad de los hechos narrados, la ficción más aceptable y auténtica es la que miente de manera más obvia, cortando así radicalmente todo posible indicio de credulidad (Minnis and Scott, eds. 126). En ese mismo espíritu de evitar la confusión entre lo ficticio y lo histórico escribe Timoneda en 1567 la "Epístola al amantísimo lector" de su *Patrañuelo*:

> Como la presente obra sea para no más de algún pasatiempo y recreo humano, discreto lector, no te des a entender que lo que en el presente libro se contiene sea todo verdad, que lo más es fingido y compuesto... porque Patrañuelo deriva de patraña, y patraña no es otra cosa sino una fengida traza, tan lindamente amplificada y compuesta, que parece que trae alguna aparencia [*sic*] de verdad. (97)

Aunque se dirige a un "discreto lector," Timoneda cree necesario advertir que su obra es una ficción que, por estar "tan lindamente amplificada y compuesta... trae alguna aparencia de verdad." Sin miedo a la hora de calificar su obra como fingida en una época de activa hostilidad contra la creación literaria, el autor prefiere combatir el peligro para él inmediato de que su obra se entienda como histórica. Si algo tiene de verdad su texto, proviene del artificio con que está escrito, y por ello el lector debe disfrutar no de una hipotética realidad histórica, sino de su mera "aparencia," de la verosimilitud de la obra.[7] Lo creíble se encuentra, por lo tanto, en el epicentro de esa tierra de nadie entre la verdad y la mentira en que se ubica lo verosímil. Sobre todo en el *Quijote*, Cervantes es quien propone de una forma más contundente la solución a tan espinosa paradoja: la ficción debe buscar su verdad y su legitimidad en sí misma, y no en referentes externos tales como la Historia o la teo-

---

[7] Interesante es la justificación que ofrece Bances Candamo de las "fábulas"—como género literario al estilo de Esopo—que a veces se incluyen en las tragedias. Si Bances acepta las fantasías de una fábula en la tragedia es precisamente porque son tan obvias que nadie las va a creer: "Las Fábulas se reducen a máquinas y Mússicas, y, aunque se trata en ellas de Deidad a Júpiter y a los demás Dioses, es en un Reino donde esto no tiene peligro, porque a ninguno he visto hasta oi tan necio que crea semejantes" (36).

logía. De este modo, se evita la confusión entre lo verosímil y lo verdadero al mismo tiempo que se intensifica el impacto emocional sobre un receptor que buscará verdades universales tras las mentiras literales de la ficción.

Pero si el objetivo de la verosimilitud es paradójico, amenazado tanto por la falta como por el exceso de credulidad, ¿con qué medios y estrategias se puede lograr un texto creíble, verosímil? ¿Cómo se caracteriza y consigue lo verosímil creíble? De nuevo, la respuesta más perfecta a tan crucial pregunta la ofrece el mismo Cervantes en un pasaje que ya comenté en la introducción con otro propósito:

> Hanse de casar las fábulas mentirosas con el entendimiento de los que las leyeren, escribiéndose de suerte que, facilitando los imposibles, allanando las grandezas, suspendiendo los ánimos, admiren, suspendan, alborocen y entretengan, de modo que anden a un mismo paso la admiración y la alegría juntas; y todas estas cosas no podrá hacer el que huyere de la verisimilitud y de la imitación, en quien consiste la perfección de lo que se escribe. (*Don Quijote* I, XLVII: 553)

Si el fin último es suspender, alborozar, entretener o, en una palabra, admirar al receptor, los medios para lograr tal objetivo no pasan por convencerle de la historicidad de los hechos, sino por "casar las fábulas mentirosas con el entendimiento de los que las leyeren." En esa adecuación entre "el entendimiento" del receptor y las mentiras escritas por el creador reside "la perfección" literaria, esto es, el triunfo de la verosimilitud. En el peligroso filo del "entendimiento" del receptor, en consecuencia, es donde se logra lo verosímil creíble, como reconocen diversos teóricos de la época. En el *Cisne de Apolo*, Luis Alfonso de Carvallo pide al escritor historias "que cuentan algo, que si no fue, pudo ser, o podrá suceder y estas han de ser muy aparentes, y semejantes a verdad, sin que cuente en ellas cosas imposibles, que repugnen al entendimiento" (21). Para este autor, las "cosas imposibles" son aquellas "que repugnen al entendimiento" del receptor, no necesariamente las que divergen de la realidad misma. De hecho, los hechos narrados deben ser "muy aparentes," pero no se limitan a sucesos históricos o basados en la Historia. Esa "apariencia" de la materia poética ya fue reclamada por Bartolomé Jiménez Patón en su importante *Elocuencia española en arte* (1604):

> Será verdadero o lo parecerá si contáremos cosas conformes a la naturaleza de la cosa que se cuenta, o a la opinión y costumbres de los hombres y si las causas y razones de los sucessos fueren claras, y conforme a razón de suerte que se entienda que ni se hizo, ni se dixo cosa sin causa. (362)

En este fragmento, Jiménez Patón interpreta lo "verdadero" y lo que parece verdadero como un efecto retórico por el cual lo esencial no es contar verdades históricas o simples "mentiras," sino inventar en perfecto acuerdo a tres puntos esenciales:

"la naturaleza de la cosa que se cuenta" (la coherencia entre el tema y el estilo con que se cuenta), "la opinión y costumbres de los hombres" y "las causas y razones de los sucessos" (la necesidad aristotélica). Los puntos primero y tercero (coherencia y necesidad) ya fueron discutidos en el apartado dedicado a lo verosímil retórico; sobre la concordancia de lo relatado respecto a opiniones y costumbres, parece obvio que Jiménez Patón no se refiere a una noción historicista de la verdad, sino a una discursiva, cultural. En efecto, es de nuevo el "entendimiento" del receptor (por usar la expresión cervantina) el que decide lo que es creíble y lo que no, según las mentiras se adecúen a "la opinión y costumbres de los hombres." Como lo estableció de manera definitiva Juan Luis Vives en el capítulo VIII del libro III de su *Arte de hablar*, "en la preceptiva no se debe atender a la naturaleza de las cosas, sino a la del oyente; para él hemos de decir lo más conocido y lo primero, no a la Naturaleza" (II: 798). La regla fundamental de Vives para conseguir credibilidad es que se debe acordar lo narrado más al entendimiento del receptor que a la misma realidad de las cosas.

Así, ciertas materias poéticas controvertidas se pueden hacer verosímiles sólo si se leen no desde criterios historicistas, sino tomando en cuenta lo que el receptor tiene en mente. Por ejemplo, el Pinciano admite la mitología clásica cuando ésta responde a la opinión común de la época en que se escribió: "Y porque entonces los poetas escribieron cosas verisímiles en su falsa religión no enfadan agora ni enojan a los lectores" (II: 67). Distinto sería el caso del escritor que incluyera en una obra de tema cristiano a los dioses mitológicos:

> Ya está dicho, respondió Fadrique, que se guarde la costumbre para que la narración sea verisímil; porque si uno hiciese una épica del rey don Fernando el Sancto y dijese en ella que el dios Júpiter y Mercurio y los demás entraron en concilio, no será creído, antes debría ser reído. (III: 167-68)[8]

Si se debe guardar la "costumbre" es para conseguir verosimilitud incluso cuando se recurre a la mitología, según el Pinciano. Por lo tanto, lo admirable y lo maravilloso no deben ser eliminados de la ficción mientras se tomen en cuenta sus circunstancias culturales. En ese sentido, Bances Candamo se pronuncia favorablemente respecto al uso en la tragedia de "duelos, encantos y conjuros," elementos comunes a la novela corta áurea, pero de más delicada representación encima de un escenario. A Bances no le preocupa ese juego al límite de lo verosímil por las siguientes razones:

---

[8] Otra referencia similar en esta misma epístola XI (III: 221). La advertencia del Pinciano podría suponer una alusión velada a *Os Lusíadas* de Camões, en donde se cita en numerosas ocasiones a Júpiter y a Mercurio (por ejemplo en el canto IX, versos 91 y 220).

> De los duelos hablaremos en el capítulo de las costumbres. Los encantos se suponen entre gentiles [paganos] y, si hay christianos, se cuida de que lo ignoren o no incurran en pacto, poniendo el lazo del artificio en trances de fortuna, peregrinaciones, navegaciones y jornadas. Y tan poco se enseña el modo de invocar los spíritus, ni hacer los conjuros, conque no le discurro el inconveniente. (35)

Si por una parte los duelos pertenecen a "las costumbres" del momento, por otra los encantos son justificados para los paganos y se convierten entre cristianos en artificiosos "trances de fortuna, peregrinaciones, navegaciones y jornadas," sin mayor intervención de entes sobrenaturales. Por último, la (in)credibilidad de los conjuros no parece inquietar a Bances siempre que no se enseñe al público cómo hacerlos. Por tanto, lo que al lector del siglo XXI puede parecer inverosímil, como duelos, encantos y conjuros, tiene para Bances Candamo una explicación que se ajusta a las costumbres y creencias del receptor de la época. Así, la verosimilitud de estos hechos admirables queda asegurada.[9]

Ciertamente, el criterio para juzgar la (in)credibilidad de ciertos sucesos extraordinarios era en aquel momento diferente al de otras épocas y, por supuesto, al de la nuestra. Respecto a los libros de caballerías y los pastoriles, por ejemplo, Juan de Piña reproduce en cierto sentido el escrutinio de la librería de don Quijote al no criticar sus hazañas hiperbólicas, la presencia de la magia o el discurso imposible de los personajes; más bien critica sólo que las necesidades cotidianas fuesen omitidas. En su libro, Piña relata que ciertos personajes "cenaron regalos y cuidados muchos," para remarcar a continuación: "no como los libros de los pastores y de las caballerías, que no comían ni dormían, y esta fue la causa de haberlos tenido por fabulosos" (*Casos prodigiosos* 121-22). Entre las diversas inverosimilitudes que el lector del siglo XXI podría señalar en estos libros, el narrador se detiene sólo en la que menos parece romper la coherencia del relato caballeresco y el pastoril: la ausencia de detalles ordinarios. En lugar de eliminar o racionalizar las maravillas, Piña pretende simplemente dotar a los sucesos extraños y admirables de una dimensión más humana, más cotidiana. Así, reclama la verosímil convivencia de la maravilla y lo cotidiano en concordancia con la mentalidad de la época, cuando en nuestra era tecnológica, por el contrario, sólo lo racional parece formar parte de la vida diaria.

En suma, la credibilidad traza los límites de la verosimilitud en sus dos extremos. Por defecto, con un receptor poco impresionado por una historia que no cree, el fin ejemplar de la ficción es incierto y en consecuencia su legitimidad es puesta en duda. Por exceso, el receptor crédulo confundirá lo verosímil con lo verdadero

---

[9] En ese sentido tendría razón Pozuelo Yvancos al concluir en referencia al *Quijote* cervantino que "lo maravilloso no es verdadero ni falso, lo fantástico se dirime en la credibilidad de la obra" (*La poética de la ficción* 51).

histórico y la ficción será considerada peligrosa. Ante esta tensa, casi insostenible situación, el autor áureo explora la cuestión desde todos los ángulos posibles: experimenta con el crédito y la autoridad del narrador; se dirige al lector en segunda persona, apelando a su bondad tanto como atacando su malicia; y discute el poder de la imaginación para excitar los ánimos del receptor. En las páginas que siguen se analiza cada uno de estos tres apartados a fin de caracterizar un verosímil creíble que sólo se dilucida en último término en el "entendimiento" del receptor.

4.2 Autoridad y parodia

En el libro II del *Persiles*, Cervantes plantea abiertamente la cuestión de la autoridad del narrador cuando Periandro-Persiles, el héroe de la novela, relata el salto que en una ocasión dio con su caballo sobre la superficie de un mar helado. A pesar de lo aparatoso de la caída, que lanza con violencia al protagonista contra el hielo, ni él ni siquiera el caballo sufren ninguna fractura ni herida. Quienes escuchan a Periandro dudan de la veracidad de los hechos, a lo que el narrador en tercera persona de la novela responde "que, así como es pena del mentiroso, que cuando diga verdad no se le crea, así es gloria del bien acreditado el ser creído cuando diga mentira" (267). No hay duda de que la actitud del narrador ante las exageraciones del héroe es irónica, ambigua. Por una parte parece reconocer abiertamente que Periandro miente, pero por otra defiende su crédito en base a su naturaleza virtuosa, minimizando así lo que según el narrador debe interpretarse sólo como una inocente hipérbole. Implícitamente, y en una significativa metáfora sobre la legitimidad de la ficción, se sugiere al lector que crea en la nobleza de Periandro-Persiles incluso cuando miente.

Dar prueba del crédito que merece un narrador es por lo tanto una de las múltiples estrategias que aspiran al objetivo esencial de construir lo verosímil creíble. Si se convence al receptor de que el narrador es digno de crédito, su discurso adquirirá en buena lógica verosimilitud independientemente de que los hechos sean históricos o inventados. Dada la importancia del caso, la norma en el Siglo de Oro en general, y en la novela corta en particular, es reclamar el crédito de una manera directa, como hace el narrador del *Persiles* en el ejemplo comentado arriba.

Como uno de los ejemplos más destacados, Lope de Vega recurre en las novelas cortas engarzadas que componen *El peregrino en su patria* a múltiples estrategias para defender el crédito del narrador o de las historias que diferentes narradores relatan. Por ejemplo, Lope aprovecha juicios generales sobre el sexo femenino para hacer creíbles los comportamientos particulares de sus mujeres. Sobre una muchacha quien afirma que, a pesar de haber sido forzada sexualmente, no perdió su virginidad, el narrador dice: "No sé si de una mujer sola parece digno de crédito; la historia alaba su castidad y yo lo creo piadosamente del valor de las mujeres, estimado de mí toda la vida en alta veneración" (86). La opinión sobre "el valor de las mujeres" en general determina que el narrador crea la historia de esta mujer en particular. Esa misma estrategia se repite cuando, ante la agudeza de una mujer enamorada, se dice: "¿Quién creerá tan extraordinario pensamiento? Creéralo quien supiere cuánto un ingenio de mujer está dispuesto, y más si ama, a cualquier género de sutileza e industria" (103).

De similar modo, el narrador cuestiona la credibilidad de una cura casi milagrosa que un personaje se aplica a sí mismo: "curó [su] herida con medicamentos y palabras que siendo soldado había aprendido, cosa de cuya verdad ni disputo ni dudo, porque si las hierbas y las piedras tienen virtud, ¿por qué ha de faltar a las palabras santas?" (95). Con un matiz de ironía, Lope justifica esta curación casi milagrosa al comparar la virtud de las hierbas y piedras con la de "las palabras santas." En una época en que el milagro, la magia y otros fenómenos sobrenaturales están al orden del día, la virtud de la oración (" las palabras santas") no debía de plantear serias objeciones. Entre la razón y la fe, el medicamento y la oración, es creíble para el narrador que un ex-soldado acostumbrado a la batalla sea capaz de curarse a sí mismo una grave herida.

Esta apremiante necesidad que sienten todos los narradores en la obra por acreditar constantemente sus relatos parece revelar el enorme peligro que perciben de incurrir en la inverosimilitud, en la incredibilidad. Como se dijo en el capítulo anterior, esta cercanía a la inverosimilitud no es sin embargo un defecto intrínseco de la historia, sino una virtud o, más bien, una necesidad estética. El escritor áureo siente que sólo es digno de ser narrado lo que es "maravilloso," "admirable," "peregrino."[10] Tomando en cuenta este precepto ineludible, algunos novelistas recurren a la autorreflexividad para lograr el crédito de un receptor a quien se le involucra en el proceso creativo mismo. Este es el caso, por ejemplo, de un pasaje en "El Desdén del Alameda" en que el atrevido don Sancho penetra subrepticiamente en el aposento de una joven doncella, noble de sangre y de carácter. A pesar de la presencia del desconocido intruso, la dama no reacciona pidiendo auxilio a gritos, como sería de esperar (Céspedes y Meneses, *Historias peregrinas* 130). El narrador es consciente de las dificultades para dar credibilidad a la arriesgada acción de una dama que es tenida por noble y cuerda, pero que es incapaz de expulsar a don Sancho de su habitación. En lugar de pasar por alto la posible incongruencia, el narrador se detiene ostensiblemente en este momento admirable y raro para explicar cómo es posible que una doncella virtuosa no expulse a un extraño de su cuarto:

---

[10] Riley reconoce en el concepto de "lo peregrino" la "palabra que resume mejor esta cualidad de cosa a un tiempo extraordinaria y creíble" y destaca cómo para "Cervantes y sus contemporáneos, esos artificios extraordinarios, pero no increíbles, eran lo más prominente de la ficción" (*Teoría de la novela* 287). En el mismo pasaje, Riley refiere la descripción de Girolamo Bargagli (*Dialogo de'giouchi*, Siena, 1572) de un "verisímil raro": "cioè che verisimilmente possa accadere, ma che però di rado addivenga."

Esta objeción, a mi ver no pequeña, ha suspendido muchas veces la pluma, hasta que más atento di en la excusa que más verdaderamente pudo favorecerle; porque es creíble que la afligida dama, viéndose en tales términos, consideró profundamente que del llamar sus padres o criados venía a incurrir en una irremediable y evidente sospecha y, por el consiguiente, en el daño mayor que podía temerse. (*Historias peregrinas* 130-31)

La lógica por la cual la dama prefiere afrontar el peligro del abuso sexual antes que "incurrir en una irremediable y evidente sospecha" es probablemente lo de menos a la hora de lograr credibilidad. Más efectivo para lo verosímil creíble puede ser la figura de un narrador que recapacita sobre unos hechos que no parece tener totalmente bajo control, como si de la realidad misma se tratara. El narrador ha interrumpido su escritura hasta hallar una más o menos satisfactoria lógica a la extraña escena que degenerará en una violación. En lugar de preservar el crédito del narrador presentando la historia en los términos más impersonales, Céspedes opta por la solución opuesta: traer a un primer plano al perplejo narrador que sólo tras muchas cavilaciones cree encontrar una explicación que, supuestamente, debe bastar también al receptor de la obra. En una relación especular fascinante, el narrador actúa como un lector incrédulo que debe hallar por sí mismo la credibilidad de unos hechos que no controla por completo, sino que, como la realidad misma, le son impuestos.

También Cervantes intenta en el *Quijote* construir lo verosímil creíble desde dentro, desde el seno de la ficción misma. Por ejemplo, en el capítulo XXXIX de la parte I, cuando el capitán cautivo relata sus aventuras, menciona a un tal don Pedro de Aguilar. El caballero don Fernando, atento a la narración, identifica a don Pedro como su hermano, preso durante dos años en Constantinopla. Al afirmar don Fernando, personaje externo a la historia del cautivo pero participante en la de don Quijote, que don Pedro es su hermano, se consigue que la narración del capitán se vea autentificada por un testigo ajeno e imparcial que reconoce a uno de los personajes implicados. Ambos—el que escucha, don Fernando, y el que narra, el cautivo—son capaces de recitar unos sonetos escritos por don Pedro, puesto que uno los aprendió en España y el otro durante su cautiverio en tierras moras (I: 471-73). Con esta anagnórisis "de oídas," Cervantes persigue fundamentalmente reforzar la credibilidad de la historia del cautivo, autentificando desde la propia ficción cuanto en ella se narra.

Paradójicamente, los novelistas no sólo hacen verosímiles sus historias defendiendo el crédito de sus narradores; en ocasiones también lo subvierten, lo destruyen para eliminar toda sospecha de base histórica y reclamar su creatividad e imaginación. De nuevo volviendo al *Quijote*, Cervantes subvierte la cuestión de la credibilidad desde sus cimientos. La "Historia" del caballero don Quijote se recoge en los anales de la Mancha, es contada por un historiador mentiroso, Cide Hamete Benengeli, y transcrita por un narrador a quien le traducen el original escrito en árabe. Mediante estas fuentes imposibles de autenticidad (los anales de la Mancha, un historiador árabe que jura los hechos por Alá, un traductor del que no sabemos nada, un narrador), se deja claro que la verosimilitud y la credibilidad se fraguan no desde una base histórica sino, autorreflexivamente, desde una explícita consciencia de ficcionalidad. Se destruyen paródicamente los cimientos de la verdad externa a la ficción (principalmente la Historia y la religión) para dejar al descubierto al creador y su obra inventada.

De manera similar al Cide Hamete cervantino, en la segunda novela de *La Garduña de Sevilla*, "El Conde de las legumbres," Castillo Solórzano construye lo verosímil creíble precisamente mediante la inversión paródica del crédito del personaje principal. Cuando don Pedro de Osorio se enamora de doña Margarita, hija de un severo Marqués, no encuentra otra forma mejor de cortejarla que haciéndose pasar por loco para ganar la confianza del estricto padre de su amada. Por ello, don Pedro se finge "Conde de las legumbres," y como tal cuenta que, de pequeño, fue arrojado al río en un cesto, remedando la historia de Amadís. Su historia tiene poco de verosímil, pero él se sirve de los típicos recursos para reclamar crédito cuando dice al Marqués:

> ...bien pensaréis que esto es poética ficción de las que maquillan los poetas; pues creedme, que pasó como digo. En este oculto albergue fui criado de las ninfas y doctrinado del anciano río... Mis padres, que ha cuatrocientos años que murieron, según he sabido por fieles tradiciones... (208)

El narrador refuerza la verosimilitud del cuento con su crédito personal—arruinado por su esperpéntica figura—y las "fieles tradiciones" por las que conoce el fallecimiento de sus padres, cuatrocientos años atrás. El Marqués, en reacción similar a las de algunos personajes de la segunda parte del *Quijote*, se congratula con ironía de "saber vuestro prodigioso nacimiento y crianza, y a no certificármele vuestra autoridad, creyera que me contábades ficciones que inventan los autores de los libros de caballería" (208). En realidad, gracias a la parodia de la "autoridad" de que hace gala el "Conde de las legumbres," don Pedro de Osorio se muestra ante el padre de Margarita como inofensivo. Así, gana la confianza suficiente como para acompañar y entretener a su amada doña Margarita, hasta que consigue enamorarla tras descubrirle en la intimidad su verdadera identidad. Por lo tanto, el crédito (en este caso paródico) es un poderoso instrumento que sirve tanto para el engaño con fines amorosos de don Pedro, como para el engaño literario que Castillo Solórzano plantea a su receptor en forma de novela corta.[11]

---

[11] En la primera novela corta inserta en *La Garduña de Sevilla*, "Quien todo lo quiere todo lo pierde," Castillo Solórzano presenta de forma no paródica el problema de la pérdida de crédito. Ante los excesos con que don Alejandro adula a su amada, ésta termina por

Este tono autorreflexivo con el que se afianza lo verosímil creíble se acentúa en el paródico narrador autobiográfico de *El soldado Píndaro*, de Céspedes y Meneses. Píndaro reclama crédito para su historia cuando advierte que el lector quizás esté "muy dudoso en [la] verdad y crédito" de "los acaecimientos peregrinos y grandes" que le suceden al protagonista. De modo similar a los ejemplos comentados en el capítulo anterior sobre la máxima estética de la *admiratio*, Píndaro afirma lo siguiente:

> Si los varios progresos de mi vida fueran tan ordinarios y casuales que les faltara lo nuevo y admirable que en otras no miramos, ni yo tenía para qué referirla, ni para qué apetecer y desear su noticia el curioso lector. Sírvale pues aqueste advertimiento de sonda que asegure en la navegación de mis jornadas, la certeza y verdad de su relación; sin que tan varios casos pierdan su autoridad por sacarlos en público para su ejemplo y diversión. (cap. XV, II: 109-10; cfr. también II: 172)

Al recordar que "lo nuevo y admirable" son elementos imprescindibles de la narración, sin los cuales "el curioso lector" no desearía leer la historia, el narrador establece un pacto sobre "la certeza y verdad de su relación." Superficialmente, se apela a una imposible historicidad ("certeza y verdad") que no se defiende con la vehemencia que, en algunas ocasiones, emplean Zayas (Yllera 37-39) o el propio Céspedes en sus *Historias peregrinas y ejemplares*. Como cuestión de fondo, en realidad, lo que el autor plantea es una especie de recordatorio estético, preceptivo, al receptor: sus "varios casos" no pueden perder "autoridad por sacarlos en público para su ejemplo y diversión," pues han sido escritos para admirar a un receptor ansioso de peregrinas novedades. En clave de humor, el autor pone sobre los hombros de su receptor la responsabilidad de construir lo verosímil creíble por sí mismo, sin cuestionar la "certeza y verdad" del texto si sus expectativas de entretenimiento y ejemplaridad son cumplidas.

El mismo tipo de lector activo al que apela Céspedes y Meneses en el ejemplo anterior, lo utiliza paródicamente Lope de Vega en el "Guzmán el Bravo" de las *Novelas a Marcia Leonarda*. Cuando un capitán flamenco le reta a duelo por un asunto amoroso, el bravo protagonista elige como armas "unas porras de cuatro arrobas" que el contrincante no podrá siquiera levantar, pero que Guzmán esgrime con soltura. Ante la desproporcionada fuerza del personaje, el narrador aducirá ejemplos contemporáneos de numerosos forzudos españoles. En una subversiva apostilla a este recurso para lograr crédito, el narrador afirma haber dado tantos ejemplos por "el temor que me da el mentir, aunque no sea cosa de importancia" (202). No sien-

---

desconfiar de él: si los hombres "como vos encarecen sus finezas [de las mujeres], habiendo tan poco tiempo que aquí estáis, ¿cómo les deben dar entero crédito?" (186).

do "cosa de importancia," el temor que siente el narrador a mentir no le impide incluir en su narración ciertas hipérboles y adornos. Y en ese exceso es donde participa activamente el lector de Lope (Marcia Leonarda en la novela):

> Bien sabe vuestra merced que siempre la suplico que, adonde le pareciere que excedo lo justo, quite y ponga lo que fuere servida. Pesadas son estas armas, pero por eso no las ha de llevar el lector a cuestas... Cierto que tiemblo de decirlas [las cosas de admiración], pero la fuerza de este caballero fue tan grande, que facilita el crédito. (200-01)

Cuando el narrador se excede en el uso de la hipérbole, el receptor debe quitar y poner a su gusto, dando credibilidad simplemente a lo que piensa que es "lo justo." Además, el narrador advierte que las armas "no las ha de llevar el lector a cuestas," así que, ¿por qué preocuparse por su excesivo peso? En una última muestra de hábil parodia, se intenta hacer creíble que Guzmán consiga manejar con destreza una porra de cuatro arrobas con la afirmación de que, simplemente, su fuerza es "tan grande que facilita el crédito." Lo que para el narrador y Marcia Leonarda es un ajuste en las condiciones del pacto narrativo, para Lope y su lector real es un desenmascaramiento de las reglas del juego por medio de la autorreflexividad y la parodia. Lo verosímil creíble se construye aquí como una subversión de los recursos habituales para estimular la credulidad del receptor: ejemplos "históricos" y cercanos geográfica y cronológicamente (la lista de forzudos españoles), apelación a la bonanza del lector (Marcia Leonarda), explicaciones lógicas de los hechos (la fuerza de Guzmán) o el necesario recurso a la hipérbole para admirar al máximo. En la narración de Lope, estas estrategias para construir la verosimilitud se exponen ante los ojos de un lector activo que quita y pone a su gusto, un lector consciente de la ficcionalidad a quien no importan los excesos de la imaginación. Mediante la subversión del pacto por la credibilidad entre narrador y receptor, mediante el juego entre autoridad y parodia, Lope consigue hacer verosímil una historia a todas luces imposible.

4.3 PERSUASIÓN Y ÉXTASIS DEL RECEPTOR

> No he dejado de obedecer a vuestra merced por ingratitud, sino por temor de no acertar a servirla...
> LOPE DE VEGA A MARCIA LEONARDA (*Novelas a Marcia Leonarda* 47)

Durante el Siglo de Oro, y con especial intensidad en el XVII, los escritores van a rendir cuentas ante el lector desde el mismo prólogo de su obra. El caso de Lope de Vega dirigiéndose a su lector, encarnado en este caso en la figura de Marcia Leonarda, representa paradigmáticamente la consciencia—y la imperiosa necesidad—de escribir "para alguien." Si Lope utiliza términos como "obedecer" y "servir" en su diálogo con Marcia, otros autores tampoco escatimarán recursos para ganarse la benevolencia del receptor o, por el contrario, para expresar su repudio por el malintencionado que los lee con el único fin de criticarlos. En el prólogo a *Tardes entretenidas* (1625), Castillo Solórzano pretende calmar las iras de los lectores "críticos" (13), al tiempo que en el prólogo a *Noches de placer* (1631) reconoce que "fue gran cordura la del primer escritor que trató con respeto a los letores en sus prólogos, pues a quien se le pretende captar la benevolencia, más se le obliga con esto que con la llaneza del tú" (5). Más que una mera compraventa de la benevolencia del lector, en realidad, esta actitud denota la auto-consciencia que los escritores demuestran de su oficio, a sabiendas que el juicio último sobre sus obras provendrá de cada lector. No en vano, teóricos como Jiménez Patón, Pinciano o Bances Candamo, como se comentó al inicio de este capítulo, someten lo verosímil creíble a la opinión, costumbres y el entendimiento del receptor. Para lograr la verosimilitud que según Cervantes requería la perfección literaria, el novelista había de implicar al receptor en una suspensión voluntaria de su incredulidad, de tal forma que la persuasión conseguida mediante mentiras bien compuestas y un estilo adecuado llevara al lector al éxtasis. A tales efectos, la ficción necesitaba de un receptor preparado y bien predispuesto, crédulo pero no en exceso, y tan discreto como activo. Por todo esto, y según describe Edward C. Riley, el Siglo de Oro supone una etapa de transición entre la época medieval dominada por la *auctoritas*—esto es, la credulidad más o menos absoluta en la palabra escrita—, y la época moderna inaugurada por el *Quijote*, en que se enfatiza la consciencia de ficcionalidad mediante la parodia y la ironía (*Teoría de la novela* 241). Durante esta revolución literaria, "se hace notar una preocupación intensificada por las reacciones del lector individual y del público en general. Se reconoce, de manera explícita o implícita, su intervención en la creación literaria" (*Teoría de la novela* 183). A medida que nos adentramos en el Siglo de Oro, aumenta la consciencia de que es el receptor quien, en último término, legitima la literatura de ficción y reconoce la verosimilitud de una obra. En consecuencia, el uso de la ficción por parte del receptor pasa a ser más importante en muchos textos teóricos y creativos que el control sobre el contenido mismo de las historias. Proliferan en los tratados, prólogos e incluso en epígrafes a capítulos de libro las apelaciones al receptor, bien para remarcar su ineptitud y necedad, bien para alabar o reclamar su discreción. Ahora lo verosímil se hace depender claramente no sólo de lo que se dice y cómo se dice, sino también de cómo se interpreta y recibe una obra literaria.[12] Es esencial persuadir al receptor de lo creíble de la historia y llevarlo así,

---

[12] Similares ideas presentan múltiples documentos de autores italianos como Speroni, Maranta, Sassetti, Guarini, Buonamici, Torrelli, Capponi, Bulgarini o Riccoboni (Weinberg, *A History* 342, 493, 531, 683, 689, 703, 844, 857-59, 943).

de la mano del poder de la imaginación y del crédito del autor, a un verdadero éxtasis estético.

A la hora de defender la legitimidad de la literatura creativa, Plutarco ya argüía en sus *Moralia* que el peligro de la ficción no reside en ella misma, sino en cómo el receptor la interpreta y la utiliza (ver el apartado "Defensas de la ficción" de la parte I de este estudio). Por ello, además del interés del escritor en conseguir un cómplice pacto de credibilidad, dirigirse al lector para enseñarle a manejar la obra que tiene entre manos es esencial para combatir los ataques contra la ficción. A estos efectos sirve tanto la adulación al buen lector, como el desprecio hacia el mal receptor, especialmente en referencia a los espectadores de la época y a su inapropiado comportamiento en el teatro.[13]

Un ejemplo paradigmático de hasta qué punto el receptor rige en último término el destino y uso de un libro lo representa el prólogo a los *Cigarrales de Toledo* (1621) de Tirso de Molina. Sus palabras se dirigen "Al bien intencionado" para confiarle una tarea delicada que, ya desde el principio, se duda que el lector pueda o quiera poner en práctica: "No sé -¡oh, tú, que me estás leyendo!- si tienes derecho al título que te doy en el de este Prólogo. Si te cuadra, alábate por dueño de una ejecutoria tanto más calificada en el tiempo presente cuanto menos puesta en uso" (12). El atrevido diálogo que entabla Tirso con su receptor tiene como objetivo hacer a éste consciente de que el destino del libro está ahora en sus manos, e increparle para que sea responsable por ello. A estos efectos, el prólogo está escrito en primera persona; sorprendentemente, sin embargo, no es el autor quien habla, sino el propio libro. Escudado tras la personificación del libro que el lector tiene entre manos, Tirso cede explícitamente la responsabilidad de su ficción al receptor y al uso que éste haga de la misma: "El día que salí de la tienda entré a servir a quien me compró; y desde entonces ya no corre por cuenta de quien me dio el ser mi defensa, sino del señor a quien reconozco" (12). La aparente humildad, casi sumisión con que Tirso encomienda al lector el porvenir de su obra, puede interpretarse como una hábil maniobra doble. Por una parte, el receptor se conciencia de su implicación en un proyecto literario que el autor quiere preservar de los malintencionados; por otra, el autor (la ficción en último término) se protege de posibles acusaciones, pues el libro es responsabilidad de quien lo utiliza y no de quien lo escribió.[14]

En este desplazamiento de responsabilidades se fragua según distintos autores no sólo la perfección de un proyecto literario (su verosimilitud según Cervantes), sino, todavía más, la legitimidad misma de la ficción. Manteniendo al receptor en mente, hay autores que justifican la ficción como un antídoto necesario contra una

---

[13] Ejemplos representativos de Pinciano, Lope y Suárez de Figueroa, en Morínigo 58-59.

[14] Otro extensísimo ejemplo sobre este tipo de diálogo con el lector en "Al que gusta de leer, no al que leyere sin gusto," prólogo a las *Rimas y prosas* (Madrid, 1627) de Gabriel Bocángel y Unzueta (Porqueras Mayo, *El prólogo en el Manierismo* 258-59).

masa lectora a la que sólo se puede adoctrinar mediante el entretenimiento.[15] Para Antonio Enríquez Gómez en *La torre de Babilonia* (Ruán, 1649), por ejemplo, la razón por la que escribe "las veras mezcladas con las burlas [es] que el siglo no está para sentencias sólidas; necesario es que vayan las vanidades haciendo salva a los buenos ejemplos, y aun desta manera quiera Dios que se admitan" (Porqueras, *El prólogo en el Manierismo* 137). Si los "buenos ejemplos" hay que acompañarlos de "vanidades," es precisamente por la torpeza de un lector poco preparado que no admite "sentencias sólidas."

En ese afán por implicar al lector en las responsabilidades de la actividad literaria, diversos autores llegan a ofrecer auténticos catálogos de hipotéticos receptores y sus predecibles reacciones individuales al libro que tienen entre manos. De este modo, cada receptor podría identificarse ya desde el prólogo con uno de los propotipos descritos, y saber desde el principio tanto lo que puede esperar de la ficción que se dispone a leer, como lo que el autor entiende por un bien intencionado uso de su proyecto literario. Así, se predicen en algunos prólogos las ventajas morales e intelectuales que distintos tipos de receptores van a extraer de la lectura de la obra correspondiente. Paradigmático en este sentido resulta el "Prólogo" de Alonso de Valdés a las *Diversas rimas de Vicente Espinel* (1591):

> Aquí, pues, benigno letor, se halla con mucho ornamento y perfición todo lo que arriba he dicho. El historiador, la verdad de la historia. El filósofo, los secretos de la naturaleza. El astrólogo, cómo se vuelven y revuelven los carros celestiales, cómo cría, vivifica, templa y conserva con su continua vigilancia el sol todas las cosas. El enamorado paso seguro en el mar del Esponto, hilo de Teseo para salir del laberinto de Creta. Finalmente halla gravedad y dulzura, estilo raro, cortesanía y pureza, mezclado todo con grande utilidad, y recogido en él todo lo bueno que no está esparcido en grandes libros. Léelo, por tanto, con gusto y atención, y recíbelo con ánimo piadoso. (*TeRM* 151-52)

La apelación de Valdés al lector de Espinel no puede ser más abarcadora y matizada a la vez. Primero, se habla a un "benigno letor" al que se le ofrece un texto "con mucho ornamento y perfición." Segundo, se distingue entre distintos tipos de receptor y a cada uno de ellos se le señala el beneficio intelectual concreto que va a recibir con la lectura de los poemas: el historiador, el filósofo, el astrólogo y el enamorado encontrarán en la obra exactamente lo que buscan. Tercero, por si todavía algún receptor no encaja en las distintas categorías señaladas, se informa de que en el libro se hallan "gravedad y dulzura, estilo raro, cortesanía y pureza... todo con

---

[15] Esta idea de la ficción como un antídoto complementa la del deleite como necesidad que se trató en el apartado dedicado a las "Defensas de la ficción" en la parte I de este estudio.

grande utilidad." Por último, como si tanta cualidad intrínseca no bastara, como si la "perfición" que alcanza Espinel no fuera suficiente para asegurar el éxito de los poemas, Valdés hace un último esfuerzo por recabar el "ánimo piadoso" de un receptor que debe leer "con gusto y atención." No sólo se presenta la ficción como una suma de artes en la cual cada lector encontrará aquel saber que más le interesa, sino que además se reconoce que es su "ánimo piadoso" el que debe juzgar la calidad de la obra. Como una responsabilidad compartida, la ficción exige lo máximo de su creador, pero requiere aún más si cabe la benevolencia de un lector que ha de saber usarla "con gusto y atención."[16]

Como contrapunto irónico a la actitud de Valdés, López de Úbeda plantea en *La pícara Justina* la subversión de esa llamada a las buenas intenciones del receptor. Aprovechando que apelar a la responsabilidad del lector es un argumento eficaz en la defensa contra los moralistas, López de Úbeda escuda su obra, de dudosa moral, tras una ejemplaridad de desorbitadas proporciones:

> En este libro hallará la doncella el conocimiento de su perdición. Los peligros en que se pone una libre mujer que no se rinde al consejo de otros. Aprenderán las casadas los inconvenientes de los malos ejemplos y mala crianza de sus hijas. Los estudiantes, los soldados, los oficiales, los mesoneros, los ministros de justicia, y, finalmente, todos los hombres de cualquier calidad y estado, aprenderán los enredos de que se han de librar, los peligros que han de huir, los pecados que les pueden saltear las almas. (Porqueras Mayo, *El prólogo en el Manierismo* 30-31)

López de Úbeda pretende construir lo verosímil moral mediante la exageración de los valores redentores de su libro. En *La pícara Justina*, la doncella, la mujer soltera, las casadas, los estudiantes, oficiales… y "todos los hombres de cualquier calidad y estado" aprenderán a evitar todos los peligros y pecados "que les pueden saltear las almas." Mediante un verosímil ejemplar hiperbólico, la credibilidad de la obra se establece a partir de unos términos sin ninguna duda atrevidos, casi irreverentes. Con un lector consciente desde el principio del peligroso juego que López de Úbeda propone, la defensa de esta subversiva ficción se intenta lograr, paradójicamente, mediante el énfasis en la cantidad de "peligros [y] pecados" expuestos en la misma.

Pero la implicación del receptor en el acto literario no se produce sólo mediante la distinción de diversos tipos de lectores. En los preliminares al *Deleytar enseñando*, Tirso se muestra como un escritor que, como el Cervantes del prólogo al *Quijote*, se halla inmerso en el complejo proceso de decidir cómo hacer interesante para el

---

[16] Lugo y Dávila, en su famoso prólogo al *Teatro popular*, también reconoce que el lector es quien interviene sobre la obra en último lugar y le pide por lo tanto que lo haga con benevolencia: "Espero tu censura, no dictada de la malicia, sino de la corrección sabia" (15).

público su narración de la vida de tres santos. Para el escritor, es esencial el hecho de que "se recrea el común gusto con lo peregrino de los cuentos, lo enmarañado de los amores, lo temerario de la valentía, lo ingenioso de las trazas y lo quimérico de las aventuras" (Palomo 112). Por lo tanto, si lo peregrino, enmarañado, temerario, ingenioso y quimérico es lo que más entretiene al "común gusto" del vulgo, todos estos elementos habrán de aparecer en la obra si se quiere influir, impactar al receptor. Para encontrar el género literario idóneo con que contar la vida ejemplar de tres santos, así pues, son fundamentales las reacciones que Tirso puede predecir en un hipotético receptor:

> Buscaba, pues, mi pluma alguna disposición nueva que la medrase crédito con tales tres asuntos [las tres vidas de santos]; tal vez imaginaba fiarlos en otras tres comedias; pero apenas me las consultaba el pensamiento, cuando, retrocediendo, él mismo me advertía cuán desganado el auditorio a todo lo sagrado amenazaba atrevimientos... Vidas de santos (me decía asimismo) sencillamente impresas, por más que las sazone lo admirable de sus casos, se llevan consigo lo fastidioso de todo lo divino... ¿Novelas? Eso sí... Quimeras y aventuras, con todo género de divertimiento aseglarado, por lo nuevo, apetitoso; por lo eslabonado, suspensivo, y por lo satírico, picante. (Palomo 123-24)

Para narrar las vidas de tres santos con "crédito," Tirso no elige la comedia porque el espectador no se siente atraído por lo sagrado, ni una hagiografía porque ni siquiera lo admirable puede neutralizar en el lector "lo fastidioso de todo lo divino." Ahora bien: las novelas, sus "quimeras y aventuras," lo "suspensivo" y "satírico," el "divertimiento aseglarado," sí logran captar la atención del receptor. Por ello, Tirso elige la novela como cauce idóneo para transmitir la ejemplaridad de las vidas de santos de forma eficaz, cubriéndose las espaldas al mismo tiempo ante los críticos de la ficción. Por una parte, la innovación de ofrecer una hagiografía en forma de novela está justificada por el hecho de que entretener es sólo un medio necesario para lograr el fin principal de adoctrinar. Por otra parte, desviarse de lo que sucedió realmente y recurrir a un lenguaje adornado son requisitos intrínsecos al género elegido, el novelesco, y no pueden en consecuencia esgrimirse en contra de la obra o su autor. Así, la verosimilitud de la obra se enmarca dentro de unos parámetros concretos desde los mismos preliminares: si bien se destaca su intención ejemplarizante, el adorno y el fingimiento novelescos se permiten como medio necesario para recrear y adoctrinar al receptor. En una cierta inversión de los términos, la verosimilitud, el "crédito," se construye según Tirso partiendo del propio receptor.

Y es que como afirma Edward Riley, "poco a poco las obras literarias empezaban a ser juzgadas más por las reacciones del lector que según un concepto abstracto del género literario. En el siglo XVI, el interés por los efectos que la literatura pudiera producir en el público vino a influir grandemente en esta evolución" (*Teoría de la novela* 341). Como parte esencial en el proceso literario, en efecto, las reacciones del lector imponen al escritor ciertas decisiones que afectan a la verosimilitud. Tanta es la importancia del receptor en esa negociación del pacto sobre lo verosímil que se intenta enseñar al lector a leer "bien" de múltiples maneras. En el "Discurso X" de su *Día y noche de Madrid*, por ejemplo, Francisco de Santos exige por boca de un "maestro" que se preste una extrema atención a la lectura de cierto libro a fin de aprovechar la "lición que hiere en la mala vida y costumbres" y no quedarse sólo en sus "chanzas y cuentos" (*Novelistas posteriores* 413). Esa misma atención reclaman otros autores y editores desde los mismos epígrafes que llevan los capítulos de sus obras, convertidos en poco menos que un manual de lectura. Un ejemplo paradigmático lo representa el *El curioso y sabio Alejandro, fiscal de vidas ajenas* de Salas Barbadillo. Como manera efectiva de resguardarse contra los ataques a la ficción, el capítulo I lleva en el epígrafe la siguiente advertencia: "Vida del Malvado Varón, a quien el vulgo dio el nombre de Panza Dichosa. Escríbese para ser oída, no imitada." El capítulo V se titula "Vida del camaleón cortesano. Pone a los que gustaren de leerla con mucha atención, y con más que atención recelo y recato"; el II, "Vida del Ridículo Varón, a quien el pueblo dio el título justo del Majadero Pulido y Limpión Afectado. Propónese, oh piadoso lector, más para la compasión que para la risa" (*Novelistas posteriores* 1-19). En los ejemplos anteriores se adelanta el efecto que la obra tendrá sobre el lector—oir sin imitar, "recelo y recato" y "compasión" más que "risa"—, con lo cual no sólo se implica al receptor en la obra, sino que además se ofrece una guía de las reacciones que debe mostrar. Al presentar en los epígrafes una relación completa de los efectos que el autor persigue, el receptor deberá asumir su responsabilidad si decide desviarse de la intención explícita del autor. Esta misma idea subyace a la exigencia de Juan Pablo Mártir Rizo para que la acción épica verse sobre "algún poderoso príncipe ligítimo, en todo bueno y perfecto, para que resulte algún buen ejemplo en los ánimos de los oyentes [y] engendre maravilla y deseo de imitarla" (capítulo IX, *Poética de Aristóteles traducida de latín*, 1623; *TeMB* 99). Según Mártir Rizo, el efecto ideal de la épica es dar "algún buen ejemplo" para que surja así en el ánimo del receptor un "deseo de imitarla."

Para todos estos autores, por lo tanto, la materia poética se mide por el efecto que provoca en su receptor más que por sus cualidades intrínsecas. Para Salas Barbadillo o también para López de Úbeda, este hecho sirve para eludir irónicamente los ataques contra sus inmoralidades, advirtiendo que el lector no debe imitar a los personajes de sus historias. Para Mártir Rizo y otros, el héroe épico debe engendrar en su lector, precisamente, el deseo de imitación que le lleve al perfeccionamiento moral. Tanto para unos como para otros, la ficción alcanza su plenitud sólo cuando se proyecta hacia un receptor cuya lectura y comportamiento determinan en último término el grado de perfección literaria, de verdad poética, de la obra.

Como un refuerzo sutil pero esencial de esta preocupación por adoctrinar al lector en el uso de la literatura, son muchos los escritores que incluyen personajesreceptores en sus obras. Con la participación de estos personajes, el autor pone ante los ojos de su lector real un espejo de las reacciones y actitudes que desea provocar con su relato. No sólo múltiples novelas cortas presentan en el marco narrativo la respuesta del público ante el cual se cuenta la historia,[17] sino que también dentro de los relatos los personajes en muchas ocasiones se escuchan unos a otros e interactúan.[18] Este proceso se ilustra con toda su complejidad, como se estudiará en detalle más adelante, en la relación de "El coloquio de los perros" respecto a "El casamiento engañoso." En el marco narrativo, Peralta duda sobre la verosimilitud del relato escrito por Campuzano (" El coloquio"), pero termina por celebrar su lectura. Dentro de la novela, los perros cuestionan sus estrategias narrativas y literarias, y opinan acerca de su propia historia.

Son frecuentes también los momentos en que el narrador increpa al receptor sobre su interés por la historia, su conocimiento de la misma o las dudas que le asaltan al respecto de algún hecho de dudosa verosimilitud. En los *Casos prodigiosos* de Piña, un narrador adapta la información que ofrece de su historia al interés del lector: "Hasta aquí parece que basta saber de tan gran desdicha, ya que vuestras mercedes no pregunt[a]n qué contenía la carta, qué se hizo del cuerpo hecho pedazos" (71). Un narrador de "Los dos Mendozas" alude directamente a si el lector recuerda unos hechos relatados al comienzo: "mas oyó [don Fadrique] de su boca los últimos amores que, si os acordáis, en el principio de esta historia, no sólo fueron el origen de su destierro… " (Céspedes y Meneses, *Historias peregrinas* 410). Por su parte, el narrador de "La constante cordobesa," también de Céspedes, presume la reacción del lector ante el nuevo giro que da la historia: "Bien presumo que muchos, oyendo entonces dureza semejante, y ahora leyendo tan admirables pruebas del amor de aqueste caballero, disculparán sus yerros" (*Historias peregrinas* 207).

En estos ejemplos el narrador intenta guiar la reacción de su lector, pero en otros casos el juicio sobre algún hecho dudoso o poco importante se deja a la libre consideración del lector. Por ejemplo, en la "Novela de un hombre muy miserable" de Cortés de Tolosa se dice: "De los estremos de çapato y media pondere el piadoso letor" (*Lazarillo de Manzanares* 200); en "El castigo en la miseria," de Zayas, un narrador comenta: "Y cómo se quedaría el pobre hidalgo es cosa que se deja a la consideración del pío lector, por no alargar pláticas en cosas que pueda la imaginación suplir cualquiera falta" (*Novelas ejemplares* 48). En una de las novelas de *La Hija de Celestina* (1612) de Salas Barbadillo, el rufián Montúfar ata a un árbol a las dos

---

[17] Por dar apenas unos pocos ejemplos concretos, ver la reacción del cura al "Curioso Impertinente" en *Quijote* I: 438; Castillo Solórzano, *Tardes* 86, 204, 296, *Noches* 364; y Zayas, *Novelas ejemplares* 39. Para otros ejemplos en ficciones bizantinas, ver González Rovira 98.

[18] Como ejemplo extremo, el llanto de la audiencia ante la narración de un personaje es muy común en la novela; ver dos ejemplos en Lope de Vega, *El peregrino en su patria* 426; y Juan de Piña, *Casos prodigiosos* 64: "Comenzó a llorar Leonardo… Lo mismo hicieron don Juan y los demás oyentes, a cuyo ruego prosiguió, que no podía de lágrimas y dolor."

pícaras que intentaron chantajear a un caballero. Cuando éste llega avisado por Montúfar, las mujeres han desaparecido de forma misteriosa. El narrador refuerza la verosimilitud de este suceso de la siguiente manera:

> Ya sé que me miráis todos las manos para ver por qué puerta sale el que dio libertad a las bien castigadas matronas: quién duda que algún poeta de cartapacio... se arma contra mí reprehendiéndome la floxedad de mi ingenio;... sosiégate pedante, no te levantes tan presto de la silla, que ya soy con tu pensamiento, y no te dexaré en este particular sin llenarte los vacíos [pues] quien bien ata bien desata: y como que dixo bien, quieres vello, pues oye, y no te escandalices. Montúfar... rompió los cordeles, y las pusso en la desseada libertad. (Costa Ferrandis 528-29).

Hábilmente, el narrador pretende conseguir diversos objetivos mediante la apelación directa a su audiencia. Primero, intensifica el suspense creado en torno a la misteriosa huida de las dos pícaras; segundo, critica al "poeta de cartapacio" que protesta contra la inverosimilitud de la escena, defendiéndose contra la acusación de "floxedad de... ingenio" al llenar de forma ocurrente todos "los vacíos" de su historia; tercero, apela al poder de la imaginación cuando dice al lector crítico: "quieres vello, pues oye," como si las palabras fueran capaces de poner ante los ojos (ver) los hechos descritos. Por encima de todo, sin embargo, y por encima desde luego de la simple explicación del "misterio" (Montúfar mismo liberó a las dos mujeres), el narrador pretende involucrar a su receptor en el acto de contar una historia. Le recuerda su papel activo tanto como su obligación de reconocer el ingenio de quien llena todos los vacíos de la historia. Lo verosímil, ese llenar vacíos, se adquiere sólo cuando se convence al lector de que un suceso, personaje o estilo es creíble, para lo cual son esenciales el poder de la imaginación, la crítica al mal lector (el "poeta de cartapacio") y la implícita defensa de las cualidades literarias del narrador. Autorreflexivamente, lo verosímil creíble se consigue mediante la apelación directa a los participantes en el pacto por la credibilidad, y a las condiciones específicas que ese pacto establece.

Concluyendo, mediante la vívida implicación del receptor en el proceso narrativo, en todas las formas comentadas a lo largo de este apartado, el autor apunta directamente hacia el "entendimiento" de un receptor que, identificado con las opiniones y costumbres que encuentra en el texto, puede creer la historia incluso siendo ésta mentira. La responsabilidad sobre la verosimilitud se empieza a desplazar desde una historia que básicamente se compromete a llenar vacíos y allanar imposibles, a un lector activo y consciente del pacto de credibilidad con la obra literaria. De este modo, lo verosímil se libera de límites y restricciones que un receptor consciente de la ficcionalidad no va a plantearse. A nivel moral sobre todo, y ya desde Plutarco, la obra ficcional es autorizada tanto a incluir ejemplos virtuosos que puedan ser imitados, como pecados y vicios que el lector debe rehuir. Hasta tal punto la implicación del lector es efectiva a la hora de legitimizar la ficción que Juan López de Cuéllar y Vega se permite afirmar en su *Declamación histórica y jurídica en defensa de la poesía* (1670): "Es la poesía un género de doctrina circunscripto a cierta armonía de voces, cuyo asumpto no tiene límite por ser materia apta para su divina composición todo lo que animado admira, fingido pasma, y oído deleita al paso que suspende" (*TeMB* 358). Según López de Cuéllar, una obra poética que admire, pasme, deleite y suspenda al tiempo que transmita una cierta "doctrina" a su receptor, "no tiene límite" en su materia. Son una serie de efectos sobre el receptor, desde una escueta "doctrina" hasta todos los elementos necesarios para llevarle al éxtasis literario—admiración, pasmo, deleite, suspensión—, los que legitiman una ficción y la liberan de sus límites. Al margen de consideraciones morales e historicistas, se concede al escritor una autonomía creativa casi total por cuanto ciertos efectos sobre el receptor importan más que "el asumpto" de la obra. Así, los teóricos y creadores se ponen del lado de la ficción y exigen cuentas a los lectores sobre el uso que éstos realizan de lo verosímil.

La denuncia que realiza a este propósito el Pinciano en su *Philosophia* no puede resultar más gráfica y reveladora, defendiendo la legitimidad de la ficción ante la torpeza de "las gentes" que hacen mal uso de ella. El personaje del "Pinciano" se plantea en la epístola II que "si por dezir mentiras es vil una arte, no sé yo quál lo es más en el mundo que la Poética, que toda ella es mentira y fullería":

> Fadrique se rió mucho de la réplica, y, dejando de responder a la objeción, rebentó en alabanças de la poesía desta manera: Ninguna arte que la Poética es de las gentes más frequentada y ninguna menos entendida por su mucha dificultad. (I: 152)[19]

4.4 El poder de la imaginación

Si lo verosímil creíble se construye según Cervantes casando las mentiras con el entendimiento (*Don Quijote* I: 553), un factor esencial para la verosimilitud ha de ser la intensidad con que la obra literaria consiga impactar y hacer reaccionar al receptor. A ese cúmulo de fuertes impresiones o "figuraciones mentales," el influyente tratado de retórica *Sobre lo sublime* las llama "imaginación," término que define gráficamente como "aquellos pasajes en que, inspirado por el entusiasmo y la emoción, crees estar viendo lo que describes y lo presentas como algo vivo ante los ojos de los oyentes" ("Longino" XV, 1-2: 174). Para el caso específico de la poesía, afirma el anónimo autor del tratado, el fin principal de la imaginación es "el asombro" (174). Durante el Siglo de Oro, además de a lo asombroso o admirable, el poder

---

[19] Muy similares planteamientos adoptan S. Ammirato, Malatesta o Beltrami en el caso italiano (Weinberg, *A History* 278, 333, 339).

persuasor de la imaginación contribuye a la ejemplaridad, pues si el receptor suspende voluntariamente su incredulidad podrá reaccionar moralmente ante una historia inventada. En el extremo opuesto, la imaginación puede alienar al receptor hasta tal punto que éste confunda lo verosímil con la verdad histórica.

El poder de la imaginación es un lugar común en la retórica que encuentra su formulación más apasionada en el anónimo *Sobre lo sublime* y en el *Elogio a Helena* de Gorgias. Para el primero, "el poder de la imaginación en la retórica… no sólo puede convencer al oyente, sino que lo hace su esclavo" (XV, 9; 178). Según Gorgias, la seducción del discurso es tan poderosa como el efecto de una droga: "For just as different drugs dispel different secretions from the body… so also in the case of speeches, some distress, others delight, some cause fear, others make hearers bold, and some drug and bewitch the soul with a kind of evil persuasion" (Ife, *Reading* 61). Mientras que para Gorgias—cuya influencia sobre Platón fue determinante—el poder persuasor del discurso es nocivo, para Aristóteles ese mismo poder se aplica precisamente a sanar el espíritu y la moral por medio de la catarsis (1449b; 55). En la literatura de ficción áurea, ambas concepciones del poder de la imaginación siguen activas, y si la de Gorgias propicia la platónica expulsión de los poetas, la aristotélica se cristianiza para convertirse en uno de los argumentos esenciales en la defensa de la ficción.[20]

En efecto, para muchos la persuasión se considera como uno de los fines principales de la literatura creativa, pues el impacto emocional en el receptor y su convicción sobre los hechos incrementan el poder ejemplarizante del texto. Ya Encina (*Arte de poesía castellana*, 1496) reconocía en la persuasión un componente común a la poesía, la oratoria y la retórica (*TeRM* 82). Tomás Andrés Cebrián (*Panegírico por la poesía*, 1636-1637) refiere con plasticidad este efecto de la ficción: "¿Quién así persuade? ¿Quién discurre, quién mueve, quién pule los periodos, aliña las razones e imita los afectos mejor que la poesía?" (*TeMB* 239). Mucho antes, en 1541, Miguel de Salinas ya había establecido en su *Retórica en lengua castellana* las claves para "mover las voluntades de los oyentes":

---

[20] Ver al respecto Vitse (212-21) y Eden (25-61). El poder de la imaginación para impactar al receptor sigue siendo un tema importante en la oratoria romana: por ejemplo, ver Quintiliano, *Instituciones*, 10.1.16. Para un análisis del concepto medieval de la "imaginación," ver Bruyne 34-35. Durante el Renacimiento, Erasmo usa el término *enargeia* en referencia una retórica de la presencia por la cual "we do not explain a thing simply, but display it to be looked at as if it were expressed in colour in a picture, so that it may seem that we have painted, no narrated, and that the reader has seen, not read" (Cave, "*Enargeia*" 5). Michel Foucault conecta esta retórica de la presencia con la concepción mágica del lenguaje (*The Order of Things* 35). Por último, Don Abbot afirma que durante el Siglo de Oro se reestructura la retórica, siendo la noción clásica de *inventio* sustituida por la cada vez más determinante "imaginación" en textos de Vives, Huarte de San Juan y Gracián (95-104).

El fin del retórico es persuadir o hacer creer lo que intenta con ayuda de enseñarlo probándolo y no sólo sin pesadumbre, pero aun deleitable y apaciblemente y en fin, mover las voluntades de los oyentes. (55)

Más cerca de la ficción que de la propia retórica, Salinas recomienda que se persuada y consiga la credibilidad del receptor mediante un doble mecanismo: enseñar algo probándolo, y hacer esto "deleitable y apaciblemente."[21] En un eco incuestionable de la fórmula horaciana para la poesía, Salinas reconoce que la mejor forma de influir sobre el receptor es mediante una verdad útil y dulce. En su *Tragicomedia de Lisandro y Roselia* (1542?), Sancho Muñón describe el poder persuasivo de la ficción como uno tan intenso que es capaz de engañar a muchos, dejándolos atónitos:

Es, pues, grande la fuerza de la ficción para persuadir... La semejanza de la verdad mezclada con ficciones hace atónitos en alguna manera y engaña aquellos que la oyen... Quien a mí no creyere lea a Palefato, autor antiguo y de mucha autoridad; el cual, viendo que la más de la gente no tomaba más de la corteza de la fábula creyendo cosas del todo imposibles con gran diligencia y cuidado, peregrinando por el mundo, informándose de hombres ancianos, averiguó muchas verdades que estaban paliadas con fábula... (*TeRM* 90)

La oscura relación entre verdad y ficción consigue que muchos sean incapaces de distinguir lo verosímil de lo histórico, como pudo comprobar Palefato "viendo que la más de la gente [creía] cosas del todo imposibles." El mismo reconoce que sólo tras una peregrinación por el mundo puede averiguar "muchas verdades que estaban paliadas con fábula," depurando lo histórico de un verosímil poderoso, alienante. En ese mismo sentido, en la glosa al emblema "Fictiis aliquando movemur" (*Emblemas moralizadas*, 1599) Hernando de Soto afirma que "algunas veces las cosas fingidas despiertan los ánimos de los hombres para hacer y sentir lo mismo que las que no son aparentes sino verdaderas" (*TeRM* 210-211). El poder de "las cosas fingidas" para excitar la imaginación es según Soto comparable al de la propia realidad, con lo cual la reacción del receptor ante lo que se le cuenta será máxima. Y es que según Domingo Becerra, en su traducción del *Galateo* de Giovanni della Casa (Venecia, 1585), la imaginación debe ser estimulada "de tal manera que le paresca al

---

[21] Similar es el énfasis que pone Vives en la relación entre lo deleitable y el efecto persuasor del discurso (*Arte de hablar*, lib. III, cap. 3): con un estilo brillante y entretenido "más fácilmente se apoderará [el poeta] de la simpatía del lector y lo llevará hasta el fin, consigo, blandamente" (II: 786). Como la otra cara de la misma moneda, en las *Cartas Philológicas* Cascales exige que se potencie el poder disuasor de la ficción de forma que el receptor huya de los vicios al ver a los pecadores castigados y a los virtuosos premiados (II: 58).

oyente no que oye contar sino que vee con los ojos hazer las cosas que se le cuentan" (López Estrada, La Galatea *de Cervantes* 105). Al poner delante de los ojos los sucesos que se relatan, el receptor queda atrapado por su propia credulidad y concede plena verosimilitud, cuando no historicidad, a hechos fingidos. Este efecto de intensa visualización de las palabras es explicado por Fernando de Herrera como resultado de la fantasía en sus comentarios a Garcilaso, pues

> por ésta se representan de tal suerte en el ánimo las imágenes de las cosas ausentes, que nos parece que las vemos con los ojos, y las tenemos presentes, y podemos fingir y formar en el ánimo verdaderas y falsas imágenes a nuestra voluntad y arbitrio… (*Garcilaso de la Vega y sus comentaristas* 321-22)

Si la fantasía es capaz de poner las imágenes de lo narrado ante los ojos, su poder sobre las reacciones emocionales de los receptores es inmenso.[22] En la epístola I de su *Philosophia antigua poética*, el Pinciano califica a la imaginación de "fuerte instrumento para la felicidad humana," pues puede convencer a un hombre de que es feliz aunque la realidad le sea adversa o bien, por el contrario, de que es infeliz aun a pesar de disfrutar de una situación favorable (I: 49). Sobre lo poderoso de las fantasías soñadas, equiparables de algún modo a las ficciones de los poetas, el Pinciano aporta diversos ejemplos: Dido afirma en el capítulo VI de la *Eneida* que si no murió soñando la ausencia de Eneas, tampoco sucumbirá ante una ausencia ahora real (I: 59). De similar modo, por "un pensamiento o imaginación triste" puede "un hombre anochecer rubio y amanecer cano" o puede debilitarse incluso hasta la muerte (I: 55). En definitiva, la imaginación es respecto al alma "poderosa para muchas cosas" (I: 55).

El mismo Cervantes aplicará estas teorías sobre los sueños y el poder de la imaginación a su *Persiles*.[23] En el libro II, capítulo 15, la narración del sueño de Pe

---

[22] También Fray Luis de Granada en su *Retórica eclesiástica* describe el poder de la imaginación en similares términos: "Porque habiéndose inventado la amplificación para conmover los afectos, nada los conmueve más que el pintar una cosa con palabras, de manera que no tanto parezca que se dice, quanto que se hace y pone delante de los ojos, siendo notorio que se mueven muchísimo todos los afectos poniendo a la vista la grandeza de la cosa" (López Grigera 350). Textos italianos sobre el poder de la imaginación se pueden consultar en Weinberg, *A History* 69, 484, 508, 1027 y Riley, *Teoría de la novela* 284, nota 2.

[23] También en el libro VI del *Viaje del Parnaso* se encuentra una muestra del poder que los sueños tienen para Cervantes: "El agradable sitio se llevaba / tras sí la vista, que, durmiendo, viva / mucho más que despierta se mostraba" (84). Para Zabaleta (*El día de fiesta por la tarde*, 1660), "las comedias son muy parecidas a los sueños," lo cual exige que para controlar las emociones del receptor se le enseñe a oír comedias: "Ahora bien, quiero enseñar al que oye comedias, a oírlas, para que no saque del teatro más culpas de las que llevó" (*Preceptiva* 285). Remarca también el poder de los sueños Juan de Piña, *Casos prodigiosos*

riandro hace dudar a Auristela de si lo que escuchaba era verdad o no, a lo que Mauricio comenta: "Esas son fuerzas de la imaginación, en quien suelen representarse las cosas con tanta vehemencia, que se aprenden de la memoria, de manera que quedan en ella, siendo mentiras, como si fueran verdades" (244). Como un sueño, la ficción también puede representar las cosas con la suficiente "vehemencia" como para lograr un verosímil creíble que provoque la respuesta moral y emotiva del receptor, especialmente si se tiene en cuenta que la realidad es fugaz e irrepetible, mientras que un libro puede leerse una y otra vez.

Siguiendo este razonamiento, en el mismo *Persiles* (III, 8) Cervantes señala la ventaja de la literatura ficcional frente a lo real:

> Las lecciones de los libros muchas veces hacen más cierta experiencia de las cosas, que no la tienen los mismos que las han visto; porque el que lee con atención, repara una y muchas veces en lo que va leyendo, y el que mira sin ella, no repara en nada, y con esto excede la lección a la vista. (328)

Lo ficticio supera en poder persuasor a la realidad, pues el receptor puede volver al texto cuando lo desee, mientras que lo real se capta a veces sin atención y en ningún caso se repite. En su aprobación a la relación de Rodrigo de Carvajal y Robles de las *Fiestas de Lima por el nacimiento del Príncipe Baltasar Carlos* (1632), el Dr. Bartolomé de Salazar afirma que leer la relación "ha sido lo mismo que verlas [las fiestas] segunda vez, y si bien con igual deleyte por la propiedad que guarda, con mayor utilidad por la erudición que encierra" (4). A la realidad le aventaja el libro escrito, según Salazar, pues al poder de la imaginación para reproducir las fiestas se suma la "erudición" que el autor añade a su texto y que el lector puede releer cuantas veces quiera.

El poder de la imaginación que emana de la literatura ficcional encuentra su reflejo en los argumentos de las novelas cortas de la época. Por ejemplo, el alférez Velázquez cuenta en *El filósofo del aldea* (1626) cómo un duende se ha aparecido a algunos sirvientes de una hermosa dama en la cueva que se encuentra cerca de su palacio. El temido duende es en realidad un pretendiente de la doncella, don Carlos, así que cuando una fuerte y ruda criada, Teodora, baja en busca del aparecido, no encuentra a nadie. Cuando sale y le preguntan si vio a alguien, ella responde que "los que antes habían entrado debían de haberlo hecho con temor, y que este temor les ofreciera imágenes fantásticas que no vieron" (327-28). Para Teodora, fue el poder de la imaginación el que causó que, por miedo, los criados vieran en la cueva a un duende inexistente.

Más interesante todavía resulta el caso narrado por Juan de Piña en sus *Casos prodigiosos* por cuanto presenta la implicación total del receptor en la historia que lee

---

228 ss.

o escucha. El protagonista, don Juan, está relatando a Madame Blanca (quien está enamorada de él) los sucesos que le acontecieron en la "Cueva encantada" (228 ss.). El poder que esta narración sobre los peligros afrontados por don Juan tiene sobre la dama es tal, que ésta interrumpe constantemente el relato del caballero (" acordó madama prosiguiese don Juan su aventura" 235; "casi no permito que prosiga" 237; "no prosiga, señor don Juan" 240). La dama dicta así el ritmo de la narración en un ejercicio doble de control de sus emociones y de intervención directa en el proceso creativo. A Madame Blanca la imaginación le pone ante los ojos los sucesos contados de una forma tan vívida que termina "tan medrosa que han de dormir esta noche en mi cámara todas mis criadas y no sé si tengo que morir de miedo" (250). Con tanta intensidad vive la historia de don Juan que incluso la predice y completa: "considero lo que falta a la historia, qué temeraria caída sería la del pobre cautivo" (298). Ante la exaltada imaginación de la Madame y su ansia por adelantarse a los hechos, el propio narrador y protagonista de los hechos exclama con cierta ironía: "Parece que vuestra excelencia va acabando de contar la historia… " (299). En este caso, el poder de la imaginación ha dejado de ser un instrumento de ejemplaridad, para convertir al receptor en un hiperactivo co-creador de la ficción. De una intención esencialmente moral, lo verosímil creíble se ha vuelto hacia sí mismo en una especie de vorágine creadora en la que el receptor suspende los límites entre realidad y ficción. Dejando atrás una actitud pasiva, la audiencia asume en el texto de Piña una función casi grotesca en la que el receptor llega a suplantar al propio creador y vive literalmente los hechos narrados.

Como resume de forma paradigmática el *Sobre lo sublime* (I, 4), la persuasión puede ciertamente provocar un éxtasis incontrolable de ficción y estética:

> Pues el lenguaje sublime conduce a los que escuchan no a la persuasión, sino al éxtasis. Ya que en todas partes lo maravilloso, que va acompañado de asombro, es siempre superior a la persuasión y a lo que sólo es agradable… Lo sublime… pulveriza como el rayo todas las cosas y muestra en un abrir y cerrar de ojos y en su totalidad los poderes del orador. (179)

Con el lenguaje "sublime" los poderes del creador se intensifican tanto que la influencia sobre el receptor llega a ser peligrosa, incierta. Aunque se puede aprovechar con un fin ejemplarizante, la verosimilitud se convierte al mismo tiempo en un arma de doble filo por la cual un lector u oyente crédulo puede confundir lo verosímil con la verdad histórica. En último término, el receptor extasiado por la ficción creíble corre el riesgo de sucumbir ante un arrebato creador tan loco y fascinante a un tiempo como el del Alonso Quijano que se auto-persuade de ser el caballero andante don Quijote de la Mancha.

Conclusión

Lo verosímil moderno: el narcisismo literario de Cervantes

EN "EL COLOQUIO DE LOS perros," la última de sus *Novelas ejemplares*, Cervantes realiza una de las propuestas literarias más enigmáticas y atrevidas de toda su obra. Además de ser el único relato de la colección insertado en un marco narrativo (la novela previa, "El casamiento engañoso"), "El coloquio" presenta la conversación entre dos perros que el Alférez Campuzano oyó durante su convalecencia en un hospital. Partiendo de un hecho imposible (unos perros que hablan), Cervantes trae a un primer plano narrativo la dificultad, el desafío de hacer su novela verosímil. En consecuencia, la novela se dedica a explorar los límites de las estrategias para construir la verosimilitud.[1]

La cuestión de lo verosímil la plantea abiertamente el Alférez Campuzano cuando introduce la historia de Cipión y Berganza al licenciado Peralta: "otros sucesos me quedan por decir que exceden a toda imaginación, pues van fuera de todos los términos de naturaleza… [la historia] es lo que ahora ni nunca vuesa merced podrá creer, ni habrá persona en el mundo que lo crea" (292). A pesar de que al principio intenta convencer a Peralta de que el coloquio es fiel transcripción de lo que oyó y vio en el Hospital (293-94), Campuzano reconoce pronto la imposibilidad de lo sucedido y termina por preguntarse si su "verdad [será] sueño, y el porfiarla disparate" (294). En último término, dada la irrealidad de la historia, Peralta acepta la lectura del coloquio sólo por "ser escrito y notado del buen ingenio del señor Alférez" (294), cerrando las puertas a la credulidad que llevó a Quijano el bueno a

---

[1] El carácter extraordinariamente metaficcional de la novela ha sido destacado por diversos críticos: Dunn, "Las *Novelas ejemplares*" 118, Ife, *Lectura y ficción* 39 ss., Rey Hazas, "Género y estructura," especialmente 139, Pozuelo Yvancos, "Enunciación y recepción."

convertirse en don Quijote. Como consecuencia, los protagonistas de "El casamiento" implican que lo verosímil se construye en "El coloquio" desde una base por completo irreal, no-histórica, pues Peralta no puede creer que los hechos sucedieron y el propio Campuzano los califica ahora de, simplemente, "sueños o disparates" (295). Sin similitud alguna con respecto a a lo real, el escritor asume el reto de hacer verosímil lo imposible—esos "disparates" a los que se refiere el Alférez—en perfecta concordancia con una de las máximas de la *Poética* de Aristóteles sobre la verosimilitud: es preferible lo imposible verosímil a lo posible inverosímil (1460a; 89). Según las teorías aristotélicas, además, la maravilla debe aparecer en la tragedia y, sobre todo, en la épica—en la narración no escenificada—, pues lo maravilloso contribuye poderosamente a provocar el necesario efecto de admiración y catarsis (1460a; 88-89). Con estos dos elementos teóricos, hacer lo imposible verosímil y admirar con lo maravilloso, Cervantes desarrolla una novela corta cuya unidad, entre otros motivos posibles, viene dada por un análisis sistemático, exhaustivo de las diferentes estrategias y fronteras de la verosimilitud.[2]

Las primeras palabras que el Alférez anota de la conversación entre los perros se refieren precisamente el asombro de los propios animales ante su capacidad de hablar. Casi en los mismo términos en los que Campuzano presenta la novela a Peralta, Berganza dice a Cipión: "Cipión hermano, óyote hablar y sé que te hablo, y no puedo creerlo, por parecerme que el hablar nosotros pasa de los términos de la naturaleza" (299). En ese terreno fuera de los límites de la naturaleza se encuentra lo maravilloso, siendo el mayor reto para el autor hacer verosímil el hecho peregrino, raro, admirable. Como Peralta hace reflexionar a Campuzano sobre la veracidad de los hechos, Cipión corrige constantemente a Berganza su tendencia a la digresión y le cuestiona el hecho de que ambos hablen. Mediante este juego de espejos narrativos son los mismos personajes-autores-receptores los que tratarán de construir dentro de la novela la verosimilitud del imposible diálogo entre los perros. Por una parte, Peralta y Campuzano acuerdan que los hechos no sucedieron, pero que su interés se basa en el ingenio y estilo con que están escritos; por otra, los perros emprenden una incesante búsqueda de lo verosímil con el fin de hacer creíble lo imposible: su diálogo.

Durante toda la novela Cipión y Berganza plantean diversas hipótesis sobre cómo dar suficiente credibilidad a los hechos como para que éstos mantengan su

---

[2] Sobre la unidad de "El casamiento" y "El coloquio," así como sobre la estructura interna que da unidad a "El coloquio," se ha escrito abundantemente; ver especialmente Casalduero, *Sentido y forma de las* Novelas ejemplares 193-94, Waley, El Saffar, *Cervantes: "El casamiento engañoso"* 84-86, y Clamurro 247-48. Sin embargo, no he encontrado ninguna referencia crítica a la búsqueda de la verosimilitud como hilo conductor tanto de la relación entre ambas, como de la unidad interna de "El coloquio." Rey Hazas describe la construcción de lo verosímil como una cuestión interna a la novela ("Género y estructura" 139), aunque no la relaciona a la controvertida cuestión de su unidad.

interés y no parezcan disparatados. De forma sucesiva se van a proponer diversas estrategias de verosimilitud, dejando siempre abierta la solución al problema, creando suspense e interés no tanto en torno a la historia como a la búsqueda de su verosimilitud.

Es el propio Campuzano quien adelanta en su conversación con Peralta la estrategia que se propone en primer lugar, el milagro: "No me tenga vuesa merced por tan ignorante que no entienda que si no es por milagro no pueden hablar los animales" (293). Recogiendo este argumento, Cipión reconoce en las primeras líneas del coloquio que "viene a ser mayor este milagro en que no solamente hablamos, sino en que hablamos con discurso" (299). Con la palabra "milagro" se está dirigiendo la causa de la maravilla a una intervención divina, única fuerza todopoderosa que puede dar el habla a un animal. Cipión, en efecto, intenta zanjar momentáneamente la disputa sobre la (im)posibilidad del coloquio entre perros del siguiente modo: "Pero sea lo que fuere, nosotros hablamos, sea portento o no; que lo que el cielo tiene ordenado que suceda, no hay diligencia ni sabiduría humana que lo pueda prevenir" (301). También Berganza acata sin más el "milagro" ordenado por la voluntad de Dios cuando, en lugar de continuar la disputa, simplemente se alegra de poseer el "divino don de la habla" (301; ver también 304, 309). Si Dios ha intervenido y provocado un milagro, el hecho de que los perros conversen y lo hagan racionalmente no puede ponerse en duda, pues los dones divinos son incuestionables. Mediante este énfasis en lo verosímil moral, recomendado persuasivamente por, entre otros, Torquato Tasso, se da una respuesta en principio satisfactoria al imposible verosímil que presenta la novela.

Pero Cervantes no se conforma con una única explicación, y mucho menos con la más simple de todas ellas, la intervención divina. Con el desarrollo de la historia se abren nuevas hipótesis, nuevas estrategias con que obtener verosimilitud. Primero, el "divino don de la habla" al que se refería Berganza se subvierte cuando él mismo insiste en el carácter murmurador y maldiciente del lenguaje: "porque yo veo en mí que, con ser un animal, como soy, a cuatro razones que me digo me acuden palabras a la lengua como mosquitos al vino, y todas maliciosas y murmurantes" (315; similar en 318).[10] Con una "divinidad" que poco tiene de virtuosa, la capacidad del habla y su potencial malicia se atribuyen, según los perros cervantinos, a otras causas menos ejemplares. En efecto, cuando Berganza introduce en su historia a la bruja Cañizares, la verosimilitud se atribuye a estrategias muy distintas de la moral.

En primer lugar, Berganza expone de manera explícita el artificio retórico del *in media res* con que se inicia la novela: "Esto que ahora te quiero contar te lo había

---

[10] Sobre el concepto de "lenguaje" que Cervantes expone en "El coloquio," es imprescindible Forcione, *Cervantes and the Mistery of Lawlessness* 187-236 (ch. VI, "Language: Divine or Diabolical Gift?").

de haber dicho al principio de mi cuento, y así excusáramos la admiración que nos causó el vernos con habla" (336). La admiración primera de verse con el "divino don del habla" se atribuyó a una milagrosa intervención del cielo, pero en realidad se debe a otra causa. Fue una "maravilla" retórica, el *ordo artificialis* que recomienda comenzar la historia por la mitad para incrementar el suspense, la que ha hecho de la verosimilitud una cuestión admirable. Mediante el artificio retórico en la *dispositio* de los hechos, lo creíble del coloquio entre dos perros se explica no por milagro divino sino por la satánica intervención de unas brujas, posible origen de lo maravilloso que Berganza ha callado hasta bien entrada la novela.

Una vez introducido el tema de la brujería mediante un procedimiento retórico, Cervantes explora las diferentes posibilidades de lo verosímil posible y lo maravilloso. En una geografía y tiempo cercanos, familiares al lector contemporáneo, la discusión se centra en si verdaderamente los hechizos demoníacos pueden ser creídos como causa de la maravilla. La Cañizares revela a un todavía silente Berganza que en realidad él no es un perro, sino un ser humano hechizado desde su nacimiento por la Camacha, una bruja de gran fama en tiempo de Cervantes. Por enemistad con la bruja Montiela, supuesta madre de Cipión y Berganza, Camacha hace que en el parto Montiela dé a luz a los dos perros, sobre quienes pesa un hechizo de por vida. A esta sorprendente revelación, que de haberse situado al principio hubiera evitado según Berganza la atribución del "milagro" al cielo, Cañizares le añade hábilmente la descripción detallada de los inmensos poderes sobrenaturales de la Camacha: contacta con el más allá, altera el tiempo y las estaciones, repara el virgo de las mujeres, transporta por el aire a los hombres y, finalmente, los transforma en animales. Con una Cañizares crédula que afirma haber presenciado a Montiela dando luz a los cachorros, a la cuestión de lo verosímil posible y la maravilla se le suma la del receptor crédulo, quijotesco, que confunde lo ficticio con lo histórico.

Pero Cañizares no es tan crédula como ella misma se presenta al principio; en último término, Cervantes tampoco se conforma con atribuir la maravilla a unos poderes sobrenaturales, divinos o demoníacos, que quedan fuera de la razón humana y que propician la credulidad. En una vuelta de tuerca más, la Cañizares descubre una serie de vías alternativas para dar verosimilitud a todos estos actos maravillosos de hechicería. Partiendo de un axioma que reaparece en el ambiente mágico y sobrenatural del *Persiles*, Cañizares atribuye las maravillas de la brujería a dos causas, una teológica y otra puramente fisiológica, racional. Primero, apunta la hipótesis de que es el demonio quien provoca en las brujas alucinaciones por medio del poder de la imaginación: "todo lo que nos pasa en la fantasía es tan intensamente que no hay diferenciarlos de cuando vamos [a un aquelarre] real y verdaderamente" (340). El poder de la imaginación y la fantasía serían, en este contexto, hábilmente aprovechados por el demonio para someter a sus esclavas, las crédulas hechiceras, mediante el mismo proceso con que los receptores crédulos confunden lo fingido con lo verdadero. ¿Habría que suponer, en ese caso, que la ficción y su inmenso poder son para Cervantes instrumentos del demonio, o incluso que el poder de Satanás para engañar a las brujas supera al de un Dios incapaz de salvarlas, de evitar su engaño? Por supuesto que no, dice Cañizares. Las acciones del diablo son permitidas por la voluntad divina sólo como castigo a los pecados de algunas personas: "todo esto lo permite Dios por nuestros pecados, que sin su permisión yo he visto por experiencia que no puede ofender el diablo a una hormiga" (341; ver también 342, 343). Incluso en el caso diabólico de las hechiceras, la credulidad es permitida por la voluntad divina con fines ejemplares; en consecuencia, el poder de la imaginación, el poder de lo verosímil, emanan en último término no del demonio sino de Dios.

Además de esta explicación quasi-teológica, la Cañizares sugiere en segundo lugar la explicación racional de que las maravillas ocurren sólo en la mente de las brujas como consecuencia de los ungüentos alucinógenos con que se embadurnan el cuerpo: "son tan frías [las unturas], que nos privan de todos los sentidos en untándonos con ellas, y quedamos tendidas y desnudas en el suelo, y entonces dicen que en la fantasía pasamos todo aquello que nos parece pasar verdaderamente" (342). Acto seguido, la Cañizares se embadurna el cuerpo con un ungüento que, en efecto, le produce un estado de coma en el que se supone que debe estar experimentando las alucinaciones (343-44). La relación fisiológica entre el poderoso ungüento y el trance de la hechicera apunta a una nueva causa por la que los dos perros hablan: primero se atribuyó el "milagro" a una intervención divina, luego a un acto de brujería en el que el demonio toma parte de algún modo, y ahora se sugiere que todo es un fraude, una alucinación provocada fisiológicamente por un ungüento.

Insatisfecho con las explicaciones de la bruja Cañizares, Cipión pide a Berganza "que reparemos en lo que te dijo la bruja y averigüemos si puede ser verdad la grande mentira a quien das crédito" (346). El escéptico perro sigue insistiendo en la imposibilidad de su habla, llevando la maravilla a donde estaba al principio: la búsqueda de su verosimilitud. Los protagonistas de la novela continúan su aventura de lo verosímil porque no se resignan al milagro, ni a lo demoníaco, ni a la credulidad. Cipión califica ahora los poderes sobrenaturales de la Camacha de "disparates" y les niega el fundamental "crédito," asumiendo en un primer momento la explicación más racional de la hechicería (el poder alucinógeno de las unturas). Pero incluso reconociendo el inmenso poder de la imaginación, Cipión es consciente de que él está conversando con Berganza y de que, en consecuencia, su don de habla sigue necesitando una explicación creíble: ¿qué verosimilitud se le puede atribuir a esta maravilla, a este imposible coloquio? Finalmente, el perro plantea una solución ciertamente osada al enigma:

> y si a nosotros nos parece ahora que tenemos algún entendimiento y razón, pues hablamos siendo verdaderamente perros, o estando en su figura, ya hemos dicho que éste es caso portentoso y jamás visto, y que aunque le tocamos

con las manos, no le habemos de dar crédito hasta tanto que el suceso dél no muestre lo que conviene que creamos. (346)

Cipión remarca a Berganza la excepcionalidad de su caso y a pesar de que siendo perros hablan, opta por no darse crédito ni siquiera a sí mismo hasta encontrar "lo que conviene que creamos." En los límites de la verosimilitud, los personajes dudan incluso de sí mismos, advirtiendo claramente al lector de la novela (a Campuzano mismo, quien supuestamente la transcribe) que evite a cualquier costa la credulidad: "y que aunque le tocamos con las manos, no le habemos de dar crédito." La ficción encuentra su verdad sólo mediante un complejo proceso de pactos entre autores y receptores, creyendo sólo lo que convenga, desistiendo de la fácil conformidad con una sola estrategia, y desistiendo sobre todo de la credulidad. En su afán por cuestionar las verdades más elementales, Cipión duda incluso de sí mismo, llevando a Berganza a plantearse si "todo lo que hasta aquí hemos pasado y lo que estamos pasando es sueño" (347). De este modo, Cipión ha llevado la discusión a su principio, perpetuando una búsqueda de lo verosímil que se mantiene abierta, múltiple, libre.

El motivo de la vida es sueño, o en su versión deformada, la vida es un disparate, ha convergido finalmente en los discursos de Campuzano (294-95) y de Berganza (347), los dos narradores principales de la novela. Pero el enfoque cervantino es menos trascendental, menos teológico que por ejemplo el de Calderón de la Barca en su obra cumbre, *La vida es sueño*. El sueño de "El coloquio de los perros" parece tener más que ver con creadores y receptores humanos que con el Creador divino; de hecho, el transcriptor de la novela, Campuzano, duerme mientras Peralta lee su "sueño."

En un primer adelanto de lo que será la propuesta final cervantina al problema de lo imposible verosímil, Cipión sugiere que las palabras de la Cañizares "se han de tomar en un sentido que he oído decir se llama alegórico, el cual sentido no quiere decir lo que la letra suena, sino otra cosa, que, aunque diferente, le haga semejanza" (346). El astuto Cipión parece haberse percatado de que su historia es vulnerable a la acusación de mentir, pues para algunos los hechos que no reflejan una verdad histórica se han de considerar mentirosos, disparatados, inaceptables. Como defensa contra este ataque a la esencia misma de la ficción (su consciente no-realidad), Cipión recupera el argumento tan repetido de una lectura alegórica de los hechos: bajo una mentira superficial se esconden verdades universales que hay que descifrar.

La cuestión de lo verosímil imposible se abandona en este punto hasta el mismo final de la historia, en donde de forma breve, casi insustancial, se aporta la solución definitiva a tantas estrategias propuestas y a tantos esfuerzos por construir la "verdad" (la verosimilitud) de los hechos. Peralta termina la lectura justo cuando Campuzano despierta, y lo primero que le dice al "transcriptor" es lo siguiente:

"Aunque este coloquio sea fingido y nunca haya pasado, paréceme que está tan bien compuesto que puede el señor Alférez pasar adelante con el segundo [la historia de Cipión]" (359). A pesar de la irrealidad de los sucesos, a pesar de que nunca hayan sucedido, el receptor consciente del fingimiento aprueba el texto simplemente por estar "bien compuesto." Campuzano agradece el cumplido y afirma que se animará a escribir el segundo coloquio "sin ponerme en más disputas con vuesa merced si hablaron los perros o no" (359). Taxativamente, el Licenciado responde: "Señor Alférez, no volvamos más a esa disputa. Yo alcanzo el artificio del coloquio y la invención, y basta" (359). Por fin, la polémica sobre la maravillosa habla de dos perros ha quedado superada gracias a que el coloquio está bien compuesto y tiene artificio e invención. De lo moral a lo retórico, de lo posible a lo creíble, Cervantes ha tomado como hilo conductor de su novela el tema de lo verosímil, sus diferentes estrategias, y la libertad creadora de un autor que subvierte sucesivamente la atribución de la maravilla al cielo y a una satánica hechicería, y que rechaza en cualquier caso la credulidad. Cuando todas las posibilidades de lo verosímil parecen agotadas, la historia todavía es conducida hasta un punto límite donde la disputa sobre la (ir)realidad de los hechos ya no importa: la verosimilitud proviene sólo de su autocomplacencia.

A su historia imposible Cervantes le ha colocado un espejo en el que lo verosímil se mira constantemente a sí mismo a través de los ojos de los verdaderos protagonistas, sus autores y receptores. El hilo conductor y unificador de la historia parece ser en último término la construcción de la verosimilitud en su actitud más narcisista: no sólo se mantiene permanentemente en primer plano, reflejada en el espejo ficcional, sino que termina justificándose a sí misma simplemente por su carácter de agradable mentira. En lugar de ofrecer una única vía de interpretación, Cervantes ha planteado todas las estrategias posibles de lo verosímil sin decantarse por ninguna en específico, dejando a cada lector la oportunidad de juzgar por sí mismo. Al cabo lo que importa, nos dicen los espejos de la novela, es que el receptor sea consciente de la ficcionalidad y que lo verosímil, explícitamente narcisista aquí, se vea a sí mismo con artificio, invención y "bien compuesto."

La verosimilitud es, concluyendo, un concepto de mil caras, heterogéneo y variable, que se adapta a las necesidades estéticas e ideológicas de cada autor y de cada receptor. Esta inestabilidad de lo verosímil es perfectamente captada por la teoría literaria de la época, la cual se concentra en cuatro aspectos fundamentales del concepto: lo retórico, lo ejemplar, lo posible y lo creíble.[11] Cada uno de estos cuatro componentes es tratado de forma más o menos exhaustiva por diferentes

---

[11] Insisto de nuevo, y "El coloquio" es un ejemplo perfecto de ello, en que esta división es artificial, propuesta con fines pedagógicos, pues las diferentes estrategias de lo verosímil se presentan a menudo simultánea, indistintamente.

teóricos áureos, aportando todos ellos matices y opiniones en mayor o menor grado divergentes. La heterogeneidad y variabilidad de la verosimilitud encuentran su reflejo más perfecto, sin embargo, en las mismas obras ficcionales del Siglo de Oro. Como demuestran "El coloquio de los perros" y otros pasajes de múltiples obras áureas, la construcción de la verosimilitud no sólo es imprescindible para conseguir la "perfección literaria" a la que alude Cervantes, sino que se puede llegar a convertir en un tema ficcional en sí mismo.

Los cuatro aspectos de la verosimilitud encuentran ejemplos paradigmáticos en algunas de las novelas cortas (en el sentido de núcleos narrativos que definí en la introducción a la segunda parte de este trabajo) más significativas del período. Respecto a lo verosímil retórico, la narración del cabrero Pedro en el *Quijote* (I: 12) supone un ejemplo magistral de un uso consciente y experimental del decoro pastoril. Primero, Cervantes enfatiza el aspecto social del decoro que hace del cabrero Pedro un personaje inculto con un estilo rudo e incorrecto. Cuando Pedro inicia la narración de la historia de Marcela y Grisóstomo, no obstante, se prima la adecuación del lenguaje a la materia poética y el personaje-narrador pasa a emplear un estilo elevado. La trama de tinte filosófico—el derecho de Marcela a elegir su destino—y ambiente bucólico impone a su narrador un lenguaje que ya nada tiene que ver con la rudeza del cabrero, sino con el refinamiento exquisito del cortesano. A pesar de la cantidad de críticos que han destacado el supuesto "realismo" de la escena, con una Arcadia en la que coexiste lo "idealista" (Marcela y Grisóstomo) y lo "realista" (Pedro), Cervantes ha conseguido el engaño perfecto precisamente a través del personaje más imposible de todos: el que comienza hablando como cabrero y termina narrando como cortesano. Pedro funciona así como un ejemplo paradigmático de personaje imposible pero verosímil, y de cómo estrategias retóricas opuestas pueden contribuir en un mismo texto a la verosimilitud.

Lo verosímil ejemplar es elaborado magistralmente por autores posteriores a Cervantes como Pérez de Montalbán o, sobre todo, María de Zayas. A pesar del control inquisitorial, las novelas de estos autores ofrecen múltiples subversiones y ejemplos de perversiones de todo tipo (desde intervenciones satánicas a incestos y asesinatos múltiples) que cuestionan la dicotomía bien *versus* mal en la que se basa la ejemplaridad. A pesar de la ambigüedad planteada especialmente por Zayas, lo verosímil ejemplar da cabida a argumentos y personajes relativamente planos (de una extrema maldad o bondad), y a historias en las que la maravilla se justifica mediante intervenciones sobrenaturales, generalmente atribuidas a Dios, según aconseja Tasso.

Frente a lo verosímil ejemplar, lo verosímil posible se utiliza como una alternativa a la justificación moral de lo maravilloso. Las estrategias para justificar lo admirable sin recurrir a lo divino son múltiples. Uno, citar a las *auctoritates* pertinentes, de Plinio a Torquemada, pasando por Aulo Gelio, San Isidoro, Mandeville o Mexía. Dos, y como el mismo Tasso propone si la maravilla no se atribuye a Dios, situar la acción en tiempos y/o lugares remotos, pues ¿cómo dudar de lo que no se conoce ni se ha visto nunca? Tres, citar a testigos de primera mano que han vivido o visto los hechos (*adiestatio res visae*), hechos a veces tan recientes y cercanos al lector que obligan a los escritores, supuestamente, a alterar los nombres de los personajes para no ofender a familiares y conocidos. Finalmente, como recurso que va a prevalecer en la obra de Cervantes y en general en la novela moderna, la maravilla puede también atribuirse a una causa racional. Por ejemplo, en el *Persiles*, la puerta de una Iglesia no se quema en un ataque de los musulmanes no por milagro, sino porque es de hierro y no se le aplicó suficiente fuego (358). Es esa misma "industria" racional, y no un milagro, la que permite a Basilio casarse con Quiteria en las bodas de Camacho el rico después de fingir su suicidio y resucitar verosímilmente a una nueva vida (*Quijote* II: 186).

Todos los aspectos anteriores se suman para lograr la credibilidad de los hechos, pues la verosimilitud se logra en último término sólo si las mentiras casan con el entendimiento, según la conocida fórmula cervantina. Es, pues, el receptor quien tiene la última palabra a la hora de aceptar una ficción como creíble, y por eso los esfuerzos tanto de teóricos como de creadores se concentran fundamentalmente en este último, decisivo paso de la comunicación literaria. De las tres estrategias principales que estudié en el capítulo correspondiente, la primera es la cuestión de la credibilidad del narrador. Se puede abordar el problema desde dos perspectivas diferentes: demostrar la autoridad del narrador (por sus cualidades humanas, por ejemplo); o, paradójicamente, destruirla mediante la parodia y la autorreflexividad. Al hacer al receptor consciente de la ficcionalidad del texto, se establece que la credibilidad nace de un pacto mútuo y voluntario entre autor y receptor, y que por lo tanto lo verosímil creíble no está sujeto a la verdad literal de los hechos. Como dice Lope a Marcia en "Guzmán el Bravo," mientras se entretenga y admire, alguna que otra exageración debe ser tolerada e incluso apreciada por un receptor consciente de la ficcionalidad de la historia (200-02).

Segundo, la figura del lector o espectador pasa a primer plano como objetivo principal de los creadores, conscientes de que tanto la verosimilitud como la legitimidad misma de la ficción dependen en último término del receptor. Así, se siente la necesidad de apelar tanto al buen como al mal lector en los prólogos, y a veces incluso en la propia narración (recuérdese el caso paradigmático de las *Novelas a Marcia Leonarda* de Lope). Mediante la concordancia de los personajes, acciones y lenguaje de la obra con las costumbres, opiniones y entendimiento del receptor, el autor pretende construir un verosímil creíble que, en conjunción con los otros aspectos de la verosimilitud, lleve a su receptor al éxtasis exigido siglos atrás por el anónimo tratado *Sobre lo sublime*.

Y tercero, se hace énfasis en el poder de la imaginación para lograr que lo fingido impresione al receptor tanto como lo real. Este poder de lo verosímil es tan grande que se utiliza como argumento de peso tanto en los ataques como en las defensas a la ficción. En el primer caso, se dice que las novelas y otros géneros fingidos modifican el comportamiento de sus receptores para mal, con ejemplos inmorales. Como apología de la ficción, por el contrario, se afirma que el poder de las letras beneficia al receptor, pues éste aprende a huir del vicio y a poner en práctica la virtud. En cualquier caso, se reconoce que el impacto de la ficción sobre los receptores puede ser inmenso, como demuestra el caso extremo de don Quijote; o, más bien, del lector crédulo Alonso Quijano.

Por último, quisiera terminar reivindicando la importancia de dos áreas de la literatura del Siglo de Oro que en los últimos años han empezado a recobrar el interés de críticos y lectores: la teoría literaria y la novela corta. Respecto a la teoría literaria española, Alberto Porqueras Mayo ha realizado un enorme esfuerzo de edición en sus varias antologías, dando a la luz textos teóricos de difícil consulta. Además de los estudios sobre estética de Menéndez Pelayo y sobre preceptistas áureos de Antonio Vilanova, han sido probablemente Sanford Shepard, Edward Riley, Alban Forcione y Antonio García Berrio los hispanistas que más han aportado al estudio de las poéticas y retóricas peninsulares, y a su influencia sobre la literatura áurea española. Recientemente, los importantes estudios de Barry Ife y Carmen Rabell han venido a revitalizar un campo de estudios apasionante pero algo desatendido. Uno de los motivos de esta relativa escasez crítica es sin duda la marginación que la teoría literaria española ha sufrido en el contexto más amplio de estudios sobre teóricos europeos. Por ejemplo, los clásicos trabajos de Joel Spingarn y George Saintsbury se concentran en la teoría literaria italiana, francesa e inglesa, dejando casi completamente de lado la aportación española.[12]

Respecto a la novela corta, igualmente, todavía queda mucho por hacer. Primero, se carece de una definición más o menos fiable del género, sobre el cual ni siquiera existe consenso terminológico. Aquí se ha propuesto considerar la novela corta como un núcleo narrativo más que como un género independiente y aislado. De hecho, la novela corta en general nunca se presenta sola: forma parte de una colección con o sin marco narrativo, de una miscelánea o de una novela larga. Esa versatilidad, ese carácter proteico hace que la novela corta actúe más como un núcleo narrativo generador de proyectos mayores que como un género independiente. Como consecuencia de la indefinición del concepto "novela corta," falta también un cuerpo de obras unánimemente aceptado por la crítica, aunque sobre muchos de los títulos—especialmente colecciones como las de Castillo Solórzano, por citar un caso prolífico—no hay disputa. Desde la definición que se maneja en este trabajo, el corpus de novelas cortas sería vastísimo, pues incluiría todos los núcleos na-

---

[12] Para un intento temprano por reivindicar la contribución española a la teoría literaria europea, especialmente a través de la obra del Pinciano, ver Robert J. Clements.

rrativos que conforman, por ejemplo, las *Novelas ejemplares* cervantinas, pero también el *Para todos* de Montalbán, *El peregrino en su patria* de Lope o el mismo *Quijote*.

Pero, ¿por qué el interés en la novela corta? ¿Cuál es su importancia en el brillante panorama global de la literatura áurea española? Aparte del interés en la novela corta por su calidad literaria intrínseca, su estudio aportaría sin duda datos esenciales a nuestro conocimiento sobre la novela moderna inaugurada por Cervantes y sobre la comedia. Ambas áreas de la literatura del Siglo de Oro pueden verse beneficiadas por los estudios sobre un género no sólo coetáneo, sino con el que además comparten autores y público.

En primer lugar, y si Cervantes se jacta de haber sido el primero en novelar en lengua española e inaugura con el *Quijote* la novela moderna, el estudio en profundidad de la prosa posterior a él parece necesario para calibrar el verdadero impacto de su obra en el siglo XVII. Determinar el alcance del genio alcalaíno requiere el estudio de la prosa anterior y también posterior a él, a fin de identificar, de un lado, en qué se distancia Cervantes de sus modelos y de sus contemporáneos y, de otro, en qué (no) le siguen los novelistas posteriores. Considerar a Cervantes una especie de visionario (un "ingenio lego," por usar una expresión tan conocida como desafortunada) anticipando una novela que sólo tomaría forma definitiva en el siglo XIX es descontextualizar y reducir la aportación y originalidad de su obra. Por ello, se hace necesario un mejor conocimiento de las etapas que median entre el *Quijote* y las obras maestras del Realismo.

En segundo lugar, la novela corta comparte con la comedia, según han demostrado críticos como Mariano Baquero Goyanes, Florence Yudin o María Rosa Lida de Malkiel, rasgos esenciales tales como personajes, temas, técnicas literarias y todavía muchos otros, como prácticas escénicas o el uso del disfraz (Miñana, "La novela corta en escena"). Lamentablemente, comedia y novela no comparten hoy la atención crítica y la del público. Un estudio más detenido de la prosa áurea—para lo que se requiere un mayor número de ediciones modernas rigurosas (Ripoll 20)—serviría de complemento indispensable al estudio de la comedia y, en consecuencia, de pieza esencial para la reconstrucción del "gusto" del receptor áureo.

Como parte fundamental de ese "gusto" se encuentra, por supuesto, el concepto mismo de la verosimilitud. A pesar de la heterogeneidad y variabilidad de las estrategias arriba comentadas, existe un trasfondo, una cierta preocupación común en las actitudes y teorías literarias de todos los autores: la (i)legitimidad de la ficción. La mayoría, si no todos los debates sobre lo verosímil vienen marcados en la época por una polémica crucial para la literatura creativa, la de su propia legitimidad. Para quienes atacan a la ficción, la verosimilitud es un peligroso instrumento que engaña y transmite inmoralidades a las masas de una manera extraordinariamente efectiva. Para quienes justifican la legitimidad de la literatura ficcional, por el contrario, lo verosímil se convierte en el vehículo agradable con que instruir y entretener a un público que no debe buscar verdades literales en los textos, sino juegos interpretativos. Con esa autonomía ganada a la verdad histórica y a la moral, la verosimilitud empieza a legitimarse a sí misma sin necesidad de limitarse a modelos reales ni a un fin ejemplar inequívoco.

Mediante la parodia, la ironía y la autorreflexividad, lo verosímil se confronta ante la imagen de sí mismo, mostrándose como una mentira literal que se legitima cuando el receptor interpreta la ficción para comprender sus verdades codificadas. En ese proceso de la recepción intervienen todos los aspectos de lo verosímil, pero los más narcisistas pronto comienzan a sobresalir: la base histórica y lo ejemplar ceden su papel central en la legitimación de la literatura a juegos autorreflexivos con la maravilla, la retórica y la credibilidad. Es en el *Quijote* donde se observa un intento más total y satisfactorio de subversión de los criterios tradicionales para lograr verosimilitud. El discurso del cabrero Pedro pasa en apenas unas líneas de un discurso rudo y vulgar a uno exquisito, de un decoro psicológico al decoro que adecúa la forma al contenido, logrando así un personaje de estilo imposible pero, a pesar de todo, verosímil. La industria de Basilio el pobre sustituye al milagro como forma de autentificar la maravilla; el historiador infiel e "in-fiable" Cide Hamete es la fuente original, la *auctoritas* en que se basan los hechos. Protagonizada por un lector crédulo que borra los límites entre verosimilitud y verdad histórica con el inmenso poder de su imaginación, la obra cumbre de Cervantes se mira al espejo en una segunda parte en la que auto-reflexivamente se menciona la primera.

Repleto de creadores y receptores, de ficciones e ironía, de parodia y autoconsciencia, el *Quijote* es en sí mismo un vasto espejo del proceso ficcional por el que la verosimilitud muestra sus mil caras y se presenta como una verdad autónoma de la histórica y de la moral. Con su narcisismo liberador, lo verosímil en Cervantes legitima la ficción de la forma más paradójica, más honesta posible: diciendo la verdad acerca de su mentira.

Bibliografía

Esta bibliografía se divide en tres partes con el fin de facilitar su consulta: la primera agrupa la fuentes primarias sobre la teoría de la verosimilitud; la segunda, las fuentes primarias de novela corta; y la tercera, las fuentes secundarias.

I. FUENTES PRIMARIAS: TEORÍA DE LA VEROSIMILITUD

Anónimo. *Retórica a Alejandro*. Ed. José Sánchez Sanz. Salamanca: Universidad, 1989.
Anselmo, San. *Proslogion. Sobre la verdad*. Trad. M. Fuentes Benot. Barcelona: Orbis, 1985.
Argensola, Lupercio y Bartolomé Leonardo de. "Discursos pronunciados en una Academia de Zaragoza" (Lupercio, fines siglo XVI) y "A un caballero estudiante" (Bartolomé, 1627). *Rimas* (1634). Ed. José Manuel Blecua. 2 vols. Zaragoza: CSIC, 1950-1951.
Argote de Molina, Gonzalo. *Discurso sobre la poesía castellana* (1575). Ed. E. F. Tiscornia. Madrid: Victoriano Suárez, 1926.
Aristóteles. *Poética*. Ed. trilingüe de Valentín García Yebra. Madrid: Gredos, 1974.
——— y Horacio. *Artes poéticas*. Ed. bilingüe de Aníbal González. Madrid: Taurus, 1987.
———. *Retórica*. Ed. Antonio Tovar. Madrid: Centro de Estudios Constitucionales, 1985.
Bances Candamo, Francisco. *Theatro de los theatros de los passados y presentes siglos* (1689). Ed. Duncan W. Moir. London: Tamesis Books, 1970.
Barrionuevo, Jerónimo de. *Avisos* (1654-1658). Ed. Antonio Paz y Meliá. BAE 221, 222. Madrid: Atlas, 1969.
Camões, Luís de. *Os Lusiadas* (1572). Ed. Frank Pierce. Oxford: Oxford UP, 1973.
Carrillo y Sotomayor, Luis. *Libro de la erudición poética o Lanzas de las musas contra los indoctos deterrados del amparo de su deidad* (1611). Ed. Angelina Costa. Sevilla: Alfar, 1987.
Carvallo, Luis Alfonso de. *Cisne de Apolo* (1602). Ed. Alberto Porqueras Mayo. 2 vols. Madrid: CSIC, 1958.
Cascales, Francisco de. *Tablas poéticas* (1617). Ed. Benito Brancaforte. Madrid: Espasa-Calpe, 1975.
———. *Cartas filológicas* (1634). Ed. Justo García Soriano. 3 vols. Madrid: La Lectura, 1930, y Espasa-Calpe, 1952, 1954.
Castiglione, Baltasar de. *El cortesano*. Trad. Juan Boscán (1534). Ed. Rogelio Reyes Cano. Madrid: Espasa-Calpe, 1984.
Cicerón. *El orador*. Trad. A. Tovar y A. R. Bujaldón. Barcelona: Alma Mater, 1967.
Cotarelo y Mori, Emilio. *Bibliografía de las controversias sobre la licitud del teatro en España*. Madrid: Tipografía de la *Revista de Archivos, Bibliotecas y Museos*, 1904.
Covarrubias, Sebastián de. *Tesoro de la lengua castellana* (1611). Madrid: Turner, 1977.
Cueva, Juan de la. *Exemplar poético* (1606). Ed. José M^{a}. Reyes Cano. Sevilla: Alfar, 1986.

Díaz Rengifo, Juan. *Arte poética española* (1606). Ed. facsimilar. Madrid: Ministerio de Educación y Ciencia, 1977.
Ercilla, Alonso de. *La Araucana*. Ed. Isaías Lerner. Madrid: Cátedra, 1993.
Garcilaso de la Vega y sus comentaristas. Obras completas y textos íntegros de los comentarios de El Brocense, Fernando de Herrera, Tamayo de Vargas y Azara. Ed. Antonio Gallego Morell. 2ª ed. revis. y adicionada. Madrid: Gredos, 1972.
Gracián, Baltasar. *Agudeza y arte de ingenio*. Ed. Evaristo Correa Calderón. 2 vols. Madrid: Castalia, 2001
Gracián Dantisco, Lucas. *Galateo español* (1593). Ed. Margherita Morreale. Madrid: CSIC, 1968.
Gil Polo, Gaspar. *Diana enamorada*. Ed. Francisco López Estrada. Madrid: Castalia, 1987.
Historiadores de Indias. Ed. Germán Arciniegas. Barcelona: Instituto Gallach-Ediciones Océano-Éxito, 1985.
Horacio. Ver Aristóteles.
Hurtado de Mendoza, Antonio. *Fiesta que se hizo en Aranjuez a los años del Rey Nuestro Señor D. Felipe IV* (1623). *Obras poéticas de Don Antonio Hurtado de Mendoza*. Ed. Rafael Benítez Claros. Madrid: RAE, 1947. 1: 1-41.
Jáuregui, Juan de. *Discurso poético. Advierte el desorden y engaño de algunos escritos* (1624). Ed. Melchora Romanos. Madrid: Editora nacional, 1978.
Jiménez Patón, Bartolomé. *Elocuencia española en arte* (1604). *La retórica* 217-373.
"Longino" y Demetrio. *Sobre lo sublime. Sobre el estilo*. Ed. José García López. Madrid: Gredos, 1979.
López Pinciano, Alonso. *Philosophia Antigua Poetica* (1596). Ed. Alfredo Carballo Picazo. 3 vols. Madrid: CSIC, 1973.
Martorell, Joanot. *Tirant lo Blanc i altres escrits*. Ed. Martí de Riquer. Barcelona: Ariel, 1990.
Mejía, Pero. *Silva de varia lección* (1540). Ed. Justo García Soriano. Madrid: Sociedad de Bibliófilos Españoles, 1933.
Platón. *La República o el Estado*. Trad. P. de Azcárate. Ed. Miguel Candel. Madrid: Espasa-Calpe, 1992.
———. *Diálogos. Gorgias, o de la retórica. Fedón, o de la inmortalidad del alma. El banquete, o del amor*. Trad. L. Roig de Lluís. Ed. Carlos García Gual. Madrid: Espasa-Calpe, 1988.
Las poéticas castellanas de la Edad Media. Ed. Francisco López Estrada. Madrid: Taurus, 1984.
Porqueras Mayo, Alberto. *Preceptiva dramática española*. Ver Sánchez Escribano, Francisco.
———. *El prólogo en el Renacimiento español*. Madrid: CSIC, 1965.
———. *El prólogo en el Manierismo y Barroco españoles*. Madrid: CSIC, 1968.
———. *La teoría poética en el Renacimiento y Manierismo españoles*. Barcelona: Puvill, 1986.
———. *La teoría poética en el Manierismo y Barroco españoles*. Barcelona: Puvill, 1989.
Quintiliano, M. Fabio. *Instituciones oratorias*. Trad. P. I. Rodríguez y P. Sandier. 2 vols. Madrid: Henando, 1942.
La retórica en España. Ed. Elena Casas. Madrid: Editora Nacional, 1980.
Rodríguez de Montalvo, Garci. *Amadís de Gaula* (1508). Ed. José Manuel Cacho Blecua. 2ª ed. Madrid: Cátedra, 1991.
———. Ed. J. B. Avalle-Arce, Madrid, Espasa-Calpe, 1991.
Salinas, Miguel de. *Retórica en lengua castellana* (1541). *La retórica* 39-200.

Sánchez Escribano, Federico y Alberto Porqueras Mayo, eds. *Preceptiva dramática española del Renacimiento y el Barroco*. 2ª ed. muy ampliada. Madrid: Gredos, 1972.
Sánchez de Lima, Miguel. *El arte poética en romance castellano* (1580). Ed. Rafael de Balbín Lucas. Madrid: CSIC, 1944.
Scaliger, Julius Caesar. *Poetices Libri Septem* (Lyon: Antonium Vincentium, 1561). Ed. facsimilar. Stuttgart: Bad Canstatt, 1987.
Séneca. *Cartas a Lucilio*. Pról. y trad. V. López Soto. Barcelona: Juventud, 1982.
Soto de Rojas, Pedro. "Discurso sobre la poética" (1612). *Obras*. Ed. Antonio Gallego Morell. Madrid: CSIC, 1950.
Suárez de Figueroa, Cristóbal. *El Pasagero. Advertencias utilísimas a la vida humana por el doctor C. S. de F. A la Excelentísima República de Luca* (1617). Ed. Francisco Rodríguez Marín. S.l. (¿Madrid?): Renacimiento, 1913.
Torquemada, Antonio de. *Jardín de flores curiosas*. Ed. Giovanni Allegra. Madrid: Castalia, 1982.
Valdés, Juan de. *Diálogo de la lengua*. Ed. Cristina Barbolani. Madrid: Cátedra, 1987.
Vega, Lope de. *Lo fingido verdadero*. Ed. Maria Teresa Cattaneo. Roma: Bulzoni, 1992.
———. "Arte nuevo de hacer comedias en este tiempo." Federico Sánchez Escribano y Alberto Porqueras Mayo, eds., *Preceptiva dramática* 154-65.
Vives, Juan Luis. *Obras completas*. Ed. y trad. Lorenzo Riber. 2 vols. Madrid: Aguilar, 1947.
Weinberg, Bernard. *A History of Literary Criticism in the Italian Renaissance*. 2 vols. Chicago: The U of Chicago P, 1961.
———. *Trattati di Poetica e Retorica del Cinquecento*. 4 vols. Bari: G. Laterza e figli, 1968-1974.
Zabaleta, Juan de. *El día de fiesta por la mañana y por la tarde*. Ed. Cristóbal Cuevas. Madrid: Castalia, 1992.

II. Fuentes primarias: Novela corta

Alemán, Mateo. *Guzmán de Alfarache* (1604). Ed. José María Micó. 2 vols. Madrid: Cátedra, 1987.
Boccaccio, Giovanni. *Decamerón*. Ed. y trad. de María Hernández Esteban. Madrid: Cátedra, 1994.
Camerino, José. *Novelas amorosas* (1624). Ed. Mª. Dolores López Díaz. Madrid: Universidad Complutense, 1992.
Carvajal, Mariana de. *Navidades de Madrid y noches entretenidas* (1663). Ed. Antonella Prato. Milano: Franco Angeli, 1988.
Castillo Solórzano, Alonso de. *Jornadas alegres* (1626). Ed. Emilio Cotarelo y Mori. "Colección Selecta de Antiguos Novelistas Españoles" (CSANE) IX. Madrid: Librería de los Bibliófilos españoles, 1909.
———. *La niña de los embustes Teresa de Manzanares, natural de Madrid* (1632). Ed. Emilio Cotarelo y Mori. CSANE III. Madrid: Viuda de Rico, 1906.
———. *Noches de placer* (1631). Ed. Emilio Cotarelo y Mori. CSANE V. Madrid. Librería de la Viuda de Rico: 1906.
———. *Tardes entretenidas en seis novelas* (1625). Ed. Emilio Cotarelo y Mori. CSANE XI. Madrid: Librería de los Bibliófilos epañoles, 1908.

Castro y Anaya, Pedro. *Auroras de Diana* (1631). Ed. Luis González Simón. Madrid: CSIC, 1948.
Cervantes, Miguel de. *Don Quijote de la Mancha* (1605 y 1615). Ed. John Jay Allen. 2 vols. Madrid: Cátedra, 1991.
———. *Don Quijote de la Mancha* (1605 y 1615). Ed. Martí de Riquer. Barcelona: Planeta, 1975.
———. *Novelas ejemplares* (1613). Ed. Harry Sieber. 2 vols. Madrid: Cátedra, 1992.
———. *Obras completas.* Ed. Ángel Valbuena Prat. Madrid: Aguilar, 1965.
———. *El Rufián dichoso. Pedro de Urdemalas* (1614). Ed. Jenaro Talens y Nicholas Spadaccini. Madrid: Cátedra, 1986.
———. *Los trabajos de Persiles y Sigismunda* (1617). Ed. J.B. Avalle-Arce. Madrid: Castalia, 1969.
———. *Viaje del Parnaso. Poesías completas I* (1614). Ed. Vicente Gaos. Madrid: Castalia, 1973.
Céspedes y Meneses, Gonzalo de. *Historias peregrinas y ejemplares* (1623). Ed. Yves-René Fonquerne. Madrid: Castalia, 1969.
———. *Varia fortuna del soldado Píndaro* (1626). Ed. Arsenio Pacheco. 2 vols. Madrid: Espasa-Calpe, 1975.
Cortés de Tolosa, Juan. *Lazarillo de Manzanares con otras cinco novelas* (1620). Ed. Giuseppe E. Sansone. Madrid: Espasa-Calpe, 1974.
Eslava, Antonio. *Noches de invierno* (1609). Ed. Julia Barella. Pamplona: Gobierno de Navarra-Institución Príncipe de Viana, 1986.
Liñán y Verdugo, Antonio. *Guía y avisos de forasteros que vienen a la Corte* (1620). Ed. Edisons Simons. Madrid: Editora Nacional, 1980.
Lugo y Dávila, Francisco. *Teatro popular (novelas)* (1620). Ed. E. Cotarelo y Mori. CSANE I. Madrid: Librería de la Viuda de Rico, 1906.
Molina, Tirso de. *Cigarrales de Toledo* (1621). Madrid: Espasa-Calpe, 1968.
———. "El bandolero" (*Deleytar aprovechando*, 1635). Ed. André Nougué. Madrid: Castalia, 1979.
Moreno, Miguel, y Alférez Baltasar Mateo Velázquez. *Novelas* (1628 y 1625). Ed. Emilio Cotarelo y Mori. CSANE IV. Madrid: Librería de la Viuda de Rico, 1909.
Novelas amorosas de diversos ingenios del siglo XVII. Ed. Evangelina Rodríguez Cuadros. Madrid: Castalia, 1987.
Novelistas posteriores a Cervantes. Tomo II. Ed. Eustaquio Fernández de Navarrete. BAE 33. Madrid: Hernando y Compañía, 1902.
Pérez de Montalbán, Juan. "El palacio encantado" (*Para todos*, 1632). Ed. Rogelio Miñana. Tesis de maestría inédita dirigida por José María Ruano de la Haza. University of Ottawa, 1996.
Piña, Juan de. *Casos prodigiosos y Cueva encantada* (1628). Ed. Emilio Cotarelo y Mori. CSANE VI. Madrid: Librería de la Viuda de Rico, 1907,
Quevedo, Francisco de. *Perinola. Sátiras lingüísticas y literarias (en prosa).* Ed. Carmen García Valdés. Madrid: Taurus, 1986. 152-77.
Reyes, Matías de los. *El Menandro* (1636; escrita en 1624 o antes). Ed. Emilio Cotarelo y Mori. CSANE X. Madrid: Librería de los Bibliófilos españoles, 1909.

Salas Barbadillo, Alonso Jerónimo de. *Corrección de vicios* (1615). En *Obras de A.J. Salas Barbadillo. Tomo I*. Ed. Emilio Cotarelo y Mori. Madrid: Tipografía de la *Revista de Archivos*, 1907. 1-283.

———. *El caballero puntual* (1614 y 1619). En *Obras de A.J. Salas Barbadillo. Tomo II*. Ed. Emilio Cotarelo y Mori. Madrid: Tipografía de la *Revista de Archivos*, 1909. 1-314.

Sanz del Castillo, Andrés. *La Mojiganga del gusto, en seis novelas* (1641). Ed. Emilio Cotarelo y Mori. Madrid: Librería de los Bibliófilos españoles, 1908.

Timoneda, Joan de. *El Patrañuelo* (1567). Ed. José Romera Castillo. Madrid: Cátedra, 1986.

Vega, Garcilaso de la. *Poesías castellanas completas*. Madrid: Castalia, 1969.

Vega, Lope de. *Arcadia* (1598). Ed. Edwin S. Morby. Madrid: Castalia, 1975.

———. *Novelas a Marcia Leonarda* (1621 y 1624). Ed. Julia Barella. Barcelona: Júcar, 1988.

———. *El peregrino en su patria* (1604). Ed. Juan Bautista Avalle-Arce. Madrid: Castalia, 1973.

Zayas, María de. *Desengaños amorosos. Parte segunda del Sarao y entretenimiento honesto* (1647). Ed. Alicia Yllera. Madrid: Cátedra, 1983.

———. *Novelas amorosas y ejemplares* (1637). Ed. José Luis López de Zubiría. Barcelona: Orbis, 1983.

———. *Novelas ejemplares y amorosas*. Ed. y sel. Eduardo Rincón. Madrid: Alianza, 1990.

III. FUENTES SECUNDARIAS

Abbott, Don. "La Retórica y el Renacimiento: an Overview of Spanish Theory." Ed. James J. Murphy. *Renaissance Eloquence. Studies in the Theory and Practice of Renaissance Rhetoric*. Berkeley: U of California P, 1983. 95-104.

Allen, John J. *Don Quixote: Hero or Fool? A Study in Narrative Technique*. Gainesville: University of Florida Press, 1969.

Allen, Kenneth Ph. "Cervantes's *Galatea* and the *Discorso intorno al comporre dei Romanzi* of Giraldi Cinthio." *Revista Hispánica Moderna* 39 (1976-77): 52-68.

Antón-Pacheco Sánchez, Luisa. "Sátira y parodia en el *Don Quijote* y *Joseph Andrews*." Tesis inédita dir. por F. Martín Gutiérrez. Universidad Complutense de Madrid, 1994.

Arboleda, Carlos Arturo. *Teoría y formas del metateatro en Cervantes*. Salamanca: Universidad, 1991.

Atkinson, William C. "Cervantes, el Pinciano, and the *Novelas ejemplares*." *Hispanic Review* 16 (1948): 189-208.

Auerbach, Erich. *Lenguaje literario y público en la baja latinidad y en la Edad Media*. Trad. Luis López Molina. Barcelona: Seix Barral, 1969.

Avalle-Arce, Juan Bautista. *Dintorno de una época dorada*. Madrid: Porrúa, 1978.

———. *La novela pastoril española*. 2ª ed. Madrid: Istmo, 1975.

——— y E. C. Riley, eds. *Suma cervantina*. London-Madrid: Tamesis Books, 1973.

Bacon, George W. "The Life and Dramatic Works of Doctor Juan Pérez de Montalbán." *Revue Hispanique* 26 (1912): 1-474.

Badia, Lola. *Tradició i modernitat als segles XIV i XV. Estudis de cultura literària i lectures d'Ausiàs March*. València-Barcelona: PAM-IFV, 1993.

Bajtin, Mijail. *La cultura popular de la Edad Media y del Renacimiento*. Trad. J. Forcat y C. Conroy. Barcelona: Barral, 1974.

Bandera, Cesáreo. *Mimesis conflictiva. Ficción literaria y violencia en Cervantes y Calderón*. Madrid: Gredos, 1975.
Baquero Goyanes, Mariano. "Comedia y Novela en el siglo XVII." *Serta Philologica F. Lázaro Carreter*. Madrid: Cátedra, 1983. II: 13-29.
Bataillon, Marcel. *Erasmo y España. Estudios sobre la historia espiritual del siglo XVI*. Trad. A. Alatorre. México: FCE, 1966.
———. *Varia lección de clásicos españoles*. Trad. José Pérez Riesco. Madrid: Gredos, 1964.
———. *Erasmo y el erasmismo*. Barcelona: Crítica, 1977.
Beltrán, R., J. L. Canet y J. Ll. Sirera, eds. *Historias y ficciones: coloquio sobre la literatura del siglo XV*. València: Universitat de València, 1992.
Blecua Perdices, José Manuel. "Notas para la historia de la novela en España." *Serta Philologica F. Lázaro Carreter*. Madrid: Cátedra, 1983. II, 91-95.
Botrel, J.F. y S. Salaün, eds. *Creación y público en la literatura española*. Madrid: Castalia, 1974.
Bourland, Caroline Brown. "Boccaccio and the *Decameron* in Castilian and Catalan Literature." *Revue Hispanique* 12 (1905). New York: Kraus Reprint Corporation, 1962. 1-232.
Bousoño, Carlos. *Épocas literarias y evolución. Edad Media, Romanticismo, Época Contemporánea*. 2 vols. Madrid: Gredos, 1981.
Brinker, Menachem. "Verisimilitude, Conventions and Beliefs." *New Literary History: A Journal of Theory and Interpretation* 14.2 (1983): 253-67.
Brownlee, Marina Scordilis. *The Poetics of Literary Theory. Lope de Vega's Novelas a Marcia Leonarda and their Cervantine Context*. Madrid: Porrúa, 1981.
———. *The Cultural Labyrinth of María de Zayas*. Philadelphia: University of Pennsylvania Press, 2000.
Bruyne, Edgar de. *Estudios de estética medieval*. Trad. Fr. A. Suárez, O.P. 3 vols. Madrid: Gredos, 1958-1959.
Cabo Aseguinolaza, Fernando. *El concepto de género y la literatura picaresca*. Santiago de Compostela: Universidade, 1992.
Canavaggio, Jean. "Los pastores del teatro cervantino: tres avatares de una Arcadia precaria." *La Galatea de Cervantes* 37-52.
Carrilla, Emilio. "La novela bizantina en España." *Revista de Filología Española* 49 (1966): 275-288.
Casalduero, Joaquín. "Cervantes rechaza la pastoril y no acepta la picaresca." *Bulletin of Hispanic Studies* 61 (1984): 283-85.
———. *Sentido y forma del* Quijote. Madrid: Ínsula, 1949.
———. *Sentido y forma de las* Novelas Ejemplares. Madrid: Gredos, 1962.
———. *Sentido y forma de* Los trabajos de Persiles y Sigismunda. Madrid: Gredos, 1975.
Cassirer, Ernst. *Individuo y cosmos en la filosofía del Renacimiento*. Trad. Alberto Bixio. Buenos Aires: Emecé, 1951.
Castro, Américo. *El pensamiento de Cervantes*. 2ª ed. corregida y aumentada por el autor y J. Rodríguez Puértolas. Barcelona: Noguer, 1972.
———. *Cervantes y los casticismos españoles*. Madrid: Alfaguara, 1966.
Cave, Terence. "*Enargeia*: Erasmus and the Rhetoric of Presence in the Sixteenth Century." *L'Esprit créateur* 16 (1976): 5-19.
Cervantes and the Pastoral. Ed. J. J. Labrador Herraiz and J. Fernández Jiménez. Cleveland: Penn State U, Behrend College, and Cleveland State U Presses, 1986.

Chambers, Leland H. "Structure and the Search for Truth in the *Quijote*. Notes toward a Comprehensive View." *Hispanic Review* 35 (1967): 309-26.

Chatman, Seymour. *Historia y discurso. La estructura narrativa en la novela y en el cine* (1978). Trad. Mª Jesús Fernández Prieto. Madrid: Taurus, 1990.

———. How Do We Establish New Codes of Verisimilitude?" *The Sign in Music and Literature*. Ed. Wendy Steiner. Austin: U of Texas P, 1981. 26-38.

Chevalier, Maxime. "Decoro y decoros." *Revista de Filología Española* 73 (1993): 5-24.

———. *Lectura y lectores en la España del siglo XVI y XVII*. Madrid: Turner, 1976.

Clamurro, William H. *Beneath the Fiction: the Contrary Worlds of Cervantes's* Novelas ejemplares. New York: Peter Lang, 1997.

Clements, Robert J. "López Pinciano's *Philosophia Antigua Poética* and the Spanish Contribution to Renaissance Literary Theory." *Hispanic Review* 23 (1955): 48-55.

Close, Anthony. "Ambivalencia del estilo elevado en Cervantes." La Galatea *de Cervantes* 91-102.

Conglewood, J. E. *Theories of Pastoral Poetry in England (1684-1798)*. Gainesville: U of Florida P, 1952.

Costa Ferrandis, Jesús. "Tópica horaciana barroca: utilidad y deleite. La narrativa de Salas Barbadillo en la novela del siglo XVII." Tesis inédita dir. por Joan Oleza. Universitat de València, 1981.

Criado del Val, Manuel, ed. y dir. *Cervantes. Su obra y su mundo. Actas del I Congreso Internacional sobre Cervantes*. Madrid: Edi-6, 1981.

Culler, Jonathan. *Structuralist Poetics. Structuralism, Linguistics, and the Study of Literature*. Ithaca: Cornell UP, 1975.

Curtius, Ernst Robert. *Literatura europea y Edad Media latina*. Trad. M. F. y A. Alatorre. Madrid-México: F.C.E., 1955.

Del Val, Joaquín. "La novela española en el siglo XVII." *Historia general de las literaturas hispánicas. Vol. III. Renacimiento y Barroco*. Ed. Guillermo Díaz Plaja. Barcelona: Barna, 1953. XLV-LXXX.

Deleito y Piñuela, José. *La vida religiosa española bajo el cuarto Felipe. Santos y pecadores*. Madrid: Espasa-Calpe, 1952.

Dens, Jean-Pierre. "Configuration d'un débat: Vraisemblance et merveilleux au XVIIe siècle." *Papers on French Seventeenth Century Literature* 16 (1989): 187-93

Deyermond, Alan. "El hombre salvaje en la ficción sentimental." *Tradiciones y puntos de vista en la ficción sentimental*. México: UNAM, 1993. 17-42.

——— y Ian Mac Pherson, eds. *The Age of the Catholic Monarchs, 1474-1516. Literary Studies in Memory of Keith Whinnom*. Liverpool: *Bulletin of Hispanic Studies*, Special Issue, 1989.

Dixon, Víctor. "Juan Pérez de Montalbán's *Para todos*." HR 32 (1964): 36-59.

Dudley, Edward. *The Endless Text*. Don Quixote *and the Hermeneutics of Romance*. Albany: State U of New York P, 1997.

Dunn, Peter N. *Castillo Solórzano and the Decline of the Spanish Novel*. Oxford: Basil Blackwell, 1952.

———. "Las *Novelas ejemplares*." J.B. Avalle-Arce y E. C. Riley, eds. 81-118.

Durán, Armando. *Estructura y técnicas de la novela sentimental y caballeresca*. Madrid: Gredos, 1973.

Eco, Umberto. *La obra abierta. Forma e indeterminación en el arte moderno.* Trad. Francisca Perujo. Barcelona: Seix Barral, 1965.

Egido, Aurora, ed. *Lecciones cervantinas.* Zaragoza: Caja de Ahorros y Monte de Piedad de Zaragoza, Aragón y Rioja, 1985.

Eisenberg, Daniel. *Romances of Chivalry in the Spanish Golden Age.* Newark, Delaware: Juan de la Cuesta, 1982.

El Saffar, Ruth Snodgrass. *Cervantes:* "El casamiento engañoso" *and* "El coloquio de los perros." London: Grant and Cutler, 1976.

———. *Novel to Romance. A Study of Cervantes'* Novelas Ejemplares. Baltimore-London: The John Hopkins U P, 1974.

———. "Structural and Thematic Discontinuity in Montemayor's *Diana.*" *Modern Language Notes* 86 (1971): 182-98.

Entwistle, William J. "Cervantes, the Exemplary Novelist." *Hispanic Review* 9 (1941): 103-09.

Etiemble. *Ensayos de literatura (verdaderamente) general.* Trad. R. Yahni. Madrid: Taurus, 1977.

Etienvre, Jean-Pierre y Leonardo Romero, eds. *La recepción del texto literario (Coloquio Casa de Velázquez-Depto. de Filología Española de la Universidad de Zaragoza. Jaca, abril de 1986).* Zaragoza: Universidad, 1988.

Ettin, A. V. *Literature and the Pastoral.* New Haven: Yale UP, 1984.

Faral, Edmond. *Les arts poétiques du XIIe. et du XIIIe. siècle. Recherches et documents sur la technique littéraire du Moyen Âge.* Genève-Paris: Slatkine, 1982.

Fernández-Cañadas de Greenwood, Pilar. *Pastoral Poetics: The Uses of Conventions in Renaissance Pastoral Romances.* Arcadia, La Diana, La Galatea, L'Astrée. Madrid: José Porrúa, 1983.

Ferreras, Juan Ignacio. *La novela en el siglo XVI.* Madrid: Taurus, 1987.

———. *La novela en el siglo XVII.* Madrid: Taurus, 1988.

Finello, Dominick. "From Books to Life: Uses of Pastoral Tradition in the *Quijote.*" *Hispanic Journal* 9 (1988): 7-22.

———. *Pastoral Themes and Forms in Cervantes's Fiction.* Lewisburg: Bucknell UP, 1994.

———. "Shepherds at Play: Literary Conventions and Disguises in the Pastoral Narratives of the *Quijote.*" *Cervantes and the Pastoral* 115-28.

Flecniakoska, Jean-Louis. "Réflexions sur la parodie pastoral dans le *Quichotte.*" *Anales cervantinos* 8 (1959-60): 371-78.

Foa, Sandra M. *Feminismo y forma narrativa: estudio del tema y las técnicas de María de Zayas y Sotomayor.* Valencia: Albatros, 1979.

Fogelquist, James Donald. *El Amadís y el género de la historia fingida.* Madrid: José Porrúa, 1982.

Forcione, Alban K. *Cervantes, Aristotle, and the* Persiles. Princeton: Princeton UP, 1970.

———. *Cervantes's Christian Romance. A Study of* Persiles y Sigismunda. Princeton: Princeton UP, 1972.

———. "Cervantes en busca de una pastoral auténtica." Trad. F. Botton-Burlá. *Nueva Revista de Filología Hispánica* 36 (1988): 1011-43.

———. *Cervantes and the Humanist Vision. A Study of Four Exemplary Novels.* Princeton: Princeton UP, 1982.

———. *Cervantes and the Mystery of Lawlessness. A Study of "El casamiento engañoso" y "El coloquio de los perros."* Princeton: Princeton UP, 1984.

Foucault, Michel. *The Order of Things. An Archaeology of the Human Sciences.* New York: Vintage, 1973.

Frankl, Víctor. *El* Antijovio *de Gonzalo Jiménez de Quesada y los conceptos de realidad y verdad en la época de la Contrarreforma y del Manierismo.* Madrid: Ediciones Cultura Hispánica, 1963.
Fuentes, Carlos. *Cervantes o la crítica de la lectura.* Alcalá de Henares: Centro de Estudios Cervantinos, 1994.
García Berrio, Antonio. *Formación de la teoría literaria moderna. I. La tópica horaciana en Europa. Tópica horaciana. Renacimiento europeo.* Madrid: Cupsa, 1977. *II. Teoría poética del Siglo de Oro. Poética manierista. Siglo de Oro.* Murcia: Universidad, 1980.
———. *Introducción a la poética clasicista. Comentario a las* Tablas Poéticas *de Cascales.* Madrid: Taurus, 1988.
Garin, Eugenio. *La revolución cultural del Renacimiento.* Barcelona: Crítica, 1981.
Garrosa Resina, Antonio. *Magia y superstición en la literatura castellana medieval.* Valladolid: Universidad, 1987.
Gavaldà, Josep. *El discurso narrativo de Lope de Vega. Para una lectura crítica de las Novelas a Marcia Leonarda.* Memoria de Licenciatura, inédita, dir. por J. Talens. València: Universitat, 1977-78.
Genette, Gérard. *Figuras III.* Madrid: Lumen, 1989.
———. *Palimpsestos. Literatura en segundo grado.* Trad. C. Fernández Prieto. Madrid: Taurus, 1989.
Gerli, Michael E. *Refiguring Authority.* Lexington: The UP of Kentucky, 1995.
Gillespie, Gerald. "Novella, Nouvelle, Novelle, Short Novel? A Review of Terms." *Neophilologus* 51 (1967): 117-27 y 225-30.
Gilman, Stephen. *La novela según Cervantes.* Trad. Carlos Ávila Flores. México: FCE, 1993.
Gilson, Etienne. *La filosofía de la Edad Media.* Trad. A. Pacios y S. Caballero. 2 vols. Madrid: Gredos, 1958.
González de Amezúa y Mayo, Agustín. *Cervantes creador de la novela corta española. Introducción a la edición crítica y comentada de las* Novelas Ejemplares. 2 vols. Madrid: CSIC, 1956.
———. *Opúsculos histórico-literarios.* 2 vols. Madrid: CSIC, 1951.
González Gerth, Miguel. "Pastores y cabreros en el *Quijote.*" *La Torre* 34 (1961): 115-23.
González Rovira, Javier. *La novela bizantina en la Edad de Oro.* Madrid: Gredos, 1996.
Green, Otis Howard. *España y la tradición occidental. El espíritu castellano en la literatura desde El Cid hasta Calderón.* Trad. C. Sánchez Gil. 4 vols. Madrid: Gredos, 1969.
Green, Thomas. *The Light in Troy. Imitation and DIscovery in Renaissance Poetry.* New Haven: Yale UP, 1982.
Greenblatt, Stephen. *Marvelous Possessions: The Wonder of the New World.* Chicago: The U of Chicago P, 1991.
Greer, Margaret Rich. *María de Zayas Tells Baroque Tales of Love and the Cruelty of Men.* University Park: The Pennsylvania State U P, 2000.
Haley, George, ed. *El* Quijote *de Cervantes.* Madrid: Taurus, 1987.
Hall, Vernon Jr. *Renaissance Literary Criticism. A Study of Its Social Content.* New York: Columbia UP, 1945.
Hart, Thomas R. "Deceit and *Decorum* in Cervantes." *Modern Language Review* 90.2 (1995): 370-76.
———. "Versions of Pastoral in Three *Novelas ejemplares.*" *Bulletin of Hispanic Studies* 58 (1981): 283-91.

Hathaway, Henry. *Marvels and Commonplaces. Renaissance Literary Criticism.* New York: Random House, 1968.
Hauser, Arnold. *Origen de la literatura y del arte modernos. I. El manierismo, crisis del Renacimiento. II. Pintura y manierismo. II. Literatura y manierismo.* Trad. F. González Vicens. Madrid: Guadarrama, 1974.
Hermenegildo, Alfredo. "Registro de representantes: soporte escénico del personaje dramático en el siglo XVI," Ed. Evangelina Rodríguez Cuadros. *Del oficio al mito: el actor en sus documentos.* Valencia: Universitat de València, 1997. 121-59.
Herrero García, Miguel. *Ideas de los españoles del siglo XVII.* Madrid: Gredos, 1966.
Hesse, José. *Vida teatral en el Siglo de Oro.* Madrid: Taurus, 1965.
Ife, Barry. W. *Lectura y ficción en el Siglo de Oro. Las razones de la picaresca.* Trad. J. Ainaud. Barcelona: Crítica, 1992.
———. *Reading and Fiction in Golden-Age Spain.* New York: Cambridge UP, 1985.
Ilie, Paul. "Grotesque Elements in the Pastoral Novels." *Homenaje a William Fichter.* Ed. A.D. Kossoff y J. Amor Vázquez. Madrid: Castalia, 1971. 319-28.
Iser, Wolfgang. *El acto de leer. Teoría del efecto estético.* Trad. J. A. Gimbernat y M. Barbeito. Madrid: Taurus, 1987.
Jauss, Hans Robert. *Experiencia estética y hermenéutica literaria. Ensayos en el campo de la experiencia estética.* Trad. J. Siles y E. Mª. Fernández-Palacios. Madrid: Taurus, 1986.
Jehenson, Yvonne and Marcia L. Welles. "María de Zayas's Wounded Women: A Semiotics of Violence." Anita K. Stoll and Dawn L. Smith, eds. *Gender, Identity, and Representation in Spain's Golden Age.* Lewisburg: Bucknell UP, 2000. 178-202.
King, Willard F. *Prosa novelística y Academias literarias en el siglo XVII.* Trad. Mª. D. López. Madrid: Anejo X del BRAE, 1963.
Kohut, Karl. *Las teorías literarias en España y Portugal durante los siglos XV y XVI.* Madrid: CSIC, 1973.
Krauss, Werner. "Novela-Novella-Roman." *Gesammelte Aufsätze zur Literatur und Sprachwissenschaft.* Frankfurt: Vittorio Klostermann, 1949. 50-67.
Krömer, Wolfram. *Formas de la narración breve en las literaturas románicas hasta 1700.* Trad. Juan Conde. Madrid: Gredos, 1979.
———. "Gattung und Wort Novela im Spanischen 17 Jahrhundert." *Romanische Forschungen* 81 (1969): 381-434.
La Galatea de Cervantes. Cuatrocientos años después. Ed. J. B. Avalle-Arce. Newark: Juan de la Cuesta, 1985.
Lasperas, Jean-Michel. *La nouvelle en Espagne au Siècle d'Or.* Perpignan: Castillet-Université de Montpellier, 1987.
Lausberg, Heinrich. *Manual de retórica literaria. Fundamentos de una ciencia de la literatura.* 2 vols. Madrid: Gredos, 1966-1967.
Lázaro Carreter, Fernando. "La prosa del *Quijote*." Aurora Egido, ed. 115-29.
Le Goff, Jacques. *Lo maravilloso y lo cotidiano en el Occidente medieval.* Trad. A. L. Bixio. Barcelona: Gedisa, 1985.
———. *Tiempo, trabajo y cultura en el Occidente medieval.* Madrid: Taurus, 1983.
León Tello, Franciso José. "Vives y la estética del Renacimiento." *S.l.:* Separata de la *Revista de Filosofía* 83 (octubre-diciembre 1962): 503-21.
Leonard, Irving. *Books of the Brave.* Cambridge: Harvard UP, 1949.

Lewis, C. S. *La alegoría del amor. Estudio sobre la tradición medieval.* Trad. D. Sampietro. Buenos Aires: Eudeba, 1969.

———. *La imagen del mundo. (Introducción a la literatura medieval y renacentista).* Trad. C. Manzano. Barcelona: Antoni Bosch, 1980.

Lida de Malkiel, María Rosa. *La originalidad de* La Celestina. Buenos Aires: EUDEBA, 1970.

Lo verosímil (*Communications* 11, 1968). Trad. B. Borriots. Buenos Aires: Tiempo Contemporáneo, 1970.

López Bueno, Begoña. *La poética cultista de Herrera a Góngora. (Estudios sobre la poesía barroca andaluza).* Sevilla: Alfar, 1987.

López Estrada, Francisco. *Estudio crítico de* La Galatea *de Miguel de Cervantes.* La Laguna de Tenerife: Universidad, 1948.

———. *Introducción a la literatura medieval española.* 3ª ed. renovada. Madrid: Gredos, 1966.

———. *Los libros de pastores en la literatura española. I. La órbita previa.* Madrid: Gredos, 1974.

López Grigera, Luisa. "En torno a la descripción en la prosa de los Siglos de Oro." *Homenaje a José Manuel Blecua.* Madrid: Gredos, 1983. 347-57.

Madrigal, José Antonio. *El salvaje y la mitología, el arte y la religión.* Miami: Universal, 1975.

Maravall, José Antonio. *La cultura del Barroco. Análisis de una estructura histórica.* Barcelona: Ariel, 1975.

———. *Teatro y literatura en la sociedad barroca.* Madrid: Seminarios y Ediciones, 1972.

———. *Velázquez y el espíritu de la modernidad.* Madrid: Guadarrama, 1960.

Márquez Villanueva, Francisco. *Personajes y temas del* Quijote. Madrid: Taurus, 1975.

Martí, Antonio. *La preceptiva retórica española en el Siglo de Oro.* Madrid: Gredos, 1972.

Matamoros, Blas. "La novela no existe." *Cuadernos Hispanoamericanos* 444 (1987): 83-101.

Melloni, Alessandra. *Il sistema narrativo di María de Zayas.* Torino: Quaderni Ibero-americani, 1976.

Menéndez Pelayo, Marcelino. *Historia de las ideas estéticas en España.* Ed. revis. por E. Sánchez Reyes. 5 vols. Madrid: CSIC, 1962.

———. *Orígenes de la novela.* Ed. revis. por E. Sánchez Reyes. 4 vols. Madrid: CSIC, 1962.

Miñana, Rogelio. "La novela en escena: aspectos de la influencia del teatro sobre la novela corta en el siglo XVII." *A Society on Stage. Essays on Spanish Golden Age Drama.* Eds. Edward H. Friedman, H.J. Manzari, and Donald D. Miller. New Orleans: UP of the South, 1998. 155-64.

Mirollo, James V. *The Poet of Marvelous: Giambattista Marino.* New York: Columbia UP, 1963.

Moríñigo, Marcos A. "El teatro como sustituto de la novela en el siglo XVII." *Revista de la Universidad de Buenos Aires* 2.1 (1957): 41-61.

Morse, Ruth. " 'This Vague Relation': Historical Fiction and Historical Veracity in the Later Middle Ages." *Leeds Studies in English* 13 (1982): 85-103.

Mujica, Bárbara. "Antiutopian Elements in the Spanish Pastoral Novel." *Romance Quaterly* 26 (1979): 263-82.

———. *Iberian Pastoral Characters.* Potomac: Scripta Humanistica, 1986.

Navarro González, Alberto. *Cervantes entre el* Persiles *y el* Quijote. Salamanca: Universidad de Salamanca, 1981.

Nelson, Robert J. *Play within a play. The Dramatist's Conception of his Art: Shakespeare to Anouilh.* New Haven: Yale UP, 1958.

Nelson, William. *Fact or Fiction. The Dilemma of the Renaissance Storyteller.* Cambridge: Harvard UP, 1973.

Neuscshäfer, Hans-Jörg. *Boccaccio und der Begin der Novella.* München: Willhelm Fink Verlag, 1969.

Nougué, André. *L'oeuvre en prose de Tirso de Molina. Los Cigarrales de Toledo et Deleytar aprovechando.* Toulouse: Maurice Espic, 1962.

Oroval, Víctor. "Aproximación a las *Noches de Invierno* de Antonio Eslava." Tesis inédita dir. por Ángel R. Fernández González. Universidad de Valencia, 1978.

Orozco Díaz, Emilio. *Cervantes y la novela del Barroco.* Ed. José Lara Garrido. Granada: Universidad, 1992.

Ortega y Gasset, José. *Meditaciones del Quijote. Ideas sobre la novela.* Madrid: Espasa-Calpe, 1964.

———. *Meditaciones sobre la literatura y el arte (la manera española de ver las cosas).* Ed. E. Inman Fox. Madrid: Castalia, 1987.

Pabst, Walter. *La novela corta en la teoría y en la creación literaria. Notas para la historia de su antinomia en las literaturas románicas.* Trad. R. de la Vega. Madrid: Gredos, 1972.

Palomo, Mª. del Pilar. *La novela cortesana. (Forma y estructura).* Barcelona: Planeta-Universidad de Málaga, 1976.

Parker, Alexander A. *Los autos sacramentales de Calderón de la Barca* (1943). Trad. F. García Sarriá. Barcelona: Ariel, 1983.

———. "El concepto de la verdad en el *Quijote*." *Revista de Filología española* 32 (1948): 287-305.

Pavel, Thomas. *Univers de la fiction.* Paris: Seuil, 1988.

Percas de Ponseti, Helena. *Cervantes y su concepto del arte. Estudio crítico de algunos aspectos y episodios del Quijote.* 2 vols. Madrid: Gredos, 1975.

Pfandl, Ludwig. *Historia de la literatura nacional española en la Edad de Oro.* Trad. J. Rubió Balaguer. Barcelona: Sucesores de Juan Gili, 1933.

Pietri, François. *La España del Siglo de Oro* (1959). Trad. F. Ximénez de Sandoval. Madrid: Guadarrama, 1960.

Pigman III, G.W. "Versions of Imitation in the Renaissance." *Renaissance Quaterly* 33 (1980): 1-32.

Poggioli, Renato. *The Oaten Flute: Essays on Pastoral Poetry and the Pastoral Ideal.* Cambridge: Harvard UP, 1975.

Popeanga, Eugenio. "Mito y realidad en los libros de viajes medievales." Beltrán et al., eds. 73-82.

Porqueras Mayo, Alberto. *El problema de la verdad poética en el Siglo de Oro.* Madrid: Ateneo-Editora Nacional, 1961.

———. *El prólogo como género literario. Su estudio en el Siglo de Oro español.* Madrid: CSIC-Anejos de Revista de Literatura, 1957.

———. *Temas y formas de la literatura española.* Madrid: Gredos, 1972.

Pozuelo Yvancos, José María. *Poética de la ficción.* Madrid: Síntesis, 1993.

———. *Teoría del lenguaje literario.* Madrid: Cátedra, 1978.

Rabell, Carmen R. *Lope de Vega, el arte nuevo de hacer novellas.* London: Tamesis, 1992.

———. "Towards a Forensic Reading of the Spanish *Novella* of the Golden Age." *Revista Canadiense de Estudios Hispánicos* 22 (1997): 65-86.

Rama, Carlos M. *La historia y la novela y otros ensayos historiográficos.* Buenos Aires: Nova, 1970.
Randel, Mary Gaylord. "The Language of Limits and the Limits of Language: The Crisis of Poetry in *La Galatea.*" *Modern Language Notes* 97 (1982): 254-71.
Rey Hazas, Antonio. "Género y estructura de *El coloquio de los perros,* o *cómo se hace una novela.*" *Lenguaje, ideología y organización textual en las* Novelas Ejemplares. *Actas del Coloquio celebrado en la Universidad Complutense. Mayo 1982.* José Jesús de Bustos Tovar, coord. Madrid: Universidad Complutense-Université de Toulouse-Le Mirail, 1983. 119-43.
———. "Introducción a la novela del Siglo de Oro (I). Formas de narrativa idealista." *Edad de Oro* I (1985): 65-105.
Rhodes, Elizabeth. "Sixteenth-century Pastoral Books, Narrative Structure and *La Galatea* of Cervantes." *Bulletin of Hispanic Studies* 66 (1989): 351-60.
———. "The Poetics of Pastoral: The Prologue to the *Galatea.*" *Cervantes and the Pastoral* 139-53.
Rico, Francisco. *Breve biblioteca de autores españoles.* Barcelona: Seix Barral, 1990.
———. *El pequeño mundo del hombre. Varia fortuna de una idea en las letras españolas.* Madrid: Castalia, 1970.
———. "Petrarca y el 'Humanismo catalán.'" *Actes del VI col·loqui internacional de llengua i literatures catalanes.* Barcelona: P.A.M., 1983. 257-91.
Ricoeur, Paul. *Tiempo y narración.* Trad. A. Neira. 3 vols. Madrid: Cristiandad, 1987.
Riffaterre, Michael. *Fictional Truth.* Baltimore and London: The Johns Hopkins UP, 1990.
Riley, Edward C. "*El alba bella que las perlas cría.* Dawn-Description in the Novels of Cervantes." *Bulletin of Hispanic Studies* 33 (1956): 125-37.
———. "Aspectos del concepto de *admiratio* en la teoría literaria del Siglo de Oro." *Studia Philologica. Homenaje ofrecido a Dámaso Alonso por sus amigos y discípulos con ocasión de su 60º aniversario.* Madrid: Gredos, 1963. III: 173-83.
———. "Dramatic Theories of Don Jusepe Antonio González de Salas." *Hispanic Review* 19 (1951): 183-203.
———. *Introducción al* Quijote. Barcelona: Crítica, 1990.
———. "Teoría literaria." J.B. Avalle-Arce y E. C. Riley, eds. 293-322.
———. *Teoría de la novela en Cervantes.* Trad. C. Sahagún. Madrid: Taurus, 1989.
———. "Don Quixote and the Imitation of Models." *Bulletin of Hispanic Studies* XXXI (1954): 3-16
Ripoll, Begoña. *La novela barroca. Catálogo bio-bibliográfico (1620-1700).* Salamanca: Universidad de Salamanca, 1991.
Riquer, Martí de. *Nueva aproximación al* Quijote. 7ª ed. refundida. Barcelona: Teide, 1989.
Rivers, Elias. "Pastoral, Feminism and Dialogue in Cervantes." La Galatea *de Cervantes* 7-16.
———. "The Pastoral Paradox of Natural Art." *Modern Language Notes* 77 (1962): 130-44.
Rodríguez Cuadros, Evangelina. Ed. e introd. *Novelas amorosas de diversos ingenios.* Madrid: Castalia, 1987.
———. *Novela corta marginada del siglo XVII español. Formulación y sociología en José Camerino y Andrés de Prado.* Valencia: Universidad, 1979.
Rodríguez Pequeño, Mercedes. *Los formalistas rusos y la teoría de los géneros literarios.* Madrid-Gijón: Júcar, 1991.
Rohland de Langbehn, Régula. "Desarrollo de géneros literarios: la novela sentimental española de los siglos XV y XVI." *Filología* 21 (1986): 57-76.

Rosales, Luis. *Cervantes y la libertad.* 2ª ed. corregida. 2 vols. Madrid: Cultura Hispánica-Instituto de Cooperación Iberoamericana, 1985.
Rosenblat, Ángel. *La lengua del* Quijote. Madrid: Gredos, 1971.
Rozas, Juan Manuel. *Significado y doctrina del* Arte nuevo *de Lope de Vega.* Madrid: SGEL, 1976.
Saintsbury, George. *A History of Criticism.* Edinburgh and London: B. Blackwood and Sons, 1908.
Sales Dasí, Emilio José. "La figura del caballero en *Las Sergas de Esplandián.*" Tesis inédita dir. por Josep Lluís Sirera Turó. 2 vols. Universidad de Valencia, 1994.
Sánchez Escribano, Federico. "De la técnica realista en algunos cuentos pastoriles del *Quijote.*" *Anales cervantinos* 4 (1954): 113-17.
Segre, Cesare. *Principios de análisis del texto literario.* Trad. María Pardo de Santayana. Barcelona: Ariel, 1985.
Shepard, Sanford. *El Pinciano y las teorías literarias del Siglo de Oro.* 2ª ed. aumentada. Madrid: Gredos, 1970.
Sieber, Harry. "Society and Pastoral Vision in the Marcela-Grisóstomo Episode of *Don Quijote.*" *Estudios literarios de hispanistas norteamericanos dedicados a Helmut Hatzfeld con motivo de su 80 aniversario.* Ed. J. M. Sola-Solé, A. Crisafulli y B. Damiani. Barcelona: Hispam, 1974. 185-94.
Selden, Raman and Peter Widdowson. *A Reader's Guide to Contemporary Literary Theory.* Lexington: The UP of Kentucky, 1993.
Sellier, Philippe. "Une categorie de l'esthétique classique: Le 'Merveilleux vraisemblable.' " *La Mythologie au XVIIe siècle.* Ed. Louise Godard de Donville. Centre Meridional de Rencontres sur le XVIIe siècle, 1982. 43-48.
Shir, Jay. "Truth and Verisimilitude." *British Journal of Aesthetics* 20 (1980): 254-56.
Solé-Leris, Amadeu. *The Spanish Pastoral Novel.* Boston: Twayne, 1980.
Soler, Alicia. "Estudio sobre los *Sucesos y prodigios de amor en ocho novelas ejemplares* de Juan Pérez de Montalbán." Memoria de Licenciatura inédita dir. por Ángel R. Fernández González. Universidad de Valencia, 1976-1977.
Spadaccini, Nicholas and Jenaro Talens, eds. *Autobiography in Early Modern Spain.* Minneapolis: The Prisma Institute, 1988.
——— and Jenaro Talens. *Through the Shattering Glass. Cervantes and the Self-Made World.* Minneapolis-London: U of Minnesota P, 1993.
Stackhouse, Kenneth A. "Verisimilitude, Magic, and the Supernatural in the Novelas of María de Zayas y Sotomayor." *Hispanófila* 62 (1978): 65-76.
Stamm, James R. "*La Galatea* y el concepto de género." *Cervantes: su obra y su mundo. Actas del I Congreso Internacional sobre Cervantes.* Dir. M. Criado del Val. Madrid: Edi-6, 1981. 337-43.
Stapp Moody, William. *El teatro de Cervantes.* Madrid: Universidad Complutense, 1981.
Sterling, Elwyn F. "The Theory of Verisimilitude in the French Novel Prior to 1830." *The French Review: Journal of the American Association of Teachers of French* 40 (1967): 613-19.
Surtz, Ronald E. and Nora Weinerth, eds. *Creation and Recreation; Experiments in Literary Form in Early Modern Spain: Estudies in Honor of Stephen Gilman.* Newark, Delaware: Juan de la Cuesta, 1983.
Talens, Jenaro. *La escritura como teatralidad. Acerca de Juan Ruiz, Santillana, Cervantes y el marco narrativo en la novela corta castellana del siglo XVII.* Valencia: Universidad, 1977.

Tamayo Rubio, Antonio. "Los pastores de Cervantes." *Revista de Filología Española* 32 (1948): 383-406.
Tejeiro Fuentes, Miguel Ángel. *La novela bizantina española. Apuntes para una revisión del género.* Extremadura: Universidad, 1988.
The Pastoral Mode. Ed. B. Loughrey. London: MacMillan, 1984.
Toliver, Harold E. "Pastoral Contrasts." *The Pastoral Mode* 124-29.
Torres-Alcalá, Antonio. *El realismo del* Tirant lo Blanc *y su influencia en el* Quijote. Barcelona: Puvill, *s.d.*
Trambaioli, Marcella. "Notas sobre el papel de Lenio en *La Galatea*: ¿Gracioso o 'pastor fino'?" *Romance Notes* 35.1 (1994): 45-51.
Trend, J. B. "Cervantes en Arcadia." *Estudios dedicados a Menéndez Pidal.* Vol. 2. Madrid: CSIC, 1951. 497-513.
Trinkaus, Charles. "The Question of Truth in Renaissance Rhetoric and Anthropology." *Renaissance Eloquence.* Ed. J. J. Murphy. Berkeley: U of California P, 1983. 207-20.
Vasileski, Irma V. *María de Zayas y Sotomayor. Su época y su obra.* Madrid: Playor, 1973.
Vilanova, Antonio. "Preceptistas de los siglos XVI y XVII." *Historia general de las literaturas hispánicas.* Ed. Guillermo Díaz-Plaja. Barcelona: Barna, 1953; II: 567-692.
Villanueva, Darío. *Teorías del realismo literario.* Madrid: Instituto de España/Espasa-Calpe, 1992.
Vivar, Francisco. "El poder y la competencia en la disputa literaria: *La Perinola* frente al *Para todos*." *Hispanic Review* 68 (2000): 279-93.
Waley, Pamela. "The Unity of the 'Casamiento engañoso' and the 'Coloquio de los perros'." *Bulletin of Hispanic Studies* 34 (1957): 201-12.
Wardropper, Bruce W. "The *Diana* of Montemayor: Revaluation and Interpretation." *Studies in Philology* 48 (1951): 126-44.
———. *Introducción al teatro religioso del Siglo de Oro. Evolución del Auto Sacramental antes de Calderón* (1953). Salamanca: Anaya, 1967.
———. "*Don Quijote*: ¿Ficción o Historia?" George Haley, ed., *El* Quijote 237-52. La versión original inglesa en *Modern Philology* 63 (1965).
Weinberg, Bernard. "Scaliger versus Aristotle on Poetics." *Modern Philology* 39 (1942): 384-89.
Williamsen, Amy R. "Challenging the Code: Honor in María de Zayas." Amy R. Williamsen and Judith A. Whitenack, eds., *María de Zayas: the Dynamics of Discourse.* London: Associated University Presses, 1995. 133-51.
Williamson, Edwin. *El* Quijote *y los libros de caballerías.* Trad. Mª. J. Fernández Prieto. Madrid: Taurus, 1991.
———. "Romance and Realism in the Interpolated Stories of the *Quijote*." *Cervantes* 2 (1982): 43-67.
Wilson, Diana de Armas. *Allegories of Love. Cervantes's* Persiles and Sigismunda. Princeton: Princeton UP, 1991.
Woodward, L. J. " 'El casamiento engañoso' y 'El coloquio de los perros.' " *Bulletin of Hispanic Studies* 36 (1959): 80-87.
Yllera, Alicia. "Introducción." María de Zayas. *Desengaños amorosos. Parte segunda del Sarao y entretenimiento honesto* (1647). Madrid: Cátedra, 1983. 9-112.
Ynduráin, Francisco. *Lope de Vega como novelador.* Santander: UIMP, 1962.

Yudin, Florence L. "The *novela corta* as *comedia*: Lope's 'Las fortunas de Diana.' " *Bulletin of Hispanic Studies* 45 (1968): 181-88.